DE
LA FÉLICITÉ
PUBLIQUE.

DE LA FÉLICITÉ PUBLIQUE,

OU

CONSIDÉRATIONS

SUR

LE SORT DES HOMMES

DANS LES DIFFÉRENTES ÉPOQUES DE L'HISTOIRE.

Nil desperandum . . . .

HORAT.

Nouvelle Édition, revue, corrigée, & augmentée par l'Auteur.

TOME SECOND.

A BOUILLON,

DE L'IMPRIMERIE DE LA SOCIÉTÉ TYPOGRAPHIQUE.

M. DCC. LXXVI.

DE
LA FÉLICITÉ
PUBLIQUE,

OU

CONSIDÉRATIONS

SUR

LE SORT DES HOMMES

DANS LES DIFFÉRENTES ÉPOQUES DE L'HISTOIRE.

Nil desperandum . . . .
HORAT.

Nouvelle Édition, revue, corrigée, & augmentée par
l'Auteur.

TOME SECOND.

A BOUILLON,

DE L'IMPRIMERIE DE LA SOCIÉTÉ TYPOGRAPHIQUE.

M. DCC. LXXVI.

DE
LA FÉLICITÉ
PUBLIQUE.

TROISIEME SECTION.

Où l'on traite du sort de l'humanité parmi les Nations modernes.

CHAPITRE I.

Du Gouvernement féodal.

SI la félicité des peuples étoit étrangere à leur législation, & si les conventions grossieres qui ont servi de regle aux nations barbares, avoient disparu de la surface de

la terre comme leurs mœurs & leurs ufages, il feroit, fans doute, bien inutile d'entrer ici dans aucun détail fur ces temps re-
culés, qu'on regarde comme le berceau de
nos dynafties modernes : mais nous devons
nous rappeller une obfervation faite plus haut,
c'eft que pour fe former une idée jufte des
véritables principes qui fervent de bafe aux
gouvernements, ou, pour mieux dire encore,
de l'efprit qui les anime, il faut examiner attentivement les circonftances dans lefquelles
ces gouvernements ont été établis. Et quels
peuples ont plus que nous confervé les traces de leur premiere origine ? Si les François,
qui fortent d'une repréfentation d'Androma-
que ou de Mérope, fe croient les rivaux des
Grecs; qu'ils entrent chez un notaire, qu'ils
lifent le premier acte, le premier contract de
vente qui tombera fous leurs mains, ils re-
connoîtront dans les mots de *Fief*, de *Suzeraineté*, de *Vaffalité*, qu'ils ne font que les
héritiers des Goths ou des Lombards. Des
jeunes gens fortant de l'académie, ou peut-
être même des écoles de philofophie, vont
applaudir avec enthoufiafme un acteur devenu
l'idole du public : vous croyez voir des Athéniens au théatre : mais l'un d'eux dans fes
tranfports a froiffé le coude de fon voifin ; ils

se querellent, sortent & s'égorgent ; & voilà nos Grecs changés en Sicambres ou en Scandinaves. Si nous étudions nos loix, si nous observons nos usages, quel mélange continuel de préjugés & de raison, de politesse & de barbarie ? Nous ressemblons assez à ces animaux redoutables qu'on s'est efforcé d'apprivoiser : on les voit avec plus de surprise que de plaisir ; quelque impression de terreur se fait encore sentir à l'aspect de leurs jeux les plus innocents , & ce n'est qu'en pensant à leur férocité naturelle qu'on est touché de leur douceur. Quoi qu'il en soit, ne nous laissons pas rebuter par les objets désagréables dont nous allons nous occuper. Qu'importe ce que nous avons été, si nous n'avons pas à rougir de ce que nous sommes ? Ne vaut-il pas mieux avoir à déplorer qu'à regretter le temps passé? Et dans quelque endroit de la carriere qu'on soit parvenu, celui qui avance lentement n'est-il pas plus sûr d'atteindre le but que celui qui rétrograde ? Que nos observations, loin de nous décourager , justifient donc notre siecle, en nous apprenant pourquoi nous ne sommes pas encore plus avancés. Faisons connoître à ces hommes , assez infortunés pour douter s'il peut exister un bon gouvernement, une société heureuse, que toutes les sociétés ,

que tous les gouvernements qu'ils ont fous les
yeux, font établis fur les principes & d'après
les mœurs de ces peuples barbares que nous
regardons avec raifon comme les fléaux du
monde. Eft-ce avec de pareils matériaux qu'on
pouvoit conftruire le plus beau, le plus régulier de tous les édifices ? Et qui peut effacer
les premieres impreffions données ? Les Spartiates furent de vrais fauvages pour les
Ilotes ; & l'univers épouvanté put reconnoître
encore les brigands de Romulus dans les def-
tructeurs de Carthage & de Numance.

On parle des législations, on loue les établiffements politiques ; & cependant les hommes n'ont en général pour loi que l'exemple,
& pour regle que l'habitude. Or, qui donnera
cet exemple, qui formera ces habitudes, fi ce
n'eft celui qui eft trop ignorant pour connoître des modeles ; & trop barbare pour être
foumis à des ufages ? Ne craignons donc pas
de remonter trop haut, fi nous voulons nous
former une idée des peuples puiffants qui
partageant entre eux l'occident de cette petite
partie du globe qu'on nomme *l'Europe*, font
le monde entier aux yeux de la philofophie
& de la raifon.

François, Anglois, Efpagnols, Italiens,
Allemands même, nous avons tous une pa-

reille origine : car il n'importe guere que nous defcendions des Sicambres ou des Bruðeres, des Scandinaves ou des Vandales; nous fommes tous également la poftérité de ces peuples barbares qui ont ravagé la terre. Nulle nation autoðone. Nos peres ont tous conquis le pays que nous hab.tons ; ou du moins, fi les nations vaincues ou foumifes, ont continué d'être la fource des races futu‑res, elles avoient cédé leurs droits, leurs ufa‑ges, leur nom même aux vainqueurs. Or, cette feule différence dans la formation des empires établit à jamais toutes celles qui fe trouvent de nos jours entre nos loix & celles des anciens.

L'hiftoire du monde ne paroît nous pré‑fenter que deux grandes époques, deux races bien diftinguées dans l'efpece humaine : l'une qui s'eft propagée par des défrichements & des émigrations, en conféquence d'une mul‑tiplication fimple & naturelle, & c'eft ainfi que les Phéniciens ont peuplé les côtes de l'Eu‑rope & celles de l'Afrique; l'autre, qui fortant toute armée & comme par enchantement du fein des glaces & des déferts, eft venue dé‑vorer le travail de la premiere, à peu près comme ces armées de fauterelles, qui paroif‑fant tout-à-coup fans qu'on fçache d'où elles viennent, confomment dans une nuit la fubfiftance d'un peuple entier. L'une reffembloit à ce fleuve bienfaifant dont les inondations progreffives vont féconder les campagnes les plus reculées; l'autre, à un torrent qui s'enfle dans une nuit, brife fes digues, & renverfe tout ce qui s'oppofe à fon paffage. Il eft aifé de voir que la premiere, fage & bienfaifante dans fes principes, fut bientôt corrompue par fes fuccès. La nature encore dans fa jeuneffe & dans fa fécondité, s'empreffa trop de répondre aux premieres follicitations des hommes. Placés, je ne fçais comment, dans les lieux les plus convenables à leur efpece, ils n'habiterent de la terre que fes jardins. Il ne falloit pas moins que le defpotifme, l'ambition, la guerre civile, & tous ces fruits trop hâtifs du développement de nos paffions, pour les forcer à chercher des afyles dans des fables brûlants, ou fur des montagnes glacées. Ne pourroit-on pas dire que toute nation qui vit dans un climat rigoureux, eft originairement une nation de profcrits, un peuple de fugitifs? Si vous voyez le palmier végéter avec peine dans les campagnes ombragées par des chênes robuftes, ou quelques chênes foibles & timides croître parmi les palmiers, dites que ces bizarreries font le fruit de l'art, l'ouvrage de la curiosité des hommes. Peut-être si la nature eût été seule consultée, la Suede produiroit des sapins, l'Allemagne des chênes, St. Domingue des ananas, & l'Asie des hommes. Peut-être aussi que les hommes & les arbres peuvent s'accommoder de différentes températures, & qu'ils viennent seulement plus beaux & plus forts dans les climats qui leur conviennent le mieux : car sur cet objet comme sur tant d'autres, que sçait-on ? que peut-on assurer ? Il nous suffit d'observer du moins que dans le premier âge du monde, les établissements des peuples se sont faits par émigration & par colonies ; & dans le second par invasions & par conquêtes. De là deux principes de gouvernement absolument opposés ; de là cette organisation toute nouvelle des sociétés politiques ; assez semblables à celle que les philosophes donnent à l'univers, où une partie est active, & l'autre passive ; où l'une donne, & l'autre reçoit la forme : *Novus rerum nascitur ordo.*

Mais ce nouveau gouvernement, mais la législation de ces peuples barbares n'est guere plus connue que leur origine ; & cependant que de volumes écrits sur cette matiere ! On avoit tout lu, tout examiné, tout restitué, tout éclairci ; on avoit fouillé dans les trésors poudreux des cloîtres ; toutes les chroniques & toutes les chartes avoient été mises à contribution , lorsque Montesquieu est venu jeter un jour nouveau sur cette matiere ; & Montesquieu lui-même a été réfuté avec succès. C'est peut-être que ces auteurs n'ont pas assez donné d'étendue à leurs observations : semblables aux astronomes avant la découverte de Dolond , ils se servoient de lunettes qui n'avoient pas assez de champ. Plusieurs n'ont considéré que le gouvernement féodal ; & dans cette étude , ils n'ont vu que Charlemagne & les François. D'autres , donnant toute leur attention aux premiers conquérants des Gaules , ont voulu qu'une armée de Sicambres fût le prototype de tous les gouvernements modernes. Quelques-uns observant des traces de féodalité dans presque toutes les loix qui sont parvenues jusqu'à nous, ont confondu les époques ; prétendant que ce qui avoit existé à l'avénement de Hugues Capet étoit aussi ancien que la monarchie ; comme si des Barbares pouvoient être jurisconsultes , & si toute loi écrite n'étoit pas pour cela même une loi moderne (1). Quel-

____

(1) Il y a quelques loix écrites antérieures à Charlemagne ; mais c'est à lui que nous devons la ré-

ques autres enfin fe livrant à des recherches plus exactes, ont cru trouver le bout du fil, & tracer l'origine du gouvernement féodal.

Comme on ne peut prononcer les noms des Boulainvilliers, des Dubos, des Montef-quieu & des Mably, fans témoigner le plus grand refpect pour les lumieres de ces favants auteurs, on n'oferoit fe permettre ici aucune obfervation, fi en fe combattant réciproquement ils ne nous avoient pas prouvé 1°. qu'ils ont pu fe tromper : 2°. que l'érudition ne fuffit pas pour trouver la vérité. Pour nous, dont l'objet eft de foumettre à notre examen tout ce qui peut influer fur la félicité des hommes, il nous convient particuliérement d'obferver quel a été en général l'efprit des Barbares qui ont envahi nos contrées occiden-tales. Or, pour remplir cet objet, il nous paroît néceffaire de diftinguer le gouverne-ment féodal en deux époques. Dans la pre-miere, nous ne verrons que la conféquence néceffaire de ce genre de conquête, particu-lier aux nations du Nord; conquête qu'on peut

---

daction & l'amplification de ces mêmes loix. L'auteur des *Variations de la Monarchie Françoife* remarque que dans la nouvelle collection des loix faliques, ce prince augmenta le prix des compofitions. *Voyez* T. II, p. 54.

confidérer comme une émigration armée, par laquelle une nation ne cherche pas un agrandiffement, mais feulement un établiffement; conquête qui n'ajoute pas un domaine au peuple victorieux, mais qui lui en donne un nouveau, où la force, qui a été le principe de l'acquifition, devient auffi le feul principe de la confervation & de l'adminiftration. A cette vue générale, on en peut encore ajouter une autre : c'eft l'efprit d'égalité qui regnoit parmi les nations feptentrionales ; circonftance importante qui influa principalement fur la forme du gouvernement qu'elles établirent ; car il eft aifé de voir que des conquérants, tels que l'hiftoire, ou plutôt la fable, nous peint Ofiris & Bacchus, maîtres abfolus de leur armée, avant de l'être des peuples qu'ils devoient fubjuguer, auroient envahi l'univers entier, fans y laiffer les moindres veftiges d'un gouvernement pareil à celui que nous foumettons à nos recherches.

C'eft à cette grande révolution que toutes ces nations de l'Europe ont fubi, que nous devons rapporter le changement principal dans les mœurs comme dans les opinions, dans la police comme dans la légiflation : elle a fuffi pour renverfer toutes les idées anciennes, pour intervertir le progrès naturel des lumieres,

& pour faire retrograder l'eſprit humain, que l'expérience conduiſoit lentement dans les ſentiers de la raiſon. Cependant, ſi portant des regards plus attentifs ſur tous les objets qui nous environnent ; nous voulons en démêler & en aſſigner l'origine; ſi nous nous attachons ſur-tout à reconnoître toutes les nuances par leſquelles nous autres modernes nous différons des anciens ; ſi nous prétendons même nous rendre compte des préjugés, des habitudes qui prévalent encore dans le ſiecle où nous vivons, il faut que nous examinions dans chaque gouvernement, dans chaque état les circonſtances qui ont modifié le premier ſyſtême féodal, celles qui d'un état de choſes ſimples & non préméditées ont formé une machine très-complexe & très-compoſée, que j'appellerai le gouvernement féodal dans ſa ſeconde époque.

On s'appercevra aiſément que des deux points de vue que nous venons d'indiquer, le premier appartenant principalement à la philoſophie, devoit expoſer ceux qui s'en occupoient au danger de trop généraliſer leurs idées, & de ſe former un ſyſtême trop vaſte & trop excluſif; tandis que le ſecond ayant un rapport plus immédiat avec l'eſprit de recherche & d'érudition, ne pouvoit manquer

au contraire de fixer l'attention fur les détails,
& d'annexer fouvent de trop grands effets à
de trop petites caufes. C'eft peut-être le feul
reproche qu'on puiffe faire au fçavant auteur
des obfervations fur l'hiftoire de France. Rien
de plus curieux & de plus intéreffant que les autorités fur lefquelles il fe croit en droit de fonder le gouvernement féodal : 1o. Sur l'aliénation à vie des bénéfices ou domaines royaux,
faite au traité d'Andely, & confirmée dans
l'affemblée de Paris en 615, lorfque Clotaire II
eût réuni fous fon pouvoir toutes les parties de
la monarchie Françoife : 2º. Sur le fervice que
Charles-Martel jugea à propos d'impofer aux
poffeffeurs des bénéfices, & qui devint une
des conditions à laquelle il les accorda ; difpofitions qui furent fuivies & perfectionnées
par Pepin & par Charlemagne: 3º. Sur l'hérédité
des bénéfices extorquée à Charles le chauve :
4º. Enfin fur l'ufurpation des comtés & des
feigneuries, qui fut approuvée par Hugues Capet & fes fucceffeurs. Mais cette féodalité
pouvoit-elle avoir lieu parmi tout autre peuple que les Francs ? Mais le germe de ce gouvernement n'exiftoit-il pas, fuivant l'expreffion de l'école, *in potentiá*, dans les premiers
établiffements de ces Barbares ? C'eft ce

qu'il me semble nécessaire d'examiner (1).

D'un autre côté, M. le président de Montesquieu, l'abbé Dubos, &c. n'ont pas manqué de remonter jusqu'à César & à Tacite, lorsqu'ils ont voulu se former une idée des conquérants des Gaules ; quoiqu'il leur fut aisé

---

(1) Si les distributions de terres faites par Constantin & ses successeurs aux troupes destinées à garder les frontieres de l'empire, avoient établi une espece de possession bénéficiaire & conditionelle si d'autres troupes fixées dans des garnisons plus intérieures avoient pareillement reçu des terres en partage si des armées de Barbares devenus alliés de l'empire, en avoient embrassé la défense sous la même condition ; si ces milices agricoles avoient formé un nouvel ordre de possesseurs armés, sous les titres de *Ripuaires* , de *Læti* & de *Stationaires* ; si les différentes pertes qu'essuya l'empire avoient peu à peu déplacé les limites & changé en frontieres la plus grande partie des Gaules ; si les derniers conquérants, les Francs, par exemple, n'avoient fait que se mettre à la place de cette milice qu'ils avoient chassée ; si trouvant les partages tout faits & un ordre politico-militaire tout établi, ils s'étoient contentés d'y joindre leurs anciennes coutumes , c'est-à-dire , si les rois avoient conservé cette espece de cour militaire , ce choix d'hommes dévoués , de Leudes , de Fideles , d'Amtrustions , qui prenoit sa source dans les mœurs germaniques : enfin, si cette nation barbare avoit retenu toutes ses idées singulieres d'un vasselage

de réflechir : 1°. que Tacite a été fort foup-
çonné de s'être livré à fon imagination, & d'avoir fait des mœurs des Germains la fatire de celles des Romains. (1) 2°. Que Céfar

---

perfonnel & indépendant des propriétés, n'auroit-on pas un fyftême très-ingénieux , très-fuivi & très-étendu fur l'origine du droit féodal ? Ce ne feroit ni celui de Montefquieu , ni celui de Boulainvilliers , ni celui de l'abbé de Mably , ni même celui de l'abbé Dubos ; quoiqu'il s'en rapproche davantage : ce feroit celui de l'auteur des *Origines* , & j'invite le lecteur à le chercher dans fon fçavant ouvrage, Liv IV & fuiv. Il trouvera auffi le même plan dans le mémoire de M. l'Abbé Garnier fur l'*Origine du gouvernement Fran-çois* ; à cette feule différence feulement , que l'ingé-nieux académicien donne encore plus aux origines Romaines ; de forte qu'à l'en croire , les Francs ne feroient tombés fur les Gaules que comme des gout-tes de pluie tombent fur un étang , dont elles trou-blent un moment la furface , mais auquel elles ne tar-dent pas de s'identifier. Au refte , cette opinion n'eft pas nouvelle : il y a plus d'un fiecle que Loyfeau l'a énoncée dans fon *Traité des Seigneurs* , où il dit, ch. I , que ce fut à l'imitation des Romains que les Francs diftribuerent des terres à leurs foldats, à la charge de défendre les frontieres , & de fuivre les fouverains à la guerre.

(1) L'abbé Dubos a fait voir d'une maniere affez fatisfaifante que le *gouvernement n'étoit pas le même dans toutes les tribus qui compofoient la nation Germanique.* Voyez *Hift. Crit. de la Monarch. Franç.*

n'avoit pû connoître que les peuples auxquels il avoit fait la guerre. 3°. Enfin, que ni l'un ni l'autre n'étoient en état de parler des Goths, des Vandales, des Francs & des Bourguignons, auxquels les nations modernes doivent bien plutôt rapporter leur origine qu'aux Germains & aux autres peuples dont Céfar & Tacite purent avoir connoiſſance. Que faut-il donc examiner? C'eſt ſi tous ces peuples ont eu quelques points de reſſemblance; s'ils ſe ſont conduits à peu près de même dans leurs conquêtes; s'il ne paroît pas que leurs établiſſemens ſe ſoient faits ſur le même principe, & s'ils ne contenoient pas en effet quelque rudiment de la féodalité.

Une multitude armée doit néceſſairement avoir quelque ordre, quelque arrangement. Il y a un roi, des chefs, des officiers; enfin c'eſt une armée. Cette armée s'empare d'un pays, & veut s'y fixer. D'abord chacun s'établit dans les terres qui ſont le plus à ſa convenance: & ſans faire de partage, ni imaginer de compenſer les contributions parmi les vaincus (1),

---

(1) Il paroît que les Goths avoient fait un partage des terres avec les Romains, & que ce partage étoit tel qu'ils en laiſſoient un tiers aux Romains, gardant les deux autres pour eux. Cela paroît clair

on fe faifit des domaines le plus à portée de
foi : ce qui eft d'autant plus naturel, que l'invafion répand la terreur, & éloigne les peuples. La guerre a produit des efclaves, on les
fait travailler ; on en trouve même dans les
cenfes & dans les métairies des vaincus (1).
On les emploie à fon profit, & comme dit
un proverbe trivial, *on vit au jour la journée,*
toujours en armes, toujours prêts à fe raffembler au premier fignal. Mais les inftants de
tranquillité fe prolongent ; on commence à

---

par les titres VIII, IX & XVI du Livre X du Code
des Vifigoths.

(1) L'auteur des *Lettres fur la Nobleffe* penfe que
l'origine de la fervitude parmi les Gaulois remonte
beaucoup plus haut que la conquête des Francs. Il
cite à ce fujet un paffage des *Commentaires de Céfar*,
qui effectivement vient fort à l'appui de fon opinion :
Populus (dit Céfar Comment. Liv. I), *pene fervorum
habetur loco.* Le même auteur fe fondant fur la grande
quantité d'efclaves attachés à la glebe, fuppofe qu'il
y avoit dans les Gaules de grandes poffeffions, tant
en terres qu'en efclaves, dont les rois ont pu s'emparer , & qui ont fourni depuis à cette diftribution
immenfe de bénéfices dont il paroît difficile de fe
rendre raifon. M. Hume nous apprend qu'il y avoit
un grand nombre de ferfs parmi les Anglo-Saxons,
& qu'ils étoient divifés en ferfs domeftiques ou efclaves, & en ferfs ruftiques ou cultivateurs.

s'arranger ,

s'arranger, à s'établir ; les affaires domeftiques deviennent plus intéreffantes, & pour ne pas s'éloigner trop fouvent, on convient de s'affembler feulement une ou deux fois tous les ans. Cette affemblée, c'eft le champ de Mars chez les Francs ; c'eft le Wittenagemot chez les Saxons. Eft-il queftion de faire la guerre ? Tous les Francs fe trouvent au champ de Mars. Eft-on plus tranquille ? Les principaux officiers, les grands qui forment la cour du roi, & quelques-uns des chefs les plus à portée, font les feuls qui s'y rendent. Peu à peu les familles fe multiplient ; les étrangers fe mêlent, fe confondent avec les indigenes, l'épouvante fe diffipe parmi les vaincus, & l'humanité renaît parmi les vainqueurs : les ufages, les loix des premiers commencent à préva'oir. Les magiftratures ne font pas tout-à-fait les mêmes, mais les titres reparo'ffent : aux mots barbares de Graphion, de Thungins, de Rachimbourgs, on fubftitue ceux de duc, de comte & de centenier (1). Quelques pays éloignés du

---

(1) Les titres de duc & de comte étoient déjà en ufage dès le temps de Conftantin. C'étoient des généraux qui commandoient fur les frontieres, & qui avoient des corps d'armée auxquels on avoit cédé des terres autour de leur quartier. Voyez *Hift. du*

chemin qu'ont tenu les armées, & qui n'ont pas été subjugués dans les premiers combats, se soumettent par des traités demi-volontaires; plusieurs privileges sont accordés ou conservés; il se fait une réaction d'un langage sur l'autre, des mœurs de la nation conquérante sur celles de la nation indigene; les Francs s'approprient quelque chose des Gaulois-Romains, les Gaulois-Romains prennent quelque chose des Francs. Les Francs veulent avoir des loix, & s'empressent de faire des compilations, des mélanges barbares de leur législation & de celle des Romains. Les Gaulois veulent avoir des places près des rois Francs, ils prétendent assister aux assemblées, & avoir part aux honneurs; & tandis que le roi Sicambre se revêt de la toge de Patrice, le citoyen Gaulois s'arme d'une Francisque, & s'honore du titre de *Leude* (1). Ainsi la plupart des changements

---

Bas-Empire Tom. I, pag. 529. Quant à l'origine des terres données en place de paie en *stipendium* ou *fe-od*, on la fait remonter jusqu'à Alexandre Sévere. Voyez *Hist des Emp.* T. V, p. 279.

(1) Il est prouvé par les loix des Francs & par les autorités les plus fortes que plusieurs Romains ou Gaulois eurent le titre de *Convives du Roi*, & qu'ils obtinrent concurremment avec les Francs les places les plus importantes, tant par la dignité que par l'in-

dans le moral comme dans le phyſique, arri-
vent par des gradations imperceptibles, par
de petites circonſtances qui échappent à l'obſervation, & qui paroiſſent d'autant plus mi-

---

fluence qu'elles donnoient dans les affaires. L'auteur
des *Lettres ſur la Nobleſſe* en a cité pluſieurs exemples. (Voyez *Lettre II*). Il eſt vrai que la différence
que les loix mettoient entre le prix de la vie d'un
Franc, *Convive du Roi*, & d'un *Romain* revêtu de la
même dignité, prouve aſſez qu'il n'y eut jamais de
parité entre les deux nations : mais M. l'abbé de
Mably a fait voir que cette diſparité ne dût pas durer long-temps, ou ceſſa d'être humiliante pour les
Romains, puiſqu'il leur fut libre de s'incorporer à la
nation des vainqueurs, en déclarant ſeulement qu'ils
vouloient être ſoumis à ſes loix.

Je ne puis m'empêcher d'obſerver ici quelles ténebres couvrent les premiers temps de notre hiſtoire,
puiſque, tandis que le préſident de Monteſquieu &
l'abbé de Mably, &c. ne font nulle difficulté de qua-
lifier du titre de *Leude* ces *Fideles* ou *Amtruſtions*, qui
étoient, pour ainſi dire, les compagnons du roi ;
on lit dans Chantereau que ce mot déſigne le peuple
en général, comme le mot *Leuth* ſignifie encore la
même choſe en *Allemand* : & cette opinion ſe trouve
appuyée par une infinité de citations. Voyez *Orig.
des Fiefs*, Ch. VII. Au reſte, ces Fideles ou Leudes
ſe trouvent parfaitement bien décrits dans Athénée
Voyez Liv. VI, Ch. XII, où il parle d'un certain Adiatomus, roi des Sotians, qui avoit autour

nutieuſes, qu'elles ſont placées plus près des réſultats.

Si l'on en croit le comte de Boulainvilliers, les Francs furent tous égaux, & leur roi ne fut que le chef d'une troupe formidable à lui-même : ſi l'on ſuit l'abbé Dubos & malheureuſement la plupart de nos juriſconſultes (1), le roi fut ſeul maître de la nation, ſeul propriétaire des terres envahies ; de ſorte que tous les ſujets qui en obtinrent quelque partage

de lui 600 perſonnes choiſies appellées *ſiloduni*, ce qui ſignifioit *devoués*, leſquels avoient fait vœu de vivre & de mourir avec lui. Ils portoient des habits pareils aux ſiens, & vivoient des mêmes aliments que lui. Athénée ajoute qu'on n'avoit jamais vu ces compagnons du roi manquer à leur vœu, & vouloir lui ſurvivre. Comme Athénée a tiré ce fait d'un auteur très-ancien, il paroit que cet uſage eſt de la plus haute antiquité. J'ai cité ce paſſage, parce que je ne me ſouviens pas de l'avoir vu employé par aucun de ceux qui ont écrit ſur le gouvernement féodal.

(1) On eſt fâché de voir tous les avocats généraux, tous les procureurs généraux, & M. d'Aguesſeau lui-même, établir le principe qu'il n'y a nulle terre ſans ſeigneur, & que tout ſeigneur ne poſſede ſon fief que de la bienfaiſance des rois, qui ont tout donné, tout diſtribué ; comme ſi pour avoir tout donné, il n'ait pas fallu qu'ils aient tout uſurpé.

ne les dûrent qu'à fa munificence (1). Confultez M. l'abbé de Mably , il vous prouvera que le gouvernement des Francs fut démocratique. Confultez le préfident de Montefquieu, vous trouverez que la nobleffe exiftoit jufques dans les cabanes des Germains. Ne pourrions-nous pas , à l'exemple des républiques divifées , choifir pour arbitre une puiffance étrangere ? Servons-nous du moins de l'induction & de l'analogie , ces appuis fi néceffaires pour quiconque marche dans les ténebres de l'hiftoire.

Des peuplades barbares , des nations forties du Nord ont conquis l'Angleterre & l'Écoffe. D'autres fe font fixées dans leurs propres climats, où elles ont fondé des empires qui fubfiftent de nos jours. Interrogeons M. Hume & M. Robertfon : ces deux fçavants auteurs, toujours éclairés par le flambeau de la critique, ont cherché les traces du premier gouvernement auquel leur patrie a été foumife , & prenez garde que celui qu'on trouve dans les annales de ces peuples infulaires , doit

______

(1) M. le préfident Hénault paroît avoir embraffé un parti mitoyen. Il donne plus à l'autorité des rois que Boulainvillers ; mais il ne reconnoît pas de nobleffe avant la troifieme race de nos rois.

être plus original, doit préfenter une image plus pure de la législation primitive ; car les Gaulois, déjà civilifés, déjà foumis aux loix Romaines, ne purent fe foumettre à celles des conquérants, fans les modifier, fans réagir en quelque façon fur la puiflance qui les opprimoit ; au lieu que les Bretons groffiers, ignorants, & demi-fauvages n'avoient garde de recouvrer par l'opinion l'empire que la force venoit de leur arracher. Efpérons donc de trouver quelques lumieres de ce côté-là, & examinons particuliérement quel fut le gouvernement des Saxons.

Des *Chieftains*, c'eft-à-dire, des généraux ou des chefs, commandent à des tribus entieres, qu'ils appellent *Clanes* ; ils en font les protecteurs, les patrons ; ils les préfident, ils les gouvernent : on diftingue ces chefs par le nom de *Thane*, c'eft-à-dire, noble, grand, illuftre. Dans les plus anciens titres latins, on les voit défignées par ces mots : *Satrapæ*, *Principes*, *Optimates*, *Proceres* ; ce qui s'éloigne beaucoup d'une conftitution purement monarchique, ou purement démocratique. L'affemblée de ces grands feulement, & non de toute la nation, forme le *Wittenagemot* ou les États généraux. Là, comme en France, on trouve des hommes libres & des

ferfs ou efclaves. Ces hommes libres, appel-
lés *Coerles* (1) paroiffent être le même ordre
de citoyens que ceux qui, lors de l'établiffement des feigneuries en France, furent excep-
tés de ces ufurpations, & refterent fous l'autorité & la conduite immédiate des comtes.
Quant aux ferfs, il y en eut de deux efpeces ; les uns cultivateurs, & les autres efclaves domeftiques. Nous voyons encore par les
loix d'Alfred le grand, que les Anglo-Saxons
avoient établi des Centeniers femblables à nos
Thungins : enfin jufqu'ici tout paroît affez femblable dans les deux nations ; excepté qu'en
France les mœurs & la législation des vaincus
influerent davantage fur celles des vainqueurs,
& que nos peres ayant toujours eu des guerres à foutenir, furent obligés de fe tenir plus
long-temps armés: & c'eft peut-être là ce qui

---

(1) Le mot *Coerle* fignifioit laboureur, cultivateur. Le mot allemand *Kerl*, qui fe prend en bonne
& mauvaife part, comme chez nous celui de drôle,
un drôle bien bâti, un drôle qui mériteroit d'être puni, &c.
paroît venir de là.

Plus anciennement *Kerl* fignifioit un guerrier, un
héros : c'eft l'étymologie du nom *Carle*, qui en lan-
gue celtique fe prononçoit *Karl.* Voyez PELLOUTIER,
Hift. des Celtes.

conftitue la différence entre le Wittenagemot
& le champ de Mars. Les Francs toujours en
guerre, font forcés de fe rendre tous au champ
de Mars pour y paroître en revue : les Saxons,
tranquilles & fans ennemis, s'occupent de leurs
affaires particulieres, & laiffent les grands décider de celles de l'état.

Maintenant examinons ce qui fe paffe encore de nos jours dans la patrie de ces mêmes
conquérants ; je veux dire en Ruffie & en Pologne : & qu'on ne foit pas furpris que je rapproche ainfi deux gouvernements fi différents.
Dans le premier, les grands, oppreffeurs du
peuple, font opprimés à leur tour par un defpote : dans le fecond les grands, ont fçu fe
délivrer de la tyrannie qu'ils exercent fur les
autres ; mais par-tout je vois des Thanes, des
Boyards ou des Magnats, il n'importe comment on les appelle, feuls maîtres, feuls poffeffeurs des terres, feuls participant au gouvernement, tandis qu'un peuple de ferfs re-
vendique à peine une part dans les fubfiftances qui fait naître (1). Je veux croire que

______

(1) Le *weregelde*, ou prix du fang, eft encore
en ufage en Pologne. Un gentilhomme, qui a tué un
payfan ferf d'un autre, eft obligé feulement de lui en
rendre un pareil, ou de payer une indemnité très-
modique.

les Germains ont été effectivement ce peuple libre & vertueux que nous peint Tacite ; mais je me permettrai de douter que ce foient ces Germains-là qui aient conquis l'occcident ; & tant que je verrai le Danemarck, la Pologne, la Ruffie, la Tartarie même (1) m'offrir encore des veftiges du gouvernement primitif des Barbares ; tant que je retrouverai dans ces veftiges une grande relation avec les faits qu'il s'agit ici d'approfondir, je ferai bien tenté de croire que le chemin que j'ai fuivi eft celui de la vérité. En genéral, voulez-vous avoir

---

(1) Il nous refte encore en Ukraine un exemple frappant d'un gouvernement féodal dans toute fa pureté , & tel qu'il a dû exifter primitivement. Les Czars ont donné cette province aux Cofaques, à condition qu'ils la cultiveroient , & qu'ils feroient obligés de les fervir toutes les fois qu'ils en feroient requis. Nul établiffement , nulle législation que les formes militaires. Cette province eft divifée en plufieurs régiments, qui forment plufieurs diftricts. Une compagnie fait un village aux ordres d'un capitaine, lequel dépend, à fon tour, d'un colonel qui réfide dans la ville. L'hetman fe tient dans une efpece de capitale , qui eft un camp retranché, où il y a un certain nombre de cavalerie & d'infanterie tenu toujours en paie. Le refte travaille & cultive , fous la feule condition de paroître en armes , lorfqu'il en eft befoin.

une idée du gouvernement féodal modifié par
Charlemagne & fes fuccefleurs ? Etudiez le
droit public d'Allemagne. Voulez-vous avoir
l'idée d'un gouvernement féodal antérieur ?
Lifez l'hiftoire des peuples du Nord (1).

J'ai peine à quitter cette diftinction du gouvernement féodal en deux époques ; parce
qu'elle me paroît jeter un jour plus philofophique fur les premiers âges de notre hiftoire, & qu'elle nous donne des vues plus gran-

---

(1) M. de Voltaire , (*hift. gén.*) reconnoît le
gouvernement féodal jufques dans les Timariots ou
Zaimats des Turcs. Il croit que ce gouvernement
fut toujours impofé par les peuples Tartares occidentaux , & il obferve avec raifon que Tamerlan l'in-
troduifit dans les Indes, où l'on voit encore de grands
vaffaux , tyrans dans leurs différents diftricts ; mais
foumis au Mogol, fous les noms d'*Omrahs* , de *Rajahs*
& de *Nababs.*

Peut-être pourroit-on objecter qu'il n'eft pas néceffaire de donner une même filiation à tous ces établiffements , puifqu'ils paroiffent une fuite affez néceffaire du gouvernement de conquête. Une chofe
finguliere , c'eft que Fernand Cortez le trouva établi
dans le Mexique. Là, comme en Allemagne, les grands
vaffaux avoient le droit d'élire l'empereur , & l'on
put reconnoître jufqu'au roi , électeur de Boheme, dans
le roi, électeur de Teleuco. *Voyez* DON. ANTONIO
DE SOLIS.

des & plus générales fur le fort de l'humanité dans ces fiecles d'ignorance. Sans examiner donc fi le mot *fé-od* a fignifié dans fon origine toute terre accordée comme paie , comme fubfiftance (1), ce qui nous autoriferoit encore a donner une plus ancienne origine à la féodalité ; il nous fuffira d'obferver que ce gouvernement dans la feconde époque , c'eft-à-dire , la diftribution des fiefs , telle que nous la voyons fous les rois Capétiens , ne pouvoit fortir que d'un gouvernement pareil à celui qui exiftoit dans la premiere époque ; que ce gouvernement étoit en lui-même militaire & oppreffif ; qu'il tendoit naturellement à une ariftocratie (2) barbare , & qu'il ne pouvoit

---

(1) C'eft l'opinion de Chantereau (Voyez *Orig. des Fiefs* , Liv. I , Ch. 11). Il penfe que c'eft mal à propos que le mot *fé-od* a été traduit par celui de *beneficium* , & qu'il auroit été mieux rendu par celui de *prædium*. Il paroît cependant que *beneficium* a été employé par les Romains eux-mêmes pour défigner les terres accordées aux foldats en forme de paie. (Voyez la Notice de l'Emp. & du Cange au mot *Beneficium*). Bruffel croit que le mot *feodum* , fous la feconde race , fut fynonyme de celui de *beneficium* , & il en donne des preuves. (Voyez Liv. I , Ch. v).

(2) Je voudrois bien aller jufqu'à la fin de ce chapitre , fans parler de l'aventure qui arriva à Clovis ,

manquer de détruire à la fin toute idée de liberté & de propriété. Dans la Grande Bretagne, nous voyons les Chieftains & les Thanes, chefs abfolus d'immenfes tribus, tyrans de
toute une province, & rois dans le royaume :
en Ruffie, en Pologne, le cultivateur efclave,

---

lorfqu'il ne put obtenir d'un de fes foldats un vafe
qu'il vouloit rendre à S. Remy. En effet, cette hiftoire eft devenue un lieu commun, fur lequel tous les
auteurs fe font fort étendus, chacun abondant dans
fon fens : comme fi la cruauté refléchie d'un roi barbare qui affaffine fon fujet, ou la brutalité d'un Sicambre qui manque de refpect à fon chef, pouvoient
fonder des droits dans le xviiie. fiecle. Je ne puis
cependant m'empêcher d'obferver ici que la liberté de
ce foldat ne prouve pas que le gouvernement des
Francs fut plutôt démocratique qu'ariftocratique. Il
eft toujours difficile de conclure du gouvernement
militaire au gouvernement civil : & d'ailleurs ceux
qui ont fait la guerre fçavent affez que quelque defpotique que foit l'autorité militaire, les circonftances obligent fouvent à de grands ménagements. Il
n'eft point de prince, ni de général d'armée qui n'ait
été forcé de diffimuler bien des offenfes. On fçait
l'hiftoire de ce déferteur Pruffien, qui interrogé par
fon maitre fur les caufes de fa défertion, lui dit : *Je
m'en vais, parce que vos affaires vont trop mal. Attends
la fin de la campagne*, repliqua le monarque : *fi elles ne
vont pas mieux, nous déferterons tous deux.*

& le propriétaire oisif ou brigand ; en France,
enfin, quelques terres distribuées, cédées comme paie, comme subsistance sous le nom de
Terres Saliques, ou sous celui d'*Aleu* ; & les
principaux domaines, les plus riches possessions, données, reprises, prodiguées, arrachées
sous le titre de *bénéfice* : richesses alors aussi
précaires que le font de nos jours les places
du ministere & de la cour. L'établissement civil de la nation entiere n'est que le quartier
d'hiver de l'armée. On connoît si peu le prix
de la vie agricole & domestique ; on sent si peu
le bonheur d'être propriétaire & pere de famille, que pour de vains titres, quelques frivoles prérogatives, quelques droits d'opprimer, on troque ses biens en *alleu*, ou autrement dit, ses biens-fonds contre des bénéfices
amovibles.

Il est vrai que bientôt après, l'usurpation
vint au secours de l'imprudence ; mais en s'af-
furant d'abord la propriéte & ensuite l'hérédité des bénéfices, on étoit bien plus jaloux
encore de l'honorifique que de l'utile. C'est
que dans le fait l'utile ne résidoit pas dans les
terres qui ne produisoient que quelques subsistances, mais dans le pouvoir qui donnoit de
l'argent. C'est que les places de comtes & de
ducs rapportoient plus que des champs mal

cultivés. De là cette avidité d'ufurper le droit de juger ; & de-là le principe de ces feigneuries établies dans les terres qu'on avoit arrachées au domaine royal, ou à la jurifdiction des ducs & des comtes. Les *freda*, ou amendes, étoient devenues les métairies des nouveaux ufurpateurs ; & il eft aifé de juger qu'elle activité mettoient à prévenir le crime ceux-là même qui vivoient de fentences.

Ceci explique affez naturellement pourquoi dès la premiere race, & dans des temps encore barbares, les Francs ont fait des loix très-détaillées & très-minutieufes. En effet, prefque toutes ces loix ne font que des tarifs d'amendes pécuniaires. On eft étonné qu'un peuple ignorant & groffier ait eu un code dont un chapitre foit employé à fpécifier l'amende que doit payer celui qui aura ferré la main ou le doigt d'une femme libre (1) ; fur-tout lorfqu'on voit que ce même recueil n'offre pas un article qui donne quelques lumieres fur le droit public de la nation. Qu'auroient dit les

______

(1) *Si quis homo ingenuus fœminæ ingenuæ manum aut digitum ftrinxerit fol. **XV** culpabilis judicatur. Si verò brachium ftrinxerit fol. **XXX**. culp. dic. Si mamillam ftrinxerit fol **XIV**. culp. dic.*

La loi nous a fait grace des autres gradations.

politiques du XIV fiecle, fi lorfque la loi *Sa-lique* décida pour Philippe de Valois, contre Edouard III, on eût fait obferver que cette loi fondamentale de l'état commençoit par trai-ter des cochons volés (*de furtis porcorum*)? On parcourt les loix des Lombards, des Vi-figoths, des Bourguignons, &c. fans trouver autre chofe que ces ennuyeux & ridicules ta-rifs (1). Cependant il faut convenir que par-mi ces nations agreftes, nos ancêtres doivent obtenir le premier rang de l'ignorance & de la férocité. Soit que les Lombards & les Vi-figoths aient été originairement des peuples plus doux; foit qu'ils fe foient établis chez des nations plus policées; il eft sûr qu'ils ont été en général moins Barbares que les Francs. Mais

______

(1) J'en citerai cependant un article. Le code des Vifigoths (Liv. II, Tit. 1) défend aux médecins de faigner une femme en l'abfence de fon mari, & les foumet à l'amende de 10 f. en cas de tranfgreffion. Le titre VI de la même loi porte que fi un médecin tue un homme libre par une faignée, il fera livré aux parents du défunt pour être tenu en fervitude. S'il n'a tué qu'un efclavé, il fera obligé feulement d'en rendre un pareil. On croira aifément que cette loi eft tombée en défuétude. Si on la remettoit en vi-gueur, la faculté, comme les autres corps politiques, feroit expofée à une terrible banqueroute.

ces diftinctions difparurent bientôt. Charlemagne en foumettant tous ces peuples, ne parvint
que trop à les affimiler. Il eft aifé de fentir
que de ce gouvernement irrégulier des deux
premieres races ; de cette avidité baffe qui flat-
toit & dépouilloit les fouverains ; de l'incertitude qui regnoit alors dans les propriétés ;
de cette fureur d'envahir & de tourner tout
à fon profit, guerre ou juftice, conquête ou
magiftrature, il devoit réfulter des alternati-
ves perpétuelles de *Tyrannie*, d'*Oligarchie* &
d'*Anarchie*; que la guerre eut alors un aliment
continuel ; enfin que les peuples fe déchire-
rent, & que le fort de l'humanité fut plus malheureux que jamais.

Cependant il devoit fortir de-là une forme
de gouvernement toute nouvelle, & fi extraordinaire, que les anciens qui ont tout difcuté, tout conjecturé, tout deviné, n'ont jamais rien rêvé de pareil. C'eft le gouvernement féodal dans fon fecond état, dans fa régularité, & tel qu'il exifte encore de nos jours:
Ce fyfteme vafte & magnifique ; cette machine
fi compliquée & fi folide en même temps, ne
fut pourtant qu'un effet du hazard, qu'une mo-
dification toute naturelle de la conftitution politique qui l'avoit précédée.

Lorfque Henri IV eut befoin de fe procurer

rer fur le champ les fonds néceffaires pour arrêter les progrès des Efpagnols, il dit aux propriétaires de certaines charges : Voulez-vous qu'elles appartiennent à vos enfants, donnez-moi une fomme proportionnée au prix de ces charges, & je vous en affurerai l'hérédité. Du temps de Charles le chauve, les chofes ne fe pafferent pas tout-à-fait de même, & je crois bien que la propofition vint des poffeffeurs ou ufufruitiers ; mais, quoiqu'il en foit, un marché tout pareil fut conclu. Les conceffions des bénéfices avoient toujours renfermé, d'une façon implicite, l'impofition d'un fervice : un obligé doit fervir fon bienfaiteur ; & c'eft ainfi que les ftarofties font encore données en Pologne à ceux que la couronne veut s'attacher. Charles - Martel & Charlemagne jugerent à propos de rendre ces conventions explicites, en prefcrivant la nature & les limites de ce fervice. Charles le chauve fit par crainte, ce que Henri IV ne fit que par befoin. L'hérédité fut affurée aux poffeffeurs des bénéfices. Mais comment toutes les terres fe trouverent-elles tout-à-coup changées en bénéfices ? Par la vanité, qui, parmi les François, avoit fait facrifier la sûreté aux honneurs ou à la richeffe ; par la prétention ou l'envie, qui, chez les Gaulois, avoient fait un point d'honneur de s'affimiler aux Francs, en transformant des patriciens en leudes, & des fénateurs en amtruftions ; enfin, par l'ufurpation, qui écrafant les foibles, avoit envahi les petits *Alleus* & les terres *Saliques*.

Il femble qu'il y ait dans le gouvernement une certaine quantité de pouvoir, une certaine confidération qui eft toujours conftante, & qui, lorfqu'elle éprouve des changements, ne fait que paffer d'un endroit à l'autre. Les rois étant avilis, les grands furent élevés : les grands à leur tour voulurent trancher du fouverain. Moins ils avoient gardé de rapports de fubordination avec le trône, plus ils en avoient exigé de leurs inférieurs. Il leur fut donc facile de fe mettre, à leur égard, à la place du prince, & de recevoir de leurs fous-ordres l'hommage qu'ils rendoient eux-mêmes au chef de la monarchie. De là, les arriere-fiefs & toutes les ramifications de la féodalité. Qu'on fe figure un intendant s'attribuant l'autorité abfolue dans une province : fes fecrétaires feront bientôt des fecrétaires d'état ; les fubdélégués, des intendants des finances ; & les élus, des préfidents. Quiconque a voyagé en Allemagne a pu reconnoître les traces de cette infatuation. Le même prince que vous avez laiffé peu de jours auparavant à Vienne ou à Ber-

lin dans l'anti-chambre d'un miniſtre, ou dé-
filant à la tête d'une garde, s'il vous reçoit
dans ſa petite réſidence, n'y paroît plus qu'en-
touré d'une cour, où vous voyez des officiers
de toutes les eſpeces, qualifiés de toutes ſortes de titres, & ſouvent chamarrés de rubans.
Là, tout eſt officier, domeſtique ou ſoldat; de
façon que rien ne manque à cette principauté,
ſi ce n'eſt un peuple & des terres.

Il en arriva de même en France. Les grands
s'affermirent, la nobleſſe s'aggrandit, le clergé s'enrichit: il n'y eut que le peuple d'oublié; c'étoit la dépouille que tout le monde
ſe diſputoit; c'étoit la proie dont on partageoit
la curée. On peut juger de ſa ſituation ſous le
gouvernement féodal, par les privileges accordés aux communes (1) : c'eſt la permiſ-
ſion de faire enſeigner à lire & à écrire à ſes
enfants, de vendre ſes denrées au marché dans
un temps convenable, &, ce qui eſt le plus
remarquable, la liberté d'accommoder les procès. En effet, comme je l'ai déjà obſervé, la
juſtice étant un des meilleurs revenus du ſeigneur, c'étoit une eſpece de contrebande que
de terminer une affaire à l'amiable. Ce principe

---

(1) Voyez l'abbé de Mably, T. II, Ch. 1.

d'avarice se fait encore reconnoître dans une
autre loi de ce temps-là. Les Juifs payoient des
capitations énormes : or, lorsqu'un d'eux vouloit se faire chrétien, à lui permis ; mais il
devoit indemniser son seigneur. C'étoit une
ame dérobée à l'enfer, mais un corps à rembourser au monde. Tel étoit l'esprit fiscal qui
regnoit alors, qu'une conversion étoit regardée comme une banqueroute, & que le para-
dis même n'avoit pas droit de franchise. Alors
on vit un état sans loix, une monarchie sans
chefs, un roi sans sujets. Les branches multipliées firent disparoître le tronc ; & l'état fut
semblable à ces amas de ronces qui s'entrela-
çant de mille façons différentes, ne laissent
plus appercevoir la tige qui tient à la terre.
Tous les droits allerent se perdre, s'abymer
dans le droit féodal. Ceux de la souveraineté
disparurent comme les autres, & le sujet rebelle ne dût plus encourir d'autre punition que
la confiscation de son fief (1). Il ne resta

____

(1) Chantereau rapporte dans son *Traité de l'ori-
rine des Fiefs*, que lorsque Louis XIII marcha en Lorraine, à la tête de l'arriere-ban, pour s'opposer aux
progrès de Galas, général de l'empereur, la plupart
des gentilshommes voyant que la campagne traînoit
en longueur, s'ennuyerent de rester à l'armée, & s'en

qu'un droit barbare, affreux ; celui de la guerre. Tous les barons, tous les poffeffeurs de fiefs
furent autorifés à combattre entre eux, & même contre leurs fouverains, toutes les fois que
la féodalité n'y feroit pas comprife. La juftice
garda un profond filence, & laiffa le duel dé-

---

retournerent chez eux. Leur procès leur fut fait par
ordre du roi, & on prétendit les punir de mort comme
déferteurs; mais Chantereau qui étoit pour lors confeiller au confeil fouverain de Nancy, foutint que
ces gentilshommes n'ayant été obligés de fervir qu'en
vertu de leurs fiefs, ne pouvoient être punis que
par la confifcation de ces fiefs. Cet avis fut fuivi.

Au refte, fi l'on veut fe rendre raifon de la multiplicité énorme des inféodations & fous-inféodations
de toute efpece, il faut faire réflexion que dans les
temps où elles prirent naiffance, les feigneurs étoient
prefque toujours en guerre ; & qu'il n'y avoit alors
ni troupes ftipendiées, ni argent pour les payer ; que
d'ailleurs, quand même il y en auroit eu, toutes les
forces militaires confiftant en gendarmerie, il leur
devenoit impoffible d'augmenter le nombre de leurs
troupes, fans augmenter celui de leurs vaffaux. C'eft
pour cela qu'on inféoda les droits de chaffe, le péage
des chemins, les boutiques des foires, & jufqu'aux
fours banaux. (*Voyez* BRUSSEL, *de l'ufage des Fiefs*).
Cet auteur célebre a confervé une lifte de 130 gentilshommes, qui, du temps de Philippe de Valois, tenoient en fief des penfions fur le tréfor royal. Il a

cider du droit ; jugement bien digne de ces
hommes féroces.

Cependant la fureur a des termes ; & ce
qu'on nomme courage a de tout temps reconnu des limites. L'intérêt perſonnel, l'amour de
la conſervation ont toujours réclamé ſourde-

---

très-bien prouvé encore ce que Mézeray avoit dit
avant lui , c'eſt que pendant plus de 300 ans le
royaume de France avoit été gouverné comme un
grand fief ; tous les rapports entre le ſouverain &
les ſujets étant devenus des rapports de féodalité.
Bruſſel fonde cette opinion ſur ces trois points eſſen-
tiels. 1°. Que l'époque de la majorité des rois fut
fixée à 21 ans, qui étoit l'âge de la majorité féodale.
2°. Que le roi pouvoit tenir des fiéfs de ſes ſujets,
& s'obliger à certaines conditions, comme de fournir un homme qui le repréſentât, & fît le ſervice à
ſa place. 3°. Que le vaſſal à qui le roi *vévit* ou re-
fuſoit le jugement dans ſa cour, pouvoit armer ſes
vaſſaux contre lui , & pourſuivre ſon droit par la
force.

M. Hume remarque auſſi au ſujet des inféodations,
que la juriſprudence féodale s'étant univerſellement
établie, & étant devenue la ſeule qui fut généralement reconnue, les poſſeſſeurs des biens allodiaux
s'ennuyerent bientôt d'être expoſés à tous les excès
trop communs dans ces temps barbares, & préferè-
rent à la propriété abſolue une poſſeſſion limitée,
qui leur valoit la protection du ſuzerain.

ment contre le préjugé ; & notre ancienne noblesse, toute querelleuse qu'elle étoit, préféra bientôt l'arbitrage du clergé à ces jugements atroces où le vainqueur payoit souvent de son sang un avantage toujours stérile. Les évêques qui s'étoient déjà arrogé un pouvoir égal à celui des premiers vassaux ; qui avoient assisté à tous les parlements, & qui avoient signalé leur autorité par des entreprises contre la couronne ; les évêques, dis-je, usurperent encore le droit de juger. Ils s'étoient déjà ingérés dans toutes les affaires qui avoient un rapport indirect avec la religion ; comme les mariages, à cause du sacrement ; les testaments, à cause des legs pieux ; les traités, à cause du serment qu'on avoit coutume d'exiger. Ils en vinrent enfin à cette maxime générale, que tout procès étoit de leur compétence, parce que des deux partis, l'un attaquoit, l'autre défendoit ; l'un affirmoit, l'autre nioit : or, d'un côté ou de l'autre, il y avoit péché ; donc, &c. Cette logique est meilleure qu'on ne pense ; & peut-être ceux-là sont-ils plus subtils, mais aussi absurdes que nos peres, qui veulent chercher l'erreur ailleurs que dans le premier principe.

Quoi qu'il en soit, il arriva que tandis que l'église usurpoit l'autorité sur les puissances séculieres, le pape usurpoit l'autorité absolue

fur l'églife : & comme le premier ufage du
defpotifme eft l'aggreffion, les papes n'eurent
pas plutôt difcipliné leur milice, qu'ils attaquerent les couronnes les plus refpectables.
De là cette fuite d'entreprifes infenfées, &
fouvent heureufes, ces excommunications prodiguées, ces royaumes diftribués, ces royaumes enlevés, ces couronnements, ces dépofitions, & tant de faits ridicules & atroces qui
font rougir l'hiftorien, & gémir le lecteur.

Je m'arrête ici, parce que mon deffein n'eft
pas de faire l'hiftoire de ces temps malheureux. Ces funeftes objets ont été crayonnés
de main de maître : & que peut-on écrire
après l'*Effai fur l hiftoire générale*? Je me contenterai donc d'obferver que dans nos rapides
réflexions nous avons déjà parcouru les fix
premiers fiecles de notre monarchie, & je remarquerai que c'eft précifément ce temps-là
qu'on peut regarder comme la premiere *vé-
gétation*, la marche progreffive des mœurs &
des ufages. C'eft alors que toute habitude a
commencé, que tout principe a pris naiffance.
Rappelez-vous les idées principales qui doivent s'être gravées dans votre mémoire : invafion de Barbares, gouvernement barbare ;
ufurpation de quelques-uns, ufurpation d'un
plus grand nombre, tyrannie générale ; les

guerres civiles légitimées , tous les hommes armés , toute la terre arrosée de sang ; des guerriers féroces, las de se déchirer entre eux, & combattus à la fois par une crédulité absurde & par une honteuse débauche , cherchant en Asie une expiation pour leurs crimes ; l'élite des peuples occidentaux , & presque toutes leurs richesses abimées dans les sables de la Palestine ; la culture abandonnée ; le clergé profitant seul de l'aveuglement général , comme ces hardis scélérats qui volent au milieu des incendies ; enfin toute police divine & civile violée & exagérée tour-à-tour ; les malheurs , la folie des hommes vous paroîtront parvenus à leur comble : & voilà précisément ce que je voulois vous faire observer. Passé le XIIe. siecle , vous ne verrez plus qu'une marche rétrograde : le genre-humain commence à donner quelque signe d'espérance : c'est un malade qui , après le dernier effort de la fievre, laisse voir quelques symptomes d'une crise favorable ; mais il ne sort d'une longue agonie que pour respirer un moment, & retomber encore : le mal qui ne s'affoiblit que par degrés , paroît terrible dans ses retours , & tout , jusqu'à la convalescence , porte un caractere effrayant.

Tandis que les guerres civiles désolent la

France, la piété vient la premiere au secours
de l'humanité. La *paix du seigneur* fait un partage bizarre des jours de la semaine, dont les
uns sont destinés au commerce, les autres
au carnage. St. Louis, par des loix civiles,
mais non moins pieuses dans leur objet, modere le droit de la guerre, & l'enchaîne en
quelque façon. Philippe le Bel va plus loin :
il défend qu'on fasse usage de ce droit barbare,
quand il l'exerce lui-même, & il prétend que
toutes les fois qu'il fait la guere, il doit en
avoir le privilege exclusif. L'établissement des
bailliages & le progrès de leurs jurisdictions
sous St. Louis & ses successeurs ; la création
des différents tribunaux, où les causes qui se
décidoient ordinairement dans les combats,
sont portées par appel ; les affranchissements,
les privileges accordés aux communes, premieres restitutions faites à la nature outragée ;
enfin les assemblées de la nation, où toutes
les classes des citoyens sont représentées, où
ils peuvent se plaindre de leurs maux, & en
demander le remede ; tels sont les premiers pas
par lesquels la fureur rétrograde vers la raison. Et qui pourroit ne pas s'attendrir sur le
sort des peuples, lorsqu'on voit que leurs
premieres loix ont été des loix de pacification ? Voyez en France *la paix du seigneur* ;

en Angleterre *la paix royale* , (*The King's peace*) en Allemagne , *la paix publique* , &c. Les premieres conventions qu'ont à faire ces êtres, tous semblables, tous sortant de la même origine, c'est de convenir de ne plus s'entretuer.

Sans doute que ce seroit une chose bien curieuse que d'examiner les diverses routes par lesquelles se font faits ces retours vers la raison. L'abbé Terrasson a remarqué avec beaucoup de finesse, que dans les sciences exactes, les hommes n'ont eu besoin que d'application pour trouver la vérité ; de façon que leur marche a été directe de l'ignorance à la science ; au lieu que dans les choses de raisonnement ils ont toujours été obligés de passer par le faux , avant que d'arriver au vrai (1). Cette réflexion n'est pas moins applicable à la politique qu'à la philosophie. Que de sottises pour remédier à des sottises ! Que d'étais pourris & vermoulus pour soutenir des fabriques chancelantes !

----

(1) On diroit que la vérité a toujours été le pis aller de l'esprit humain. Il ressemble assez à une hirondelle , qui étant enfermée dans une chambre , va cent fois se heurter contre les lambris , avant de trouver la fenêtre , qu'une main bienfaisante vient de lui ouvrir.

Le gouvernement féodal regnoit en France, en Angleterre, en Allemagne & en Italie, à peu près au même degré, à peu près fous les mêmes formes. Comment ces états, en partant des mêmes principes, font-ils parvenus à des réfultats fi différents ? Chofe étonnante ! Dans les fecouffes qu'éprouve l'Angleterre, la féodalité fe maintient ; les grands vaffaux fe rallient pour foutenir leurs droits ; ils les étendent, les rendent plus facrés, plus définis ; & il en réfulte le gouvernement de propriété & de repréfentation, le gouvernement libre & demi-Démocratique que nous voyons de nos jours.

En France, loin de foutenir l'ancienne conftitution, on introduit de nouvelles formes : au fyftême féodal on fubftitue, ou, fi l'on veut, on mêle des états-généraux, où la nation paroît tout entiere dans fes députés, & n'eft plus repréfentée par une ariftocratie militaire : à la place de ces clercs, de ces affeffeurs qui aidoient le *Suzerain* dans l'exercice de la juftice, on établit des cours fouveraines, conftantes & permanentes, qui forment des corps de magiftrature, & deviennent bientôt dépofitaires des loix ; la nation a de fréquentes affemblées, des juges & des loix, & il en réfulte une monarchie abfolue.

En Allemagne, l'ignorance, la férocité, la diffension, la rivalité entretenues par l'équilibre des pouvoirs, durent plus long-temps qu'ailleurs ; la force décide de tout, & la force est toujours alternative entre les membres de l'état. Nul accord, nul point de réunion ne reste aux esprits divisés, & il sort delà le gouvernement germanique tel qu'il est de nos jours, c'est-à-dire, le systeme politique le mieux suivi & le plus régulier.

En Italie, deux tyrans, sous prétexte d'être successeurs, l'un des Césars, l'autre de St. Pierre, se disputent sans cesse le pouvoir absolu : c'est pour la monarchie universelle qu'on combat ; & après de longues guerres, de grands scandales, & de nombreuses atrocités, il résulte delà une multitude de républiques & de petits tyrans ; un gouvernement tout semblable à celui de la Grece du temps d'Alexandre & de ses successeurs.

Au delà des Pyrenées les Goths & les Vandales ont à peine établi leur domination dans cette belle presqu'isle, si bien défendue par la nature, qu'ils sont attaqués tout-à-coup par une puissance formidable. C'est près des colonnes d'Hercule que le génie du Nord & celui du Midi se rencontrent pour se faire une guerre cruelle, dont huit siecles ne peuvent éteindre la fureur. Au milieu des allarmes, des périls continuels, nul fyſtême de guerre fuivi. L’autorité royale reſte fans effet, parce que le pouvoir fe divife comme la force, qui eſt obligée d’agir en tout temps, en tout lieu. Les feigneurs fe fortifient dans leurs châteaux ; les villes pourvoient à leur législation comme à leur sûreté. La crainte qui a coutume de fonder l’autorité, en réuniſſant tous les hommes par un même intérêt ; dans ce cas fingulier, les difperfe & les fépare, à peu près comme il arrive dans le fort de la mêlée que chaque troupe, chaque foldat ne fonge plus qu’à fa propre défenfe, & qu’une feule bataille fe change en mille combats finguliers. Ce n’eſt pas tout ; trois religions les plus oppofées, les plus ennemies fe difputent l’empire de l’opinion. La perfécution, le fanatifme font armés de tous côtés ; & cependant jetez les yeux maintenant fur ce même pays, qu’y verrez vous ? unité de croyance, unité de pouvoir, une tranquillité exceſſive qui fe change en pareſſe, & un repos voifin de l’engourdiſſement.

Voilà des événements bien étranges, bien contradictoires à leurs principes. Peu de mots fuffiront pourtant pour en rendre raifon. En Angleterre, les premieres réclamations ont été des grands contre la couronne ; en France, de la couronne & du peuple contre les grands ; en Allemagne, l'élection des empereurs s'étant maintenue, a maintenu à son tour & le rang auquel tous les grands pouvoient prétendre, & les droits que tous les grands vouloient conserver ; en Italie, la concurence des souverains, les vicissitudes de leur pouvoir, & sur-tout le peu de proportion de leurs forces avec leurs prétentions laisserent aux foibles le temps de s'élever & de s'affermir. Les secours mendiés de part & d'autre multiplierent les privileges ; les villes s'affranchirent dans les troubles civils, & le népotisme multiplia les principautés.

En Angleterre, les grands armés contre leurs rois crurent devoir se concilier la bourgeoisie, & particuliérement les villes commerçantes. Ils stipulerent de nouveaux privileges pour cet ordre de citoyens déjà favorisé par les souverains, qui vouloient, comme en France, l'opposer au pouvoir exhorbitant des barons, & qui ne manquoient pas aussi de lui faire payer leurs bienfaits. La grande charte ayant été reconnue comme loi générale, & soutenue par un certain nombre de gardiens, toujours assemblés, toujours en activité, sous le nom de conservateurs (sage précaution à laquelle elle fut redevable de sa durée), il arriva que les barons formerent deux classes, les *puissants* &

64 DE LA FÉLICITÉ

les *moindres* (1). Mais la tranquillité s'étoit établie, & l'affiduité au parlement étoit devenue une charge, une dépenfe, qui ne pouvoit être fupportée que par les plus riches des barons ; les *moindres* ou négligés , ou peu curieux des affaires fe confondirent bientôt avec les fimples chevaliers (2), & parurent plus foigneux d'éviter les féances au parlement, que d'y occuper le premier rang. Mais les

---

(1) *The leſſer Barons.* Voyez HUME, T. II, pag. 85 & fuiv.

(2) *Knitgs of The Shire.* C'eft l'origine de ce que les Anglois appellent *Gentry* , les gentilshommes. Mais l'idée que préfente ce mot en Anglois, ne correfpond point du tout à celle que nous y attachons. Après que Guillaume eut confifqué toutes les terres des Anglois, & les eut données aux Normands à titre de *Baronnies* ou de grands-fiefs , ceux-ci fous-inféoderent plufieurs parties de leurs fiefs · ce qui établit des vaffaux d'un fecond ordre. Les premiers appelés *Chief'tenants*, fe trouverent au nombre de 700, & les autres appelés *Knithts'fées* , au nombre de 50215. On voit que les origines fe rapportent affez dans les deux royaumes ; mais en France , la fous-inféodation ne dégradoit point les perfonnes, puifque les rois eux-mêmes rendoient hommage à leurs fujets pour les arriere-fiefs. Il n'en fut pas de même en Angleterre. C'eft ce qui a établi la différence entre la nobleffe & les gentilshommes : *Nobilty and Gentry.*

rois toujours attentifs à ces deux grands objets, l'humiliation des grands & l'intérêt du fifc imaginerent d'oppofer à la nobleffe le concours des forces fubalternes. Edouard Ier ordonna aux shérifs ou premiers magiftrats des provinces, d'envoyer au parlement deux chevaliers ou gentilshommes de chaque diftrict. Ces derniers ne dédaignerent pas de fiéger avec les bourgeois ; ils firent même caufe commune avec eux, préfenterent des requêtes, des projets de réformation, &c. Les rois les ayant écoutés, leurs fuccès leur donnerent de la confiftance ; & ainfi fe forma peu-à-peu la chambre des Communes, qui de toutes les parties du gouvernement Britannique eft la plus fondée en raifon, & la plus favorable à la propriété. Des flots de fang ont coulé depuis pour cimenter l'édifice que nous voyons de nos jours : édifice fuperbe & folide, mais qui porte fur une bafe gothique, & dont les proportions accufent encore fa groffiere origine. Cependant quelque contrafte qu'il préfente entre le plan informe de fes fondations & les beautés dont il a été décoré depuis, il offre à nos yeux une efpece d'unité ou plutôt de continuité. C'eft la façade du vieux Louvre, ornée de la colonnade de Perrault : mais ce n'eft point cet amas confus de bicoques, de boutiques, & de maisonnettes cousues, ou mêlées à un ancien palais; ce n'est point ce désordre incroyable qu'on trouve encore dans notre capitale & dans notre politique. Je m'explique.

Nous avons vu le gouvernement d'Angleterre se modifier insensiblement, en conservant toujours les premiers principes de sa constitution, le roi & le parlement. A la vérité, ce parlement se divise en deux chambres; mais si les communes acquierent un pouvoir égal à celui de la chambre-haute, c'est toujours la suite d'un même système, ce sont de nouvelles branches sorties d'un même tronc. En France, il en va tout autrement : les peuples, las de la tyrannie des grands & de l'anarchie générale, ont recours à l'autorité royale; Philippe-Auguste, par des actions héroïques, & St. Louis, par ses vertus morales, justifient cette confiance; mais Philippe le Bel, politique inconsidéré, monarque ambitieux, & souverain avide, ne tarde pas à dissiper le prestige...

Avant d'aller plus avant, remarquons que le gouvernement féodal François différoit du gouvernement féodal Anglois en ce que celui-ci avoit conservé les assemblées, ou parlements. Or, les assemblées sont la source de toute liberté. N'importe quelles soient les loix

& les ufages; toute nation repréfentée, tout corps affemblé finiront par acquérir un grand pouvoir politique. En France, le nouveau gouvernement féodal, ou, pour ne pas perdre nos idées, celui de la *feconde époque*, avoit bien mieux réuffi à détruire toute trace de l'ancien. Lors donc que Philippe le Bel, par fes concuffions, fes changements dans les monnoies, fes querelles avec la cour de Rome, fe crut obligé de convoquer la nation, il fe trouva conduit à trois nouveautés, qui ont fait de fon regne une époque très-intéreffante dans l'hiftoire. 1°. Il affembla la nation dans une forme civile, qui ne reffembloit pas à ces parlements, à ces champs de Mai, d'où émanoient les loix des Mérovingiens & des Carlovingiens (1). 2°. Il y fit entrer la bourgeoifie fous le nom de *Tiers-Etat.* 3°. Dans le même temps, à peu-près, il établit en quatre endroits de fon royaume des cours de juftice fédentaires, que nous appelons à préfent *Parlements.*

----

(1) Fafquier ne témoigne pas une grande eftime pour les nouveaux États-généraux : *Chaque affemblée, dit-il, fut marquée par des facrifices de la nation; & fi l'on a prétendu que les conciles ont tous enlevé quelque chofe à l'autorité papale, on peut dire que les Etats-généraux ont tous cédé quelque chofe à l'avidité des rois.*

Il paroît qu'en France, comme en Angleterre, la noblesse dût perdre quelque crédit
par l'intervention du tiers-état dans les affaires
publiques ; mais en revanche il s'en fallut de
beaucoup que les Communes obtinssent la
même considération qu'en Angleterre. Là, elles
avoient pour modele, pour objet d'émulation,
la chambre des Pairs, dont le pouvoir étoit cons-
tant & reconnu ; ici, elles parurent étonnées du
rôle qu'elles alloient jouer ; & semblables à un
subalterne qu'un grand admet à sa table, elles
se crurent obligées de payer par de basses
flatteries le nouvel honneur qu'on leur faisoit.
D'ailleurs, les États-généraux ne furent convo-
qués que rarement & à la volonté du souverain, qui n'avoit garde de les assembler, à
moins qu'il ne se crût bien assuré de leur
complaisance, ou que les besoins de l'état ne
fussent devenus trop urgents pour leur laisser
matiere à délibération. Ainsi donc ces assemblées
servirent plutôt à ébranler le gouvernement
féodal qu'à établir celui de représentation ;
& la puissance royale gagna seule à ces changements.

Cependant un contre-poids, une nouvelle
résistance commençoit à sortir du sein même
de l'autorité. Les conseillers du roi, ceux qui
l'aidoient à rendre la justice, & qu'il avoit

tirés des trois ordres de l'état pour le feconder dans cette fonction, je ne dis pas feulement de *Souveraineté*, mais de *Suzeraineté*; ceux enfin qui formoient la cour royale, furent bientôt changés en un tribunal fédentaire, & les commiffions de ces confeillers, qui avoient d'abord été amovibles, étant devenues perpétuelles, le parlement fe trouva un corps refpectable par fes fonctions, & confidérable par fa ftabilité. Ce fut encore un nouvel échec pour la nobleffe ; car les préjugés & l'ignorance éloignoient les grands de la magiftrature ; tandis que les juges du tiers-état qu'ils offufquoient, s'emparoient, de toutes les affaires, & que ne pouvant les égaler, ils cherchoient du moins à les humilier.

Il reftoit encore le clergé à abaiffer. Des clercs, des évêques, avoient des places au parlement ; & comme ils étoient plus inftruits que les barons, ils incommodoient davantage les gens de loi. Ceux-ci cherchant à faire monopole de la fcience, voulurent éloigner des concurrents importuns ; & ainfi fe forma dès l'origine du parlement, cet efprit antipathique au clergé qui, long-temps, après devint le falut de l'état ; mais ceci n'eft pas de notre fujet, & il nous fuffit de l'indiquer.

Revenons donc, & obfervons que le gouvernement de France dans ses variations a beaucoup moins conservé de sa premiere origine que celui d'Angleterre. En effet, quiconque voudra se former une idée juste de ce gouvernement, doit se mettre bien avant dans la tête que les Parlements, ou assemblées au champ de Mai, les Etats-généraux de Philippe le bel & de ses successeurs, & les cours de justice connues de nos jours sous le nom de parlement, sont trois choses qui n'ont aucun rapport entre elles.

Pour l'Allemagne, le gouvernement féodal s'y étant conservé dans son entier, & même dans une espece d'exagération, il nous est aisé de nous en former une idée. C'est ce que seroit devenue la France, si la couronne eût été élective ; si Philippe-Auguste & St. Louis avoient négligé de protéger le peuple contre la tyrannie des barons ; enfin, si des actes publics & solemnels, tels que la *Bulle d'or*, la *Paix profane*, la *Paix de religion* & les *Capitulations impériales*, avoient défini & constaté les droits réciproques du prince & de la nation. L'empire peut être regardé comme un grand *Club* (1) de souverains, qui se sont

____

(1) *Club*, cotterie Angloise qui se rassemble ordi-

foumis à des loix aufteres ; & qui ont nommé un d'entre eux pour prendre le fauteuil, & leur fervir de préfident. Les droits des princes y font affez bien fpécifiés ; ceux du peuple y font le plus fouvent négligés. On réprime les petites ufurpations, mais fi quelque puiffant vaffal entre en lice, les armées décident feules du droit, avec cette différence feulement, qu'elles s'y font précéder par une plus forte avant-garde de manifeftes, d'avocatoires, de déhortations, &c. Là, comme ailleurs, on trouve un mêlange d'habitude & de raifon, quelques loix maintenues, parce qu'elles font bonnes ; d'autres, parces qu'elles font anciennes. La paix de Munfter & la capitulation de François Ier font des ouvrages de la réflexion qui brillent au milieu de ceux du préjugé, comme une belle ftatue dans un

nairement dans un café, ou dans une taverne. Les loix de ces fociétés font toujours écrites & dépofées dans la falle où l'on s'affemble. Là, comme dans prefque toutes les affemblées Angloifes, on nomme un préfident qui fiege dans un fauteuil élevé, & dont les fonctions font à peu près les mêmes que celles de l'orateur dans la chambre des communes. On peut fe rappeler les lettres charmantes écrites fur ce fujet par Stéele & Adiffon dans le *Spectateur*.

vieux galetas. C'eſt une queſtion de ſçavoir
ſi le gouvernement germanique rend les peuples plus heureux. Je conviens qu'il peut empêcher le comte de la Lippe de tuer les cerfs
du comte de Waldeck, & le marquis de Neu-
vied de faire de la fauſſe monnoie ; mais il
empêche auſſi qu'il y ait en Allemagne des
chemins, des canaux, des arts & de la ri-
cheſſe : il ſoutient plus de cent petites cours,
& laiſſe les peuples dans l'oppreſſion. Auſſi
les corps-de-garde y tiennent-ils la place des
manufactures ; & quand on a vu des *freiile*,
des chanoineſſes, des ſentinelles & des gardes-
chaſſe, on peut ſe former une idée de la plus
grande partie de l'Allemagne.

Quant à l'Italie, tour-à-tour déchirée & di-
viſée par les empereurs, les papes, les Normands, les rois d'Arragon & les rois de France ;
elle ne pourroit entrer dans nos réflexions
qu'en nous offrant deux républiques célebres,
dont l'une eſt encore auſſi puiſſante que
conſtante dans ſes principes. On devine
aiſément que c'eſt de Veniſe dont je veux
parler : mais cette république reſpectable,
placée entre le Turc, le pape & l'empereur,
dût ſe former une conſtitution relative à ſa
poſition politique. Née dans les lagunes, preſque au ſein de la mer, elle dût ſon origine à

la crainte, & fa confervation à la défiance. Tenir le peuple dans l'ignorance & l'efclavage, femer les divifions, les foupçons, les délations parmi les fénateurs; fe conduire fans ceffe comme la veille ou le lendemain d'une conjuration; transformer l'adminiftration en une police formidable; tels font les principes que Venife a puifés dans fes périls, & dont le repos & les fuccès n'ont pu encore la défabufer.

Peut-être faudroit-il attendre encore vingt-ans pour fixer fon opinion fur l'Efpagne. Jufqu'à préfent ce qu'on peut obferver de plus frappant, c'eft un caractere national, qui paroît avoir la même propriété que celui des Chinois; je veux parler de cette force de l'habitude qui réfifte au changement de domination, & qui donne au peuple le privilege fingulier de s'affimiler fes maîtres. Il eft inutile de dire que dans ce rapprochement de deux nations fi différentes, ce ne font que les effets qu'on prétend comparer. Ce que la Chine ne doit qu'à la fupériorité qu'elle a fur fes voifins dans les fciences & dans fa police, l'Efpagne le tient d'une nobleffe dans les fentiments, qui peut n'être pas toujours agréable, parce qu'elle approche de la fierté; mais qui doit toujours attirer l'eftime, lors même qu'elle ne peut concilier la bienveillance. Tout ce qu'on peut assurer c'est que si cette nation est celle qui a le plus conservé son caractere, c'est en même temps celle dont le gouvernement a le plus changé, & a changé de la maniere la plus brusque & la plus rapide. Trois causes principales y ont contribué, & suffisent même pour en rendre raison. 1°. L'expulsion des Maures qui rétablit la tranquillité la plus parfaite dans un pays où les guerres extérieures n'étoient pas à craindre. 2°. La réunion des couronnes de Castille & d'Arragon par le mariage de Ferdinand & d'Isabelle. 3°. Enfin, une circonstance particuliere dont nous avons déjà fait voir l'importance, en parlant du gouvernement Romain, c'est que les deux premiers monarques qui ont réuni les provinces de cette vaste monarchie se sont trouvés des princes très-puissants & d'une politique profonde, dont les regnes longs & glorieux ont assuré à leur trône l'autorité qu'on n'avoit cru abandonner qu'à leur personne. Quelle que soit cependant la révolution qui s'est opérée dans cette nation, la distinction de ces divers royaumes, qui tous conservent un caractere & un esprit particulier, le privilege de certaines villes & de certains peuples, l'exorbitance des richesses & du pouvoir ecclésias-

tique , le mépris du commerce & de l'induftrie, reftes du gouvernement féodal , & nombre de détails qu'il feroit trop long de déduire ,
décelent encore une nation dont le repos prépare une efpece de crife , & qu'on peut confidérer , s'il eft permis de parler ainfi , comme
dans un état de chryfalide.

Maintenant , faifons - nous cette queftion :
Quelle a été l'origine de tout ce qui exifte
de nos jours ? Que pouvoit-on élever fur les
bafes qui nous reftoient ? Nos gouvernements ,
nos conftitutions ont pris leur fource dans
la barbarie même , & fe font formés dans
l'ignorance. Nos monarchies font vieilles ,
mais notre raifon eft bien jeune. Qu'on penfe
aux ténebres qui ont couvert la terre depuis
Conftantin jufqu'aux Médicis : une nuit de 1200
ans a fuccédé aux jours brillants d'Athenes &
de Rome ; mais le réveil de la philofophie n'a
pas reffemblé à celui d'Épiménide. A peine les
arts agréables l'eurent-ils arrachée au fommeil ;
à peine eut-elle ouvert les yeux, qu'elle trouva
les chofes à peu près au point ou elle les avoit
laiffées. Du temps de Conftantin , les fciences
rationelles étoient négligées , & l'étude de la
nature avoit fait place à celle des mots : de frivoles difputes , une vaine fubtilité occupoient
tous les efprits. Ce fut de même vers le XVIe.

fiecle : on n'eut pas plus tôt commencé à penser & à écrire, que les difputes théologiques & métaphyfiques étoufferent ces premiers germes de la raifon ; & l'on peut dire que depuis Erafme jufqu'à Defcartes, les efprits n'ont guere fait que s'aiguifer. Mais avant de nous livrer à ces réflexions, arrêtons un moment nos regards fur les fiecles paffés, & examinons quel fut le fort de l'humanité fous le gouvernement de nos peres.

tique , le mépris du commerce & de l'induftrie, reftes du gouvernement féodal , & nombre de détails qu'il feroit trop long de déduire ,
décelent encore une nation dont le repos prépare une efpece de crife, & qu'on peut confidérer , s'il eft permis de parler ainfi, comme
dans un état de chryfalide.

Maintenant , faifons - nous cette queftion :
Quelle a été l'origine de tout ce qui exifte
de nos jours? Que pouvoit-on élever fur les
bafes qui nous reftoient ? Nos gouvernements ,
nos conftitutions ont pris leur fource dans
la barbarie même , & fe font formés dans
l'ignorance. Nos monarchies font vieilles ,
mais notre raifon eft bien jeune. Qu'on penfe
aux ténebres qui ont couvert la terre depuis
Conftantin jufqu'aux Médicis : une nuit de 1200
ans a fuccédé aux jours brillants d'Athenes &
de Rome ; mais le réveil de la philofophie n'a
pas reffemblé à celui d'Épiménide. A peine les
arts agréables l'eurent-ils arrachée au fommeil ;
à peine eut-elle ouvert les yeux, qu'elle trouva
les chofes à peu près au point ou elle les avoit
laiffées. Du temps de Conftantin , les fciences
rationelles étoient négligées , & l'étude de la
nature avoit fait place à celle des mots : de frivoles difputes, une vaine fubtilité occupoient
tous les efprits. Ce fut de même vers le XVIe.

fiecle : on n'eut pas plus tôt commencé à penſer & à écrire, que les diſputes théologiques & métaphyſiques étoufferent ces premiers germes de la raiſon ; & l'on peut dire que depuis Eraſme juſqu'à Deſcartes, les eſprits n'ont guere fait que s'aiguiſer. Mais avant de nous livrer à ces réflexions, arrêtons un moment nos regards ſur les ſiecles paſſés, & examinons quel fut le ſort de l'humanité ſous le gouvernement de nos peres.

CHAPITRE II.

*Du fort de l'humanité dans les commencemens
de la monarchie Françoise & fous le gouvernement féodal.*

CE chapitre fera court : ce feroit faire in-
jure à nos lecteurs que de fe croire obligé d'é-
clairer leur jugement fur un objet fi frappant,
& fi facile à faifir. En effet, il ne s'agit pas
ici de réclamer contre l'admiration & l'enthoufiafme des fiecles paffés. Il a fa'lu fe fonder en raifons pour avancer que Lycurgue,
Solon & Numa n'avoient pas trouvé le meil
leur fyftême poffible fur la législation ; mais
faut-il une longue difcuffion pour nous faire,
à nous autres *Welches* à peine civilifés, déplorer notre enfance, aimer notre puberté, & ef
pérer de notre maturité ?

La monarchie Françoife établie par la guerre, femble avoir été vouée à une guerre perpétuelle. Les partages des états, ces teftamens
ridicules par lefquels les princes léguent leurs
royaumes comme leurs bijoux, font une fource
de querelles interminables, où les liens du fang
font fouillés par le fang, où les oncles égor-

gent les neveux , où les freres s’entre - dé-
chirent, où les affaffinats & les batailles ran-
gées fe difputent tour-à-tour le droit de décider du trône. A peine ces membres fanglants
& divifés font-ils réunis fous un même chef,
que ce chef s’avilit ; & , comme en Pologne,
après que l’ordre équeftre a terminé fes débats,
les valets des magnats fe livrent entre eux des
combats fubalternes ; de même en France,
après s’être battu pour les rois , on s’égorge
pour leurs domeftiques. Ce n’eft pas tout :
tandis qu’une nation épuifée , & des maires
ambitieux fe difputent encore le pouvoir,
des brigands viennent des contrées hyperbo-
réennes enlever les richeffes qui en font tout
le prix. Les moines , les prêtres , toujours
d’autant plus fins que les peuples font plus
groffiers , avoient eu le temps d’amaffer toutes
les richeffes , tandis que les foldats fe battoient.
Cette facilité de trouver de gros tréfors raf-
femblés, & de faire d’heureux coups de main,
provoqua l’invafion , & caufa la ruine de la
France, toujours deftinée à être la victime de
la religion. C’eft en vain qu’un grand prince
s’éleve : la gloire de Charlemagne qui embellit les faftes de la nation, fans rendre les peuples plus heureux, eft cruellement payée par
les regnes fuivants. Bientôt la monarchie, di-

visée en mille morceaux, reproduit la guerre & le désastre sous mille formes différentes. L'anarchie se modere enfin, & semble sous les premiers Capétiens prendre une sorte de système. On commence à reconnoître un état, une nation ; mais la manie des croisades vient arrêter tout progrès, & rejeter l'humanité dans des malheurs nouveaux. L'élite des peuples Occidentaux va porter ses richesses & chercher la mort dans la Palestine. Cette fureur devient épidémique ; elle embrase jusqu'à cet âge timide, dont la douceur & la foiblesse font le partage. Des armées d'enfants abandonnent leur patrie, & vont aussi chercher en Orient une fin prématurée, à peu près comme ces armées de langoustes qu'un vent propice aux laboureurs entraîne au milieu des flots. Mais les esprits une fois enflammés, n'ont plus besoin du tombeau du Christ pour alimenter leur zele. Faut-il rappeler l'affreuse expédition de Simon de Montfort contre les Albigeois ; dans une seule ville soixante mille hommes égorgés (1), dont sept mille dans une église,

____

(1) Beziers ; lorsque les croisés monterent à l'assaut, ils demanderent au légat comment ils feroient pour distinguer les catholiques d'avec les hérétiques : *Tuez-les tous*, dit-il : *Dieu reconnoîtra ceux qui sont à lui.*

& cette suite abominable de cruautés, qui surpasse la fureur des autres croisades, comme toute guerre civile est plus cruelle qu'une guerre extérieure ?... Dans cette alternative de désastres éloignés & de plaies intérieures, le seul espoir de la France, le seul roi humain & bienfaisant, attaqué à son tour de la maladie générale, s'empresse d'ensevelir en Egypte & sa famille & ses trésors. Revenu dans ses foyers, il se dégoûte d'être législateur, veut se faire jacobin, & va mourir sur la cendre dans les sables de l'Afrique. Des guerres avec l'Empire & les Flamands, ainsi que les guerres intestines des grands vassaux, continuent d'ensanglanter la scene, jusqu'à ce qu'un plus grand théatre de carnage & de deuil s'ouvre à l'avénement de Philippe & d'Édouard. Les François gouvernés, tantôt par un roi téméraire, tantôt par un fourbe politique, sont à peine parvenus à se débarrasser des étrangers, que la fureur des conquêtes leur reprend. L'Italie est pour eux une nouvelle Palestine. Une grande querelle s'éleve entre les rois de France & la maison d'Autriche, querelle qui n'a proprement fini qu'au traité d'Utrecht, ou, si l'on veut, à celui de Versailles. Les guerres de religion se joignent aux guerres d'ambition, & la France à peine échappée aux Anglois,

Anglois, eſt dévaſtée par les Allemands, les Suiſſes & les Eſpagnols. Enfin, depuis Clovis juſqu'à Louis XIV, je ne vois que l'eſpace entre le traité de Vervins & la mort de Henri IV qu'on puiſſe regarder comme une vérita-ble paix.

Aux malheurs que cauſe la fureur, ſe joignent tous ceux qui prennent leur ſource dans l'ignorance. La médecine, la phyſique négligées, laiſſent l'humanité en proie à tous les maux *qui ſont ſon hér.tage* (1). Une maladie affreuſe, née de la miſere & de la mal-propreté, la lepre devient en France un mal épidémique. Nous voyons que Louis VIII légua cent ſols à chacune des deux mille maladreries qui étoient dans ſon royaume. Suppoſez vingt malades par hôpital, voilà quarante mille pauvres lépreux dans un état qui n'avoit pas le tiers de l'étendue de la France, telle qu'elle eſt de nos jours. Le commerce que l'intérêt précede, mais que la raiſon ſuit toujours, n'oſe ſe montrer aux François, ou, s'il paroît un moment, il eſt perſécuté par le fanatiſme, ou dépouillé par l'avarice. Si Jacques Cœur en fait entrevoir les avantages, ce n'eſt pas pour inſpirer l'amour de cette

____

(1 *Which fleſh is heir to.* SHAKESPEAR dans *Hamlet.*

profession utile , c'est pour éveiller l'envie cruelle. Il est contraint de fuir la nation qu'il a enrichie , & il laisse aux Lombards & aux Juifs le soin de le venger (1). Ces derniers, plus odieux au christianisme furent traités souvent avec une barbarie incroyable : mais on ne se souvint jamais qu'ils avoient crucifié le fils de Dieu, qu'au moment où Dieu avoit permis qu'ils s'enrichissent. Enfin, pour achever ce tableau sinistre , nous dirons que l'intolérance a toujours regné en France avec

---

(1) Jean sans terre, roi d'Angleterre ayant demandé une somme d'argent à un Juif , qui prétendoit ne pouvoir la fournir, le fit jeter dans une prison, où on lui arrachoit tous les jours un certain nombre de dents, afin de le résoudre à tout donner. Cette barbarie étoit commune alors , & c'est un exemple des mœurs du bon vieux temps. Il paroît, au reste , que les Anglois ont connu plus anciennement que nous les avantages du commerce & de l'agriculture. On en peut juger par une loi d'Athelstan , prince de la dynastie Saxonne, qui portoit que tout négociant qui auroit fait à ses dépens trois voyages de long cours, & tout laboureur qui auroit gagné de quoi s'acheter un domaine de 500 acres , seroit élevé à la dignité de *Thane*, ce qui revient à peu près à celle de Baron. Voyez HUME , *History of England* *append. I.*

autant d'acharnement que par-tout ailleurs,
quoique l'inquifition ne s'y foit montrée que
du temps des Albigeois. Mais lorfque les cours
font infectées du fanatifme, les princes & les
miniftres deviennent eux-mêmes inquifiteurs,
& il n'importe guere à qui l'on doive répondre, de Charles IX ou du pape. Je ne rappe-
lerai pas ici le maffacre de la St. Barthelemi,
ni cette longue fuite de tragédies dont il a
été fuivi : je ne dirai pas non plus pour ex-
cufer la France, que, fous le regne très-court
de la reine Marie, huit cent hérétiques furent
brûlés en Angleterre, & qu'on a calcu é que
fous Philippe II, plus de quarante mille perfonnes ont péri fur l'échafaud pour caufe de
religion : tous ces faits font trop connus, &
ils ont déjà été dévoués à l'horreur des fiecles à venir par cette main étonnante qui
tient à la fois la palette de Rembrandt & le
pinceau de l'Albane. Je me contenterai donc
de terminer ce chapitre par quelques réflexions
fur ce que l'on appelle *le bon vieux temps.*

D'où peut venir cette manie d'exalter les
temps paffés pour dénigrer ceux où nous vivons ? N'en doutons pas ; de l'amour-propre
qui en reçoit un double profit par la comparaifon que nous faifons de nous-mêmes
avec les hommes que nous condamnons, &

par une supériorité encore plus marquée que nous donne la connoissance des âges précédents, auxquels nous semblons nous identifier en quelque sorte, lorsque nous en faisons l'éloge. On applique à l'antiquité les idées qu'on a de la parenté. Les plus avancés en âge croient en être plus proches d'un degré ; ils en partagent les honneurs & la préconisent aux générations qui commencent (1). En général, les vertus de nos ancêtres n'excitent pas notre jalousie. Nous nous croyons plus éclairés de les connoître, & plus sages de les louer. Au contraire, celles de notre âge nous offusquent ; nous craignons de les envisager (2). Cette erreur de l'amour-propre, cette *Méprise de sentiment*, suivant l'expression ingénieuse d'un philosophe moderne, ne mériteroit qu'un sourire du sage, s'il n'en résultoit pas le plus grand inconvénient pour les progrès de la raison humaine. Quoi de plus décourageant

______

(1) .... *Laudator temporis acti*
       Se puero.......
                                    H O R A C E.

(2) *Quod naturaliter audita visis laudamus libentius ; & præsentia invidiâ, præterita veneratione prosequimur ; & his nos obrui, illis instrui credimus.*
                                    (VEL. PATERC.)

en effet, que cette perfuafion que nous allons toujours nous détériorant ! Quoi de plus dangereux que de ne relever nos fautes, qu'en nous rappelant à des temps où les connoiffances utiles n'étant pas affez développées, les hommes n'ont pu faire le bien qu'au hafard & par inftinct ! Développons cette idée.

La guerre fe fait fous de mauvais aufpices; une campagne tourne malheureufement; les officiers particuliers, trop foigneux de leurs intérêts dans la manutention de leurs troupes; les officiers-généraux, trop occupés de leurs équipages, de leurs commodités & de leur fafte, ont négligé de maintenir l'ordre & la difcipline; le fervice fe fait fans émulation & fans régularité; la déprédation, l'efprit de fraude & de brigandage fe répandent dans toutes les branches de l'adminiftration; des défaites, des pertes confidérables font les fruits de ce relâchement; le découragement s'empare du militaire, & le mécontentement gagne tous les citoyens... Il faut un remede; mais tandis que les bons efprits le cherchent dans l'établiffement d'une difcipline facile & naturelle; dans les moyens de faire concourir le bien particulier avec le bien général; dans cet artifice innocent qui confifte à donner le change aux paffions, en plaçant l'honneur entre l'ambition & la fortune ; enfin, dans le choix d'un chef éclairé dont la fermeté contrebalance le relâchement général, tous les raifonneurs vulgaires vont répétant que l'efprit de la nation eft perdu. On fe dit, on fe demande où font les Coucy, les Châtillon , les Bayard? On croit rappeler cet efprit des temps paffés en le reproduifant dans de vaines exagérations, & l'on s'imagine qu'on fera mieux fervir un roi clément & aimé , en fuppofant qu'autrefois les bourgeois de Calais ont adoré un mauvais prince (1).

Il en eft de même pour les affaires de l'adminiftration. Si une fuite de guerres ruineufes a obéré l'état·& rejeté fur la génération pré-

----

(1) Philippe de Valois fut véritablement un prince mal habile & un tyran. Il fut mal habile , en ce qu'il fit mal fes affaires au dedans & au dehors : Il fut un tyran, en ce qu'il fit périr un grand nombre de fes fujets par des jugemens illégaux. Il a été la premiere caufe des malheurs que la France a éprouvés jufqu'au regne de Charles VII. Au refte, ces réflexions ne doivent attaquer en aucune façon le mérite d'un auteur dramatique très-eftimable par fes talents & fes qualités perfonelles. Ce n'eft pas l'intention de cet auteur, mais c'eft le fanatifme d'un certain public gauchement adulateur , qu'on prend la liberté de critiquer.

fente les excès de la génération paſſée, on ne s'aviſe pas de dire qu'il faut tâcher de réparer, par une longue paix, les breches faites par de longues guerres ; que le meilleur moyen de ſoutenir les dépenſes eſt d'augmenter les richeſſes ; que plus un peuple paie, plus il doit avoir de liberté dans ſon commerce & ſon induſtrie ; qu'une agriculture encouragée, une ſage répartition des impôts, des chemins, des canaux, une exportation libre, ſont les véritables reſſources du tréſor royal. Au lieu de faire ces réflexions, on remarque que les laquais portent des bas de ſoie, que les maiſons des grands ſont plus commodes, & que les financiers ont des maîtreſſes. Autrefois, dit-on, on ne portoit ni velours ni dentelles; on n'avoit ni garde-robes, ni cabinets de toilette. La monarchie ſera bientôt renverſée.

Je le répete, tout cela ne ſeroit-que riſible, ſi ces ſottiſes, ſi ces lieux communs ne produiſoient d'autre effet que l'ennui & l'importunité : mais le grand inconvénient des préjugés populaires, c'eſt qu'en préſentant un mauvais raiſonnement tout fait, ils empêchent d'en imaginer un bon. Un écrivain célebre remarque que ſous le regne de Louis XI (1) la peſte

<hr>

(1) Ce fut ſous ce regne qu'arriva le fameux *Sac de*

& la famine ayant tour-à-tour défolé la France, le feul remede qu'on fçut oppofer à ces fléaux fut d'ordonner des prieres & des proceffions. Cet exemple revient très-naturellement à notre fujet, parce que le plus grand mal de la fuperftition n'eft pas de commander de vaines cérémonies & des jeûnes inutiles, mais de perfuader aux hommes qu'on a trouvé un remede à leurs maux. C'eft un traité fuggéré par l'ignorance pour accorder la terreur & la pareffe. Que la contagion fe répande parmi les hommes, on ordonne des proceffions, & on ne cherche ni les caufes ni les remedes de l'épidémie : que les mulots dévaftent les campagnes ; que les vers rongent les vignes ; encore des proceffions, & point de phyficiens. Or, ce qui arrive habituellement dans nos provinces ne differe pas de ce que nous voyons tous les jours dans les meilleures maifons, dans les fociétés les plus à la mode. Le *bon vieux temps* eft une fuperftition morale : elle paffera comme les autres ; mais elle paffera plus tard, à caufe des idées de vanité auxquelles elle s'eft

---

Dinan ; 800 perfonnes échappées au carnage furent condamnées au fupplice. Ces petites exécutions étoient encore dans le *protocole* du *bon vieux temps.*

liée : il n'eſt donc pas inutile de la ſoumettre
à quelques obſervations.

Je voudrois bien ſçavoir d'abord quelle époque de l'hiſtoire on voudra choiſir pour objet de ſon culte. Ce n'eſt pas , à ce que j'eſ-
pere, l'âge des Frédegonde & des Brunehaut ,
encore moins celui des rois fainéants & des
maires du palais. Charles-Martel , Pepin &
Charlemagne furent à la vérité de grands hommes ; mais Tamerlan, mais Pierre I. étoient
auſſi de grands hommes , & nous n'admirons
pas pour cela les Tartares & les Ruſſes. Nos
ancêtres, ſous Charles-Martel , pillerent les ec-
cléſiaſtiques qui avoient pillé leurs peres : Charlemagne , après avoir verſé des flots de ſang ,
donna des loix à des peuples barbares. Avant lui
tout étoit informe & brut ; mais il fut cruel
lui-même : c'étoit un lion qui regnoit ſur des
loups. Pour les Carlovingiens , il faut les oublier ainſi que les premiers Capétiens. Reſte donc
Philippe-Auguſte & St. Louis. Voici le droit
féodal établi : la nobleſſe eſt dans toute ſa
ſplendeur , les croiſades ont exalté ſon courage ; l'âge d'or de la chevalerie a commencé.
Mais conſultez l'*Eſſai ſur l'hiſtoire générale* (le
modele des ouvrages *hiſtorico-philoſophiques*)
conſultez M. Hume, illuſtre dans la même carriere, l'abbé Velly lui-même , le premier de

nos historiens qui se soit souvenu qu'il y avoit des mœurs & des loix, vous verrez que ces généreux croisés furent perfides envers les Grecs & les Sarrasins ; traîtres & injustes entre eux-mêmes ; cruels & avares envers tous. Ouvrez toutes les histoires, vous apprendrez comment Charles d'Anjou & ses successeurs se conduisirent dans leurs conquêtes. Les *Vêpres Siciliennes* ne nous ont retracé pendant long-temps que la perfidie des Italiens ; qu'elles nous apprennent une fois quelle fut la tyrannie de leurs vainqueurs : le jeune Conradin mourant sous la main du bourreau, André de Hongrie assassiné par sa femme, le poison & le fer désolant à l'envi les plus belles contrées de la terre ; voilà quelles font les œuvres du bon vieux temps.

En voulez-vous d'un autre genre ? Voyez la femme de Philippe le hardi, accusée d'empoisonnement par un barbier, & justifiée par une béguine ; voyez les trois brus de Philippe le bel convaincues d'adultere ; Enguerrand de Marigny, immolé à la jalousie de Charles de Valois ; & comme le vil intérêt, l'avarice sordide accompagnent toujours les mœurs féroces, lorsque Philippe de Valois se trouvera aux prises avec Edouard III, ce ne sera par tout le royaume que trahisons, que perfidies. Les premiers officiers, les principaux domeſtiques de Philippe feront achetés & penfionnés par l'Angleterre. Bientôt les aſſaſſinats fuccéderont aux infidélités, & le vol fera fuivi du meurtre. Les meurtres du connétable Lacerda, du duc de Bourgogne, du duc d'Orléans font les plus célebres; mais de combien d'autres crimes plus obfcurs ons-ils été fuivis ou précédés? Si Charles VII fait luire un feul beau jour fur la France, de quel regne affreux fon regne brillant, mais pénible, n'eſt-il pas fuivi? Il me femble que le fiecle préfent n'eſt guere difpofé à recevoir pour excufe des crimes de Louis XI, que ce prince ait mis les rois *hors de page.* Son avarice, fa fourberie & fa cruauté ne trouverent que trop d'imitateurs parmi fes fujets. Auſſi lorfque Charles VIII marche à une conquête aſſez légitime, fi quelque conquête peut l'être, voyez quelle opinion on a des François dans cette Italie, déjà fi corrompue. Vos auteurs vous peignent les Italiens comme des traîtres, & ils n'ont pas tort ; les auteurs Italiens vous peignent comme des hommes féroces, avides & débauchés, & ils n'ont pas tort non plus. Lifez fur-tout Guicchardin, & vous verrez ce qu'il penfe des *barbari Francefi.*

Nous admirons François I.: & parce qu'il a dit à Charles-Quint qu'*il avoit menti par ſa gorge*, nous croyons qu'il étoit plus brave & plus généreux que cet empereur. Des auteurs modernes plus impartiaux (1) ont prouvé que François Ier. , quoique très-brave, étoit bien plus étourdi , mais non pas plus valeureux que Charles-Quint ; qu'à la vérité il combattit comme un chevalier , mais qu'il fauſſa ſa parole, & employa la ſubtilité pour éluder les engagemens qu'il avoit pris. D'ailleurs , on ſçait aſſez que ce prince ne fit pas regner la juſtice. Des commiſſions iniques & arbitraires jugerent les princes & les hommes d'état. Le fanatiſme ſe réveilla. On ſe ſouvient des terribles exécutions faites par d'Oppede & Guérin à Cabrieres & à Mérindol. Les hérétiques furent pourſuivis, les gibets furent dreſſés, & les bûchers allumés, tandis que François s'allioit avec les Turcs & converſoit avec Clément Marot.

Je ne parlerai des guerres civiles qui ont rempli l'intervalle de ce prince à Henri IV, que pour faire une ſeule obſervation : c'eſt que bien des gens croyent mal à propos que ce ſont les Italiens introduits par les Médicis

---

(1) Voyez *Eſſai ſur l'hiſtoire générale* & la *Vie de de François I.* , par M. Gaillard.

qui ont corrompu les mœurs de la nation &
détruit l'ancien efprit de chevalerie. Quant aux
mœurs, ceux qui fçavent de quelle maladie
font morts François Ier. & Louis XII ; ceux
qui ne s'étant pas même donné la peine de
s'inftruire des anecdotes de ce temps-là, fe font
contentés de lire les épigrammes de Clément
Marot, & le charmant, mais très-obfcene ouvrage du curé de Meudon , ouvrage dédié à
un cardinal ; ceux-là , dis-je, pourront fe faire
une idée de la peine qu'il en aura coûté aux
Médicis pour rendre les François libertins. Les
bonnes mœurs , comme nous aurons occafion
de le prouver dans la fuite , ne font pas les
fruits de l'opinion , mais du travail : elles ne fe
trouvent pas parmi les gens riches & oififs; elles
fuient fur-tout ceux qui vivent dans les dangers & dans l'agitation. *Vie périlleufe* & *Vie
licentieufe* font fynonymes. La chevalerie ne
dut pas être plus exempte de libertinage que
le métier des contrebandiers & des matelots.

Un fçavant académicien s'eft plû à parer
de graces Attiques le portrait de nos anciens
chevaliers ; comme s'il eût voulu faire pafler
dans leur caractere la douceur de fes mœurs
& l'aménité de fon ftyle : mais fa candeur,
vraiment digne de fon fujet, ne lui a pas per-

mis de soutenir trop long-temps notre enthou-siasme ; & semblable à cet orateur attendri des larmes de son auditoire, il nous avertit dans son dernier mémoire, qu'il n'y a peut-être pas un mot de vrai dans tout ce qu'il nous a conté de la vertu des chevaliers. Je m'en tiens à son dernier mot, & je crois avec lui que *la chevalerie n'étoit qu'une société pédante & cérémonieuse d'hommes ignorants & querelleurs. Que la religion ne fut pas mieux servie que l'état par la plupart d'entre eux. Qu'ayant fait vœu d'exalter & de défendre l'un & l'autre, ils avoient été revêtus par les églises des titres d'Avoués, de Vicomtes, &c. ; & que cependant ils n'avoient cessé d'abuser de leurs pouvoirs, au préjudice de ceux même qui s'étoient mis sous leur sauve-garde. Que protecteurs de nom, & oppresseurs réels, ils s'étoient emparés des biens qu'ils devoient défendre, ce qui avoit même donné origine aux dîmes inféodées. Qu'astreints particuliérement à des obligations journalieres, ils croyoient avoir acheté, par quelques pratiques, le droit de violer toutes les loix du christianisme. Que si leur religion n'étoit qu'un amas confus de superstitions, on ne doit pas se former une autre idée de leur galanterie & de l'innocence de leur commerce avec les dames. Que de même qu'il n'y avoit qu'un pas de leur dévotion à l'irréligion, il n'y avoit aussi qu'un pas à faire de leur fanatifme en amour au plus affreux libertinage. Que jamais on ne vit des mœurs plus corrompues, & que jamais le regne de la débauche ne fut plus univerfel. Qu'elle avoit des rues & des quartiers dans la ville de Paris ; & que St. Louis même s'étoit plaint qu'à l'armée on avoit établi un mauvais lieu derriere fa tente. Qu'il faut se défier des éloges qu'on donne aux fiecles paffés, & que deux ou trois cent ans avant Marot, on avoit regretté comme lui le train d'amour qui regnoit au bon vieux temps. Que l'ignorance profonde des chevaliers & la confiance qu'ils furent obligés de donner aux gens de juftice, devint la fource de toutes fortes de procès : Enfin, que ces nouveaux tyrans du peuple en trouverent à leur tour de plus dangereux encore dans les clercs & les eccléfiaftiques, qui étoient devenus les officiers de juftice, hommes ignorants & fans mœurs, qui ne connoiffoient que les calculs des finances & les fubtilités de la chicane* (1).

Que pourroit-on ajouter au témoignage de ce fçavant auteur, auquel on n'auroit à reprocher qu'une prévention trop favorable ?

------

(1) Voyez cinq mémoires fur la Chevalerie, par M. de la Curne de Ste. Palaye. *Mém. de l'Acad. des Infcript.* T. XX.

Concluons , & difons que pour regretter le *bon vieux temps*, il faut en avoir l'ignorance. Il eft vrai que cela n'eft pas encore fort rare de nos jours.

CHAPITRE III.

CHAPITRE III.

De l'influence de la renaissance des Lettres sur le sort de l'humanité.

MAINTENANT que nos observations rapides, mais étendues, nous ont conduits à une époque bien voisine de nos jours, il est nécessaire de nous en rappeler l'objet principal. Nous avons voulu examiner si les hommes avoient atteint jusqu'ici le degré de bonheur auquel ils peuvent prétendre dans l'état de société ; & non contents d'avoir prouvé qu'ils en étoient restés très-éloignés , nous avons cru devoir entrer dans quelques détails sur les obstacles qui ont dû retarder leurs progrès. Nous avons interrogé l'histoire, & dans plusieurs milliers d'années que ses fastes nous ont offert, nous n'avons que trop bien reconnu la proportion des causes avec les effets ; nous ne nous sommes que trop bien convaincus que , non-seulement les peuples n'avoient pas connu le vrai bonheur, mais encore qu'ils n'avoient jamais pris le chemin qui pouvoit les y conduire. Notre surprise a diminué, mais notre affliction s'est augmentée ;

lorfque nous nous fommes affurés que les gouvernements les plus eftimés, les législations les plus révérées, n'ont jamais tendu à cette unique fin de tout gouvernement : *Le plus grand bonheur du plus grand nombre d'individus.* Mais, en récompenfe, à cette trifte vue fur le paffé, nous avons fenti naître en nous-mêmes un efpoir bien doux pour les fiecles à venir, une opinion bien confolante fur le fiecle préfent. Nous avons moins admiré nos ancêtres ; mais nous avons mieux aimé nos contemporains, & plus efpéré de nos neveux. Il ne nous refte donc plus qu'à lever toutes les objections qui pourroient empêcher le lecteur de partager cette difpofition : c'eft pourquoi, nous effaierons de lui prouver : 1°. qu'il exifte maintenant un principe de perfectibilité, une caufe d'amélioration ; 2°. que ce principe & cette caufe ont déjà agi d'une maniere très-fenfible.

Que des imaginations vives, des efprits fubtils fe foient amufés à mettre en queftion fi les fciences font utiles à l'homme, ces doutes fouvent affectés, ne porteront jamais que fur la comparaifon de l'homme dans l'état de nature & dans l'état focial : de quelque parti qu'on fe range, on s'accordera, du moins dans ce principe, que l'homme en fociété ne fçauroit jamais être trop éclairé. Placé dans un fyftême phyfique, politique & moral, petite partie d'un grand tout, fes devoirs naiffent de fes rapports; & cet être, auroit acquis la perfection de la morale, qui fçauroit parfaitement comment il doit coexifter avec les autres. Nul doute donc qu'il n'y ait une fcience, une doctrine pour chaque individu; qu'il n'y en ait une pour les fociétés, pour les empires, pour les hommes en général. Mais cette fcience fi néceffaire, pourquoi eft-elle en même temps fi difficile à acquérir? Nous plaçons l'époque de la renaiffance des lettres vers le XVe. fiecle; voici le XVIIIe. qui s'avance, & au bout de 300 ans, une étude fi importante eft encore à fes premiers rudiments! D'ailleurs, les lettres, avant que de renaître, avoient eu une vie, une exiftence marquée : pourquoi pendant ce regne fenfible, quoique momentané, n'ont-elles produit aucun des effets que nous en attendons maintenant? Ces deux objections font importantes. Nous avons voulu les prévenir, nous allons y répondre.

Pour mieux y réuffir, ufons un moment de la dialectique de Socrate, & demandons à notre adverfaire fuppofé, s'il n'a jamais vu des particuliers pofféder des bijoux, & n'avoir pas de meubles; des grands feigneurs occuper des palais magnifiques, & manquer du néceffaire ; des princes tenir des cours fomptueufes, donner des fpectacles, des fêtes, & n'avoir ni troupes ni argent ? S'il ne peut le nier, je lui demanderai pourquoi il veut que les hommes pris en général fe conduifent plus conformément à leurs intérêts que les hommes pris individuellement ? Il eft sûr que de bonnes loix font plus utiles que de belles glaces, & des grands chemins plus néceffaires que des habits de velours. Cependant nous avons perfectionné les miroirs avant les loix, & les manufactures avant les chemins. C'eft que le réveil de la raifon n'a pas dû reffembler à un développement progreffif & naturel; c'eft que mille circonftances ont influé fur fes premiers efforts, & en ont changé la direction. Notre défaut en général, eft de confidérer les chofes d'une maniere trop abftraite, & de nous former des notions d'après certaines expreffions, qui ne font fouvent que des figures, ou des formules abrégées pour nous rappeler nos idées. En effet, les mots de *Renaiffance des lettres*, d'*Enfance de la raifon*, de *Développement des connoiffances*, fe préfentent bien plus facilement à notre efprit que toutes les circonftances qui ont accéléré ou retardé la marche de nos progrès.

On fçait que lors de la deftruction, ou du

moins du dernier aviliſſement de l'Empire Grec, les Muſes fugitives chercherent un aſyle en Italie. C'en eſt aſſez pour ſatisfaire notre curioſité. On voit les ſciences tranſplantées dans un ſol nouveau , y jeter de profondes racines, croître, étendre leur ombrage, produire beaucoup de fleurs & enfin quelques fruits. On s'accoutume à ne plus enviſager un objet ſi intéreſſant que ſous un pareil point de vue; l'imagination eſt contente, le jugement ſe repoſe. Cependant les Italiens ont prouvé par de profondes diſſertations que la renaiſſance des lettres parmi eux n'étoit pas dûe uniquement à l'arrivée des Grecs. En effet, le Dante & Pétrarque avoient précédé les Laſcaris & les Hermonyme. Et ſi l'harmonie & les graces de l'Arioſte ſont dûes aux leçons de ces derniers, il faut avouer que ce ſont des fruits bien doux & bien précoces. Il eſt donc d'autres principes auxquels nous devons recourir , & il paroît naturel de les chercher dans la ſituation politique de quelques états de l'Europe.

M. de Voltaire a très-bien obſervé que pendant un aſſez long eſpace de temps, Rome avoit été véritablement la capitale du monde chrétien , & le pape une eſpece d'*Autocrate,* de monarque univerſel (1). Mais cet empire qui ne tenoit qu'à l'opinion ne pouvoit joindre la magnificence à l'autorité , l'agréable à l'utile , à moins qu'il ne fût attaché à quelque ſouveraineté temporelle , à moins qu'il n'eût

---

(1) Bodin obſerve (Liv. I , Ch. IX ,) que les rois d'Angleterre , d'Arragon , de Naples , de Sicile , de Jéruſalem , de Pologne , de Sardaigne , de Corſe , des Canaries , & même de Hongrie , étoient à la fois tributaires & feudataires du St. Siege.

L'auteur ſaiſit l'occaſion de cette note qu'il a ajoutée dans ſa nouvelle édition pour ſe juſtifier auprès de certains lecteurs qui l'ont accuſé de chercher les termes ſcientifiques. Ces lecteurs n'avoient trouvé , ſelon toute apparence , le mot *autocrate* que dans les gazettes parmi les titres des ſouverains de Ruſſie : mais s'ils avoient bien voulu conſulter quelques perſonnes plus inſtruites , on leur auroit répondu que ce mot ſignifie *celui qui ne tient ſa puiſſance que de lui ſeul* , & ils auroient peut-être jugé que c'étoit le plus propre à rendre l'idée de l'auteur. Ceux qui ne connoiſſent pas le plaiſir qu'on éprouve à voir une idée repréſentée par un ſeul mot , ne ſentiront jamais le prix de la propriété dans le ſtyle. Ils eſtimeront également les traductions & les originaux , & ne mettront aucune différence entre Tacite & d'Ablancourt : ils ſeront bien heureux , car ils ne trouveront rien de mauvais : ils ſeront bien malheureux , car ils ne trouveront rien de bon.

quelque domaine affuré où l'on pût réalifer les fonds produits par le commerce de la parole & par l'agiotage fpirituel. Avant le XVe. fiecle, foit que les pontifes réfidaffent à Rome, foit qu'ils cherchaffent un afyle dans Avignon; toujours en preffe entre une populace rebelle & des empereurs ambitieux, ou tout-à-fait obombrés par le fouverain dont ils fe rendoient prefque les fujets; il leur fut impoffible de fonger à autre chofe qu'à leur pouvoir & à leur orgueil. Il falloit donc, pour que les papes encourageaffent les fciences, qu'ils habitaffent toujours à Rome, & qu'ils y fuffent en repos. Il falloit peut-être encore plus, il falloit qu'un Léon X occupât le trône pontifical.

Sans doute que fi les lettres avoient à refleurir en Europe, ce devoit être dans un climat doux & fous un beau ciel : dans un pays où la nature s'empreffe le plus de produire, & où l'homme a le moins de chofes à lui demander. Ce devoit être fur-tout chez un peuple que le commerce avoit rendu riche, induftrieux & curieux, & qui fe rappelant la gloire de fes ancêtres, portoit toujours en lui-même un germe d'émulation, une réclamation fecrete contre la barbarie des temps. Qui ne reconnoîtroit à ce tableau l'Italie, & fur-tout Florence ?... Florence ! ville heureufe , & chere à tous les peuples , qui fut libre fans être ambitieufe , & riche fans être conquérante ; nouvelle Athenes , mais plus aimable encore, & bien plus fortunée, puifque, loin de tomber fous le joug des tyrans, elle a paru plutôt abdiquer que perdre fa liberté, & ne l'a échangée en effet que pour le plus doux des gouvernements.

Les Médicis , cette famille célebre qu'un fexe a rendu fi recommandable, & l'autre fi odieufe aux peuples ; les Médicis font regardés avec raifon comme les reftaurateurs des arts & des fciences. Puifque perfonne ne leur refufe cet honneur, il paroît naturel d'examiner quels principes les ont conduits dans les encouragements qu'ils leur ont prodigués. Ils furent tous riches & magnifiques ; c'en eft affez pour expliquer pourquoi ils ont aimé à élever des édifices, à donner des fpeftacles, à raffembler des ftatues, des tableaux & des livres. Ils eurent cependant encore un autre motif qu'il ne faut pas paffer fous filence. Avant d'être fouverains ils furent Démagogues ; ils furent obligés de ménager l'efprit des peuples, de fe foutenir contre un parti oppofé. Or, leur magnificence fut une des principales armes qu'ils employerent. Machiavel rapporte que

Julien & Laurent de Médicis, menacés de la terrible conjuration qui fit enfin périr l'un des deux, se flatterent de la détourner en donnant au peuple une fête & un grand spectacle. Il paroît que Léon X ne fit que suivre le goût naturel de sa famille, ou son penchant personnel qui le portoit vers toutes sortes de plaisirs : peut-être aussi voulut-il que les sens concouruffent à affermir l'empire de l'opinion, & pensoit-il en effet qu'il rendroit Rome plus respectable s'il l'embelliffoit. Quoi qu'il en soit, il est très-sûr que la bonne philosophie, l'amour du bien & du vrai n'eurent aucune part à ces premiers encouragements, répandus plutôt parmi les arts & les sciences de pur agrément, que parmi les recherches sérieuses & utiles. Des souverains qui font construire & orner de magnifiques palais, doivent trouver des Michel-Ange, des Raphaël, des Carrache : des hommes riches & puiffants qui veulent se concilier le peuple par l'attrait du plaisir font fûrs de former des poëtes & des artistes. Ainsi le luxe, né en Italie du commerce & de la superstition, conduifit à Florence & à Rome les beaux-arts & les belles-lettres (1).

____

(1) Le siecle de Périclès fut le siecle des arts pour

Mais inutilement les princes voudroient-ils s'efforcer d'inspirer leurs goûts & leurs passions à leurs peuples ; s'ils ne rencontroient pas une disposition naturelle dans les esprits, une circonstance favorable , & qui soit telle que tandis que l'un agit, l'autre soit du moins attentif. C'est en cela , je crois , que la subversion de l'empire d'Orient peut être considérée comme une cause secondaire de la renaissance des lettres. En effet , nous ne sçaurions trop le répéter , les Grecs ont été les plus grands ennemis de la raison. Bacon a dit assez plaisamment que toute leur philosophie portoit le caractere de l'enfance ; *prompte à babiller & inhabile à engendrer* (1). Tant qu'il existoit des écoles en Grece , il restoit , si j'ose m'exprimer ainsi, des manufactures de paroles qui répandoient la plus dangereuse contrebande dans l'empire de la raison. Ce fut un

---

Athenes , parce que ce général célebre employa à l'ornement de la ville tout l'argent que ses conquêtes & les contributions des alliés lui avoient produit.

(1) *Et de utilitate apertè dicendum est sapientiam istam, quam è Græcis potissimum hausimus , pueritiam quandam scientiæ videri, atque habere quod proprium est puerorum , ut ad garriendum prompta , ad generandum invalida & immatura sit.*
BACON , *Instauratio magna.*

grand bien pour elle que le fabre des Turcs vint couper le nœud Gordien de cette malheureufe dialectique. D'ailleurs, la fubtilité Grecque étoit devenue doublement contraire à la renaiffance des lettres, parce qu'en s'exerçant fur des matieres théologiques, elle tenoit le S. Siege perpétuellement en haleine, & prolongeoit les difputes interminables des deux églifes. Les papes dûrent préférer la controverfe de l'Alcoran à celle des Photius ; ainfi la tranquillité, le repos des efprits difpofa les peuples à l'attention dont les beaux-arts avoient befoin au moment de leur réveil.

C'étoit quelque chofe que les hommes puffent être amufés ; mais il y avoit encore bien du chemin à faire avant qu'ils fuffent fufceptibles d'être inftruits. Le fafte, la vaine curiofité raffemble des livres, recueille des manufcrits. Mais tandis que les grands achetent, leurs bibliothécaires lifent. On a fouvent ouvert les cabinets pour en faire voir la magnificence ; mais il y eft entré des gens qui n'y cherchoient que la fcience. Cependant il dut arriver que l'étude des livres précédât l'étude des chofes : des manufcrits fe trouverent incomplets, des copies incorrectes. Il fallut pouvoir bien lire, avant de favoir lire utilement. On s'empreffa de fuppléer ou de rectifier ; on compara les manufcrits, on vérifia les copies. Il falloit pour cela pof-féder parfaitement les langues mortes, & s'inf-truire profondément dans l'histoire. De ces études nâquirent les commentateurs, les scho-liastes, précurseurs, avant-garde de la science. Il en résulta deux biens. La doctrine devint plus facile & les esprits plus fins, plus adroits. Car, qu'il me soit permis de le dire ici, il n'y a que la vanité ignorante, la paresse pré-somptueuse qui puissent affecter un faux mé-pris pour ces hommes respectables, à qui nous devons nos belles éditions, nos il-lustrations des anciens auteurs (1). Eh ! que ferions-nous sans eux ? Dans ce siecle de plai-sir & de dissipation, quel littérateur oseroit seu-lement entreprendre ce qu'ils ont exécuté ?

La magnificence des princes & le travail des premiers érudits parvinrent donc lente-

----

(1) Les Scaliger, les Etienne, les Saumaise, les Rhodoman, les Gronovius, les Casaubon, ne font tournés en ridicule que par ces prétendus lettrés qui, ne lisant jamais que ceux des classiques que leurs ré-gents leur ont jadis expliqués, se vantent de sçavoir le Latin, parce qu'ils entendent quelque chose de quel-ques auteurs. Pour moi qui ne me pique pas d'une si grande facilité, je n'aime à étudier les anciens que dans ces précieuses éditions des *Variorum*, qui existent

ment à faciliter l'entrée de la science, en déblayant ainsi tous les décombres, toutes les ruines qui l'embarrassoient ; mais cette science à laquelle on pouvoit atteindre n'étoit jamais que celle des anciens. Or, nous avons prouvé plus haut qu'elle n'avoit encore fait aucun pas vers ce but universel de toute philosophie, *le plus grand bonheur du plus grand nombre d'individus.* Nous avons vu que toutes les législations n'avoient porté que sur de faux principes ; enfin, que jusqu'à nos jours la raison n'avoit fait que s'agiter dans son. berceau. Quand les études recommencerent, on resta encore quelque temps plus éloigné du but qu'on ne l'avoit jamais été. Telle est, en effet, la tournure, de l'esprit humain, que semblable à la fangsue, il ne se nourrit qu'en s'attachant. S'il s'applique à la lecture, s'il étudie, s'il commente les livres ; les livres deviennent bientôt

---

encore chez les curieux éclairés ; & je ne puis les lire sans admirer l'étonnante sagacité avec laquelle ces sçavants scholiastes ont rétabli & expliqué les textes par les mœurs & les usages, & les mœurs & les usages par le rapprochement d'un nombre infini de passages auxquels la plupart des lecteurs n'auroient fait aucune attention. C'est un hommage de reconnoissance que leur rend avec plaisir un amateur des lettres qui ne prétend certainement pas à l'érudition.

toute fa doctrine, il les époufe, il les révere, & s'en occupant uniquement, il finit par mettre l'inftrument à la p!ace de l'ouvrage. Celui qui admire trop les auteurs les furpaffe difficilement (1), & tout culte dégénere en fuperftition. Ainfi l'érudition, en applaniffant les voies au génie, en retarda cependant la naiffance. D'ailleurs, elle ne vit le jour que fous l'empire de la crédulité. Un vafte rideau étoit tiré fur la nature. Les hommes accoutumés à porter leurs regards vers le ciel, ne connoiffoient pas la terre qu'ils fouloient fous leurs pas; la terre, ce vafte dépôt des archives du monde, ce fanctuaire de la nature où l'efprit ne trouve pas moins fa nourriture que le corps.

Si dans les beaux jours de la Grece, fous le regne de la liberté, les difputes philofophiques fuffirent pour mettre tous les efprits en mouvement, pour s'emparer de toute l'attention, pour faire négliger toute autre étude; quels défordres ne dûrent-elles pas produire lorfque les intérêts du ciel y furent réunis,

---

(1) *Vix enim datur auctores fimul & admirari & fuperare.*

Bacon, *Inftauratio magna.*

lorfque le falut des ames fut attaché à des fophifmes, & lorfque l'intolérance la plus rigoureufe, changeant perpétuellement de parti, fit marcher les fupplices à la fuite de toutes les opinions ? Ce fut alors que la combuftion fut générale dans l'ordre moral & dans l'ordre politique, & que les guerres civiles fufciterent un nouvel obftacle aux progrès de la raifon. Malheureufement. celui qui avoit le plus protégé les lettres devint la caufe indirecte de leur défaftre. Léon X les avoit encouragées par fa magnificence; mais fa magnificence avoit épuifé fon tréfor, & il fentoit qu'un tréfor étoit très-néceffaire pour conferver cet empire fpirituel qu'il avoit revêtu de tant d'éclat. Il imagina le commerce des indulgences; & comme l'excès des impofitions eft toujours le terme du defpotifme, les ames fe révolterent, & commencerent à trouver que le falut devenoit trop cher. De là cette longue fuite de guerres qui n'ont fini qu'à la paix de Weftphalie, guerres qui firent perdre à l'empire de la raifon tous ceux qu'elles enrôlerent fous leurs drapeaux, & qui troublerent par leur fracas les hommes plus fenfés qui auroient voulu refter neutres.

Cependant l'impulfion ayant été une fois donnée, le mouvement progreffif put bien chan-

ger de direction, mais non pas s'arrêter tout-
à-fait. Les esprits ne s'éclairoient qu'en petit
nombre : ils se polissoient en général. La poésie
commençoit à se perfectionner en France & en
Angleterre ; tandis que la physique, par quelques découvertes importantes, mais isolées,
marquoit déjà le chemin qu'elle devoit faire
un jour. Un génie sublime, l'illustre Bacon,
l'avoit tracé tout entier : mais il n'a trouvé des
disciples que dans le siecle suivant. Montaigne,
en écrivant cet excellent ouvrage, qui est encore le plus philosophique que nous ayions, ne
produisit aucun effet de son temps ; de façon
qu'on peut dire de ces deux hommes étonnants
qu'ils faisoient luire la lumiere dans les téné-
bres, mais que les ténebres ne la comprenoient
pas. Ainsi, l'esprit de systême prévalut toujours dans la physique, & l'esprit dogmatique
dans la morale.

Mais tandis qu'une lente fermentation se faisoit sentir dans la république des lettres, une fermentation terrible bouleversoit les sociétés politiques. L'ambition Espagnole s'étant enfin
brisée contre le courage de Henri & la cons-
tance des Hollandois, la haine & la vengeance
garderent long-temps le masque de la crainte,
& le cardinal de Richelieu sçut fonder la supériorité de la maison de Bourbon, en persua-
dant

dant à l'Europe qu'il la défendoit encore de la maison d'Autriche. Les guerres de Louis XIII reffemblerent à l'agitation des flots après l'orage. C'étoit un mouvement importun & tourmentant, mais dont le principe étoit affoibli. Les traités de Munfter & des Pyrénées n'eurent pas plutôt prefcrit des bornes éternelles aux héritiers de Charles-Quint, que l'Europe s'apperçut avec furprife, qu'elle n'avoit fait que changer de maître. Louis XIV, né dans le temps où les diffenfions étoient prêtes de ceffer, profita heureufement de la fatiété que tant de troubles avoient infpirée. Henri IV avoit eu des guerres civiles à foutenir ; Louis XIII, des révoltes à réprimer ; Louis XIV n'eût que des tracafferies à appaifer. Sa jeuneffe, fa figure, quelque chofe de grand qui fe faifoit fentir dans fes goûts comme dans fes traits, porterent l'enthoufiafme dans des efprits raffafiés de théologie & ennuyés de la bigotterie des regnes précédents. Une dame que le jeune monarque venoit de prier à danfer, dit, en reprenant fa place : *Il faut avouer que ce prince eft fait pour être le maître du monde.* Cette naïveté de l'amour-propre renfermoit un grand fens, & toute la nation ne fit pas un meilleur calcul. En effet, pour la plupart des peuples, les princes ne font pas feulement des chefs qui les gouvernent, mais des comédiens qui les amufent. Si l'acteur joue bien fon rôle, s'il a le port noble & majeftueux, le dernier des fujets paie volontiers fa place, & s'embarraffe peu d'être foulé dans le parterre. Tous ces guerriers qui s'étoient fignalés dans la guerre de *trente ans*, étoient encore pleins de force & de gloire. La jeuneffe qui les voyoit, qui les écoutoit, brûloit du defir de les égaler. Ainfi il n'y avoit qu'un pas à faire des ballets du Louvre aux frontieres des Pays-Bas. La conquête de la Flandre & de la Franche-Comté annonça à l'Europe l'objet d'une longue terreur. Arrêté dans fa courfe par une nation à qui, cinquante ans auparavant, ce nom même étoit refufé, le monarque, ulcéré dans le fond de fon cœur, fentit le dépit fuccéder à l'émulation. De là la guerre de 1672, qui, en le rendant odieux à l'Europe, prépara les défaites d'Hochftet & de Ramillies. Mais tous ces grands événements, connus d'ailleurs de tout le monde, n'entrent dans notre fujet qu'autant qu'ils nous font connoître l'efprit qui prévalut dans le fiecle de Louis XIV, & qu'ils nous donnent une idée de ce prince célebre, dont la cour, dont les états furent le premier afyle où les lettres purent fleurir en paix.

Léon X n'avoit été que magnifique & vo-

luptueux ; Louis aima auffi le luxe & les plaifirs, mais il aima de plus à faire la guerre.
Comme Léon X, il éleva des palais, mais il fit
conftruire des forterefles ; il donna des fpectacles, mais il livra des batailles. Ainfi tous les
efprits eurent leur emploi ; & tandis que les talents & les arts fuffifoient à peine à l'ornement
d'une cour brillante, toute l'activité de la no-
blefle, toute l'attention, toute la vanité des
peuples étoient tournées vers la guerre. Le
moyen que l'efprit philofophique fît de grands
progrès en France ? Rappelez - vous toujours
que j'entends par *Efprit philofophique* celui
qui, s'appliquant à la politique & à la morale,
s'occupe particuliérement du bonheur des
hommes.

C'eft une chofe affez curieufe d'obferver,
comme nous l'avons déjà fait en traitant du
gouvernement féodal, quelle eft la marche de
l'efprit humain dans fes retours vers la raifon.
Comme le chemin qu'il a fuivi dans cette occafion eft très-détourné, qu'il me foit permis
de m'arrêter ici un moment, & même de retrograder un peu, pour prendre les faits de
plus haut.

S'il eft vrai que dans les fciences morales on
puiffe obferver toujours un progrès lent, mais
continuel, de façon que les bonnes polices,

les bonnes législations foient le dernier réfultat de nos réflexions ; il n'en eſt pas moins vrai
auſſi que dans les ſciences qui appartiennent de
plus près à la phyſique, une découverte particuliere, une circonſtance fortuite peuvent
nous ouvrir, en un moment, la plus vaſte
carriere, & accélérer de beaucoup notre marche. Telle fut l'invention de la bouſſole, qui
étendit tout-à-coup le commerce & la navigation & nous valut les richeſſes d'un monde
qui nous étoit abſolument inconnu. L'Eſpagne
profita la premiere de ces tréfors qu'elle diſ-
ſipa dans les guerres de Flandre & dans celles qu'elle ne ceſſa de fomenter en France. Les
Colomb & les Cortez, les Veſpuce & les Piz-
zare ne découvrirent & ne conquirent que pour
donner des évêques aux Flamands & pour nous
faire recevoir le concile de Trente. Tout l'or
du nouveau monde fut prodigué à ces efforts,
qui pourtant furent inutiles. Philippe II, ſem-
blable en cela ſeul à Philippe de Macédoine,
compta plus ſur ſes nouvelles richeſſes que ſur
ſes vieilles troupes, qui égaloient la phalange
macédonienne. De là s'introduiſit en Europe
ce nouvel axiome : que *Guerre & Dépenſe ſont
une même choſe*. De là vint cet uſage moderne
de payer des ſubſides aux étrangers, & de faire
entrer l'or & l'argent dans toutes les affaires

politiques. Ces métaux devinrent alors les véritables rois de l'Europe. Ce ne fut pas pour se procurer les commodités de la vie, pour établir la correspondance entre les nations, pour employer utilement les hommes, pour multiplier les jouissances par les échanges ; ce fut pour avoir-de l'or qu'on entreprit les voyages périlleux de l'Amérique & des Indes : mais l'avarice & la véritable économie ont toujours été deux choses opposées, & la soif des richesses ne se trouve jamais réunie avec la sagesse qui veille à leur conservation. La monarchie Espagnole, devenant foible à mesure qu'elle devenoit riche, n'envahit le Portugal que pour en perdre les colonies avec les siennes. Les Hollandois, sobres, patients & industrieux, s'emparerent de cet or qu'on employoit à leur préparer des fers ; mais ils le prodiguerent, à leur tour, d'abord par une défense légitime, & ensuite par un principe d'obstination, qui confondit l'équilibre de l'Europe avec la ruine de Louis XIV.

Cet équilibre si célebre, & qui n'a été tourné en ridicule que depuis qu'il est trouvé, étoit alors une chose bien plus importante qu'on ne se le figure maintenant. Quelle puissance, dit-on, peut prévaloir sur toutes les puissances réunies ? Aucune, sans doute ; mais il faut que les puissances aient le temps, la volonté même de se réunir : il faut qu'elles soient armées, il faut qu'elles soient riches. Je voudrois bien sçavoir où l'on auroit trouvé des résistances, si Henri IV eût été battu par Alexandre de Parme ; & si une Infante d'Espagne, mariée à un prince Lorrain, eût gouverné la France sous les loix de Philippe II ? Croit-on que l'union de Dordrecht se fût maintenue long-temps? que la Suede eût porté ses armes en Allemagne, & que les princes de l'Empire eussent stipulé leur indépendance ? La Savoie seroit-elle parvenue à former un état, & le maître du Milanois, l'étant devenu de toute la Lombardie, n'auroit-il pas établi une communication sûre entre l'Allemagne, l'Italie, la France & l'Espagne ? Voilà pour l'intérêt des princes ; voici pour celui des peuples. Le despotisme espagnol n'auroit-il pas conduit sur ses pas l'intolérance dont il est inséparable ? Un joug étranger ne se seroit-il pas appésanti sur les peuples, & toutes les nations n'auroient-elles pas fléchi, comme les Américains, sous l'orgueil ignorant & sanguinaire d'un vice-roi Castillan ? Plaçons maintenant Louis XIV dans l'année 1667 : laissons-le continuer ses conquêtes en Flandre ; & peut-être, pour y réussir, n'avons-nous besoin que de rendre foibles & vénales les ames for-

tes & integres des Temple & des Van-Beuning,
Louis s'emparera de la Flandre & du Brabant,
& s'il veut bien s'arrêter là quelques moments,
il se souviendra bientôt que ces Hollandois sont
fort à sa convenance ; qu'après tout, ce ne
sont que des rebelles que ses ancêtres ont bien
voulu protéger, qui ont même demandé des
souverains à la France, (1) & qu'il faut assu-
jetir une fois pour leur propre bien. Louis a
ses armées toutes prêtes ; il ne lui reste que
la Meuse à passer. A qui ce peuple infortuné
aura-t-il recours dans de pareilles circonstances? Les Anglois armeront-ils une flotte; en-
verront-ils des troupes de débarquement ? Mais
leurs vaisseaux ne seront pas prêts, mais leurs
troupes ne feront pas complettes (2). Et quand
tous ces obstacles n'existeroient pas, la paix
& la guerre dépendent du monarque, & le monarque est gouverné par une femme, par une
Françoise, placée, soudoyée par Louis XIV (3).
Le Danemarck, la Suede, l'Empire ne peuvent rassembler à temps des forces suffisantes.
La Hollande sera donc conquise ; & bientôt un

----

(1) Le duc d'Alençon, sous Charles IX.
(2) Les Anglois n'avoient pas alors 6000 hommes
de troupes réglées.
(3) La duchesse de Portsmouth.

Jéfuite, devenu rigorifte par ambition, allar-
mera le monarque conquérant fur les plaifirs
dont il entremêle fes exploits ; il perfuadera au
miniftre de la guerre qu'il eft de fon intérêt
d'employer des troupes, & que la paix n'eft
bonne qu'au contrôleur général. La perfécution commencera dans les provinces-unies,
& ces vertueux citoyens qui fe rencontroient
avec tant de plaifir en fortant des temples &
des églifes, fe craindront, fe haïront en com-
muniant enfemble. La compagnie des Indes,
ce grand empire territorial, qui foutient le petit état commerçant de la Hollande, paffera
pour une fociété fans ordre & fans police :
des commiffaires du roi feront nommés pour
le plus grand bien des actionnaires, c'eft-à-
dire pour leur ôter la liberté de difcuter leurs
propres intérêts. Le commerce fera foumis à
des réglements admirables, qui ne tarderont
pas à le détruire, & les trois millions d'hommes qui peuvent exifter dans tous les pays
de l'Union feront réduits à quatre ou cinq cent
mille gueux, qu'il faudra contenir par une
armée foudoyée aux dépens des plus belles
provinces de la France. Je laiffe à penfer fi
après cela l'Allemagne reftera indépendante ;
fi l'Angleterre défendra fa liberté contre les
Stuarts ? Voilà pourtant ce qui feroit arrivé,

ſi Louis XIV s'étant rendu maître, en 1667, de la Flandre & du Brabant, ne ſe fût pas vu obligé trois ans après de faire un long détour pour attaquer la Hollande du côté du Rhin. Nous le diſons ſans flatterie, (quoique nous ne craignions pas d'être contredits en cela par les puiſſances) ce qui peut arriver de plus heureux en général à tous les peuples, c'eſt de conſerver leurs princes & leur gouvernement. Les progrès de la raiſon doivent tendre plutôt à perfectionner qu'à changer ; & de tous les fléaux politiques, les conquérants ſont les plus dangereux.

Il eſt donc un équilibre raiſonnable, un équilibre néceſſaire. Il conſiſte à diſpoſer les forces de l'Europe, de maniere que les états les plus foibles ſoient à l'abri d'un coup de main, d'une invaſion ſoudaine & rapide. Or, pour y parvenir il faut le concours de deux moyens : 1°. Les alliances défenſives qui ne permettent pas au plus fort d'attaquer le plus foible ſans s'expoſer à une guerre longue & douteuſe. 2°. Une diſpoſition de frontieres qui ſoit telle qu'elle donne le temps au dernier d'avoir recours à ſes alliés. Ce concours exiſte en Europe parmi toutes les puiſſances du ſecond ordre : chez les Hollandois, par leur alliance avec l'Angleterre, & par le *Traité de barriere*, qui

interpofe un certain nombre de places Autrichiennes entre la France & les Provinces-
Unies; chez les Suiffes, par leurs alliances avec
la France & le roi de Sardaigne, & fur-tout
par les défilés inacceffibles qui les féparent
des Autrichiens. Tout ce qui fe trouveroit hors
de ce *nifus* général, de cette réfiftance réciproque, deviendroit un obftacle au repos de
l'Europe; ce feroit une fource d'ambition dans
les confeils, un germe de défiance dans les
cours refpectives, & c'eft cette confidération
qui foutient les nombreufes armées qui dévo-
rent la fubfiftance des peuples : c'eft auffi ce
qui donne lieu à cette malheureufe activité des
cabinets qu'on décore du nom de politique,
& qui détourne pourtant les princes & leurs
miniftres de la véritable politique, celle qui
n'a pour toute fin que le repos & le bonheur
des hommes.

N'infiftons pas davantage fur un objet auquel nous ne ferons encore que trop obligés
de revenir, & contentons-nous d'obferver que
cet équilibre bien ou mal fondé, folide ou
idéal, fut une nouvelle fource de dépenfes qui
diffipa tout l'argent que les puiffances commerçantes avoient enlevé aux puiffances con-
quérantes; de forte qu'elles fe trouverent toutes dans un épuifement égal, & dans le même

beſoin de faire la paix. Mais l'eſpérance & la crainte, l'obſtination & la jalouſie, paſſions auſſi communes parmi les gouvernements que parmi les individus, ne permettoient plus d'é-couter la voix de la raiſon.

L'ivreſſe de la gloire, les débauches de l'am-bition ont cela de commun avec celles de la plus vile canaille, que le moment de payer eſt le premier avertiſſement qui rappelle le bon ſens & ramene la réflexion. Les François, en payant des tailles exceſſives, commençoient à ſentir que la gloire *du roi leur maître* leur de-venoit un peu chere, & les Anglois, en me-ſurant la maſſe énorme de leurs dettes, s'ap-perçurent à leur tour que l'abaiſſement *du grand monarque* (1) abaiſſoit auſſi leur fortune & leurs tréſors. On convint généralement que la paix étoit préférable à la gloire, & que de riches moiſſons valoient mieux que des *Te-Deum* & des feux de joie. Elle vint cette paix ſi deſira-ble, & ſon premier ſéjour ſur la terre fut aſ-ſez long pour ranimer notre eſpérance. Si nos paſſions, notre inquiétude naturelle la firent

---

(1) C'eſt le nom que les Anglois donnent encore au roi de France dans leurs ouvrages politiques, ou plutôt ſatiriques.

encore difparoître, les retours furent fréquents ; & femblable à cet oifeau familier qu'on inquiette fans l'effaroucher, fon vol ne fut pas étendu, & elle trouva toujours où fe repofer.

C'eft un grand avantage que la paix pour les progrès de la raifon & de la philofophie, mais fur-tout lorfqu'elle eft née de l'épuifement des peuples & de la fatiété des combats. C'eft alors que toutes les idées frivoles s'effacent, & que les corps politiques, comme les corps organifés, font avertis par la douleur du foin de leur confervation : c'eft alors auffi que l'efprit humain, exercé déjà fur des objets agréables, fe replie avec plus d'énergie fur les objets utiles : c'eft alors qu'on reclame avec fuccès les droits de l'humanité, & que les princes, devenus créanciers & débiteurs de leurs fujets, leur permettent d'être heureux, afin qu'ils foient plus patients ou plus folvables.

Ainfi, l'amour des richeffes, après avoir caufé les maux de l'humanité, en devient le remede. Le temps n'eft plus où l'homme d'état, plus pédant que citoyen, rapporte à de vieux ufages tous les principes du gouvernement. Les idées *féodales*, *fifcales*, *domaniales* doivent abandonner les tribunaux, & les mots de *propriété*, *d'agriculture*, de *commerce*, de *liberté* feront fubftitués au vocabulaire barbare des écoles. Les queftions férieufes & utiles feront agitées dans toutes les converfations. Les gens de lettres deviendront patriotes, & les fçavants, citoyens. Une correfpondance générale s'établiffant parmi les efprits, l'amour de l'humanité fera le ralliement commun, qui réunira les gens du monde, les gens de lettres, les fçavants & les artiftes. Quiconque fe rendra utile, foit par fes actions, foit par fon exemple, foit par fes écrits, fera configné dans les regiftres de la bienfaifance; & chaque ouvrier qui polit une roue ou un reffort, aura dumoins une idée de la grande machine à laquelle fon ouvrage doit être rapporté.

Si ce tableau eft regardé comme imaginaire par quelques hommes corrompus, j'ofe protefter ici qu'il eft d'après nature, & j'en ai pour garants les ouvrages qui fortent des preffes, la voix du peuple affemblé au théatre, le caractere de quelques hommes puiffants & bienfaifants que j'ai été à portée de connoître, d'aimer & d'eftimer (1), & fur-tout la fociété

____

(1) Si M. de Louvois, lorfque le département de la guerre lui donnoit la plus grande influence, fe fût rendu l'inftrument de la paix ; fi dans le même mo

des gens de lettres, dans laquelle je comprends
tous ceux qui les aiment & les cultivent ; fociété douce, aimable, honnête, qui n'offre pas
moins de vertus que de talents : enfin , qu'il
me foit permis de juger d'après mes propres
impreffions , je ne révoquerai pas en doute le
fentiment intérieur qui me fait aimer l'âge où
j'ai commencé ma carriere , & vers lequel
l'étude de l'hiftoire me ramene toujours avec
le plaifir qu'éprouve un voyageur qui , après
avoir parcouru des pays fauvages, retrouve
enfin fa patrie.

Mais cette tendance au bien général , cette
amélioration dans le fort de l'humanité , la doit-
on effectivement à la renaiffance des lettres, &

---

ment qu'il avoit compromis fon crédit par des changements auffi dangereux pour lui , qu'utiles pour l'é-
tat , fon humanité l'eût engagé à adoucir par-tout la
rigueur des loix militaires ; fi , loin de fe laiffer entraîner par la force dont il étoit le miniftre, il fe fût dé-
claré l'ami du commerce & de toute liberté légitime ;
s'il eût joint à la capacité la plus étendue ces mœurs
douces & ces manieres nobles qui mettent la confidération aimable à la place de la crainte , n'auroit-
il pas laiffé une réputation bien plus chere à la poftérité ? N'auroit-il pas été l'amour d'une nation à laquelle il n'infpira qu'une muette terreur ?

aux progrès de la philofophie ? Ne fuit-il pas au contraire de ce que nous avons dit ci-deffus, que ce changement étoit une conféquence néceffaire des diverfes circonftances politiques, & fur-tout de la difficulté qu'on a trouvé à continuer des guerres devenues trop difpendieufes ? Je répondrai à cette objection, en demandant à mon tour, fi, dans les fiecles d'ignorance, l'épuifement des peuples fut un obftacle au fanatifme des dernieres croifades, aux guerres civiles excitées par l'anarchie féodale, à d'autres guerres civiles, allumées par l'efprit fuperftitieux & intolérant ? Combien de fois, depuis le malheureux Valérien, la Perfe & l'Empire Grec fe font-ils épuifés réciproquement par des guerres inutiles ? De combien de fléaux ce dernier n'a-t-il pas été tourmenté ? Par combien d'ennemis différents n'a-t-il pas été vaincu, fans que les malheurs publics aient fait prévaloir la faine raifon fur la vaine dialectique & les fubtilités théologiques ? Croit-on que fi Henri IV. n'eût pas confenti à entendre la meffe, les quarante années de troubles qui avoient déchiré la France, euffent fuffi pour dégoûter les peuples de la guerre civile, & pour les réunir fous un roi légitime ? Encore une fois, perfuadons-nous que, dans les révolutions de ce monde, une caufe n'agit jamais toute feule. Je fçais que les malheurs politiques difpofent les peuples à écouter la voix de la raifon ; mais il faut que cette voix s'éleve quelque part ; il faut qu'elle fçache s'exprimer, & fur-tout fe faire entendre avec plaifir. Pourquoi, dans la derniere guerre, lorfque l'impératrice, réunie avec les états catholiques de l'Allemagne, faifoit la guerre au roi de Pruffe, allié avec les principales puiffances proteftantes, n'a-t-on jamais pu perfuader que cette guerre fût une guerre de religion ? Pourquoi les émiffaires du roi de Pruffe n'ont-ils trouvé aucun crédit parmi la plupart des peuples, qui n'ont vu dans toutes ces affaires qu'une grande querelle entre la maifon d'Autriche & celle de Brandebourg ? C'eft que les efprits font plus éclairés fur les faits, & plus indifférents fur les dogmes ; c'eft que, quand même la tranfubftantiation auroit été compromife dans une pareille querelle, on auroit trouvé peu de foldats difpofés à fe battre pour elle. D'ailleurs, comme nous l'avons dit plus haut, lorfque les peuples ignorants fentent vivement leurs maux, il arrive qu'ils fe trompent toujours fur les remedes. Il y a deux cent ans que fi l'on s'étoit apperçu d'une décadence dans l'agriculture, on auroit ordonné des proceffions, & laiffé fubfifter des millions de moines, qui auroient mis le comble aux défaftres publics.   Nous

Nous voici conduits tout naturellement à la seconde objection que nous nous sommes proposée au commencement de ce chapitre: car il ne nous reste plus que cette difficulté à lever. Si les progrès des lettres & de la philosophie pouvoient seuls éclairer les hommes sur leurs véritables intérêts, pourquoi ne voyons-nous pas que les beaux âges de l'antiquité, que les siecles de Périclès & d'Auguste aient produit aucun effet de ce genre? Quoique nous croyions avoir déjà prévenu cette objection dans un autre endroit, il est bon d'y revenir encore, & d'envisager l'objet sous toutes les faces possibles. Nous avons prouvé alors que les Grecs avoient pu réussir dans les lettres & dans les arts, sans avoir perfectionné la politique ; nous avons même observé que les philosophes, long-temps occupés de systêmes frivoles sur la théogonie & la cosmogonie, (1) avoient toujours négligé la morale, & que Socrate fut le premier qui rappela sur la terre la philosophie exilée dans le ciel (2). Nous ajouterons ici que la

____

(1) L'origine des dieux & la génération du monde.
(2) Voyez les *Dialogues des Morts* de M. de Fontenelle, & les *Dits mémorables* de Socrate, recueillis par Xénophon.

situation politique des Grecs fut toujours un obstacle aux progrès de la raison humaine. Cette nation réunie en idée par un lien frivole, & divisée de fait dans un grand nombre de républiques, toutes ambitieuses, toutes jalouses les unes des autres, fut toujours tourmentée par des guerres extérieures & déchirée par des guerres civiles. La vanité fut le seul principe général, le seul point de ressemblance de tant d'états gouvernés par des loix différentes. Malheureusement pour ces peuples, elle ne manqua pas d'aliments. Les Grecs, à peine sortis de la barbarie, triompherent des Perses : triomphe éclatant, & tellement propre à leur échauffer l'imagination, qu'ils ne purent toucher à la coupe de la gloire sans en être enivrés. De là cette émulation, cet orgueil qui arma Sparte contre Athenes, & successivement toutes les républiques les unes contre les autres. Une autre circonstance particuliere aux Grecs, & qui mériteroit d'être l'objet d'une dissertation particuliere, influa prodigieusement sur la tournure de leur esprit. Je ne sçais comment il arriva que ce peuple perfectionna tout de suite son langage, & le rendit le système le plus parfait dans lequel les hommes puissent reproduire leurs idées ; arme dangereuse quand elle est mal employée,

& affez femblable à l'épée dans les mains de nos ancêtres, qui la rendoient plutôt l'inftrument du duel, que de la défenfe de la patrie. De cette aptitude au langage, il réfulta un grand inconvénient ; c'eft que la forme emportant le fond, la politique tomba au pouvoir des rhéteurs, & la philofophie fous celui des fophiftes. Deux inventions acheverent le défordre, celle de la *période* parmi les rhéteurs, & celle du *fyllogifme* parmi les fophiftes. Alors toute vérité fut profcrite, fi elle ne s'annonçoit pas par trois membres réguliers, & le fyftême de la nature entiere dût être renfermé dans une majeure & une mineure (1) ? Une fuite na-

----

(1) Bacon a obfervé très-judicieufement que la forme fyllogiftique & toute la dialectique des anciens étoient fort bien appropriées à la difpute, & nullement à la recherche de la vérité Cet illuftre écrivain eft le premier qui ait oppofé à cette méthode fpécieufe, mais fautive, celle de l'invention & de l'analogie. Il montre par-tout un grand mépris pour cette philofophie de catéchifme, qui confifte à trouver des réponfes à chaque demande, & pour cette argutie d'Ariftote qui foumet la nature à des définitions frivoles : *Magis ubique follicitus quomodo quis refpondendo fe explicet, & aliquid reddatur in verbis pofitivum, quam de æternâ rerum veritate.*

(Voy. *Novum fcientiar. organum aph.* LXIII.)

turelle de cette manie, devenue trop générale, c'eſt que le plaiſir de parler & d'écouter l'emporta de beaucoup ſur celui d'enſeigner & de s'inſtruire. De là ces écoles fameuſes qui dégénérerent bientôt en ſectes, & enfin en héréſies, lorſque la religion chrétienne fut établie. Or, rien n'eſt plus contraire aux progrès de la raiſon que ces écoles où l'on apprend, non ce qui eſt, mais ce qu'un autre a penſé; où le maître tient lieu de la nature même pour ſes diſciples, & où les plus grands efforts de l'application ſont employés à entendre un homme qui ne s'entend pas lui-même.

Lors de la renaiſſance des lettres, les hommes eurent un grand avantage, c'eſt la découverte de l'imprimerie, & la facilité de lire, au lieu d'écouter. Les livres fidelles, mais froids interpretes des penſées, ſont au diſcours ce que ſont les eſtampes aux tableaux. Ils ſont dépouillés des couleurs brillantes de la déc'amation. On les juge dans la ſolitude & le ſilence, & c'eſt là qu'interrogés & confrontés, ils ſubiſſent une eſpece de torture, qui les force à découvrir leurs fautes & leurs complices. A la vérité, ils s'arrogent quelquefois les mêmes privileges que leurs auteurs. Ils exercent un pouvoir, ils regnent à leur tour,

fur-tout quand quelqu'un de ces corps privilégiés , plus propres à conferver les fciences
qu'à les augmenter , introduit une législation
dans les études ; quand cette législation lit-
téraire eft appuyée par la législation civile ;
enfin quand l'incapacité juge en dernier reffort la philofophie, & veut que fes bornes actuelles demeurent à jámais les mêmes. Mais ce
monopole ne peut durer long-temps, & dans
les fciences , comme dans la politique , la contrebande eft le précepteur du commerce.

En voilà affez , je crois, pour prouver que
les circonftances n'ayant pas été les mêmes
lors de la naiffance & lors de la renaiffance
des lettres , il dût auffi en réfulter des effets
différents. Nous verrons dans le chapitre fuivant
quels ont été ces effets , & dans le refte de
cet ouvrage quels font ceux que nous devons
encore efpérer.

CHAPITRE IV.

Quels font les pas qu'on a faits vers le bien. Examen de l'état préfent des peuples véritablement inftruits.

QUOIQUE nous foyons perfuadés que les recherches dont nous allons nous occuper, ne nous offriront que des vérités confolantes, nous nous croyons encore obligés de prévenir nos lecteurs qu'ils ne doivent pas feulement obferver les progrès de la raifon dans le petit nombre de découvertes utiles que nous pouvons compter jufqu'ici, mais encore dans le chemin que nous avons déjà fait pour nous approcher de la bonne morale & de la faine politique. Cette marche de nos connoiffances ne doit pas être confidérée comme une fimple route, mais comme un voyage de curiofité, pendant lequel on s'écarte, on s'arrête pour examiner tout ce qui peut attirer les regards ; & s'il nous eft permis de nous fervir d'une figure dont nous avons fouvent critiqué l'abus, nous comparerons encore les études des hommes, lors de la renaiffance des lettres, à l'inftitution d'un écolier qui fuit le cours ordinaire des claffes. D'abord

l'efprit humain s'applique à l'étude des anciens ;
il les reftitue, il les commente, & c'eft alors
qu'il fait fes humanités. Le deffin & la géographie chez un enfant bien élevé doivent être
les acceffoires de cette étude, & ceci fe rapporte affez aux progrès des arts fous les Médicis, & à ceux de la navigation fous Charles-
Quint. A peine s'eft-on fortifié dans l'intelligence des claffiques, qu'on commence à com-
pofer foi-même. On fait des effais en profe &
en vers. Non content d'avoir appris des mots
dans les livres anciens, on y cherche des préceptes, des exemples de goût & d'urbanité,
& c'eft là le commencement de la rhétorique.
Mais les hommes s'apperçoivent bientôt qu'il
ne fuffit pas de parler & d'écrire ; la nature les
environne, pour ainfi dire, & follicite leur attention ; les befoins de la vie réclament le fecours des fciences ; on trouve des inftruments
utiles, des machines ingénieufes ; on eft donc
entré en philofophie. On y débute par quelques
propofitions de géométrie, & par quelques
principes de méchanique. Mais ce progrès eft
bientôt arrêté. Des profeffeurs, auffi vains
qu'ineptes, loin d'éclaircir, de rectifier les idées
des anciens, ne donnent pas même à leurs éle-
ves ce que les auteurs ont écrit de meilleur, &
au lieu de Pline & d'Ariftote, ils font lire leurs

propres cahiers; plattes rapsodies qu'on n'entend pas, & qui dérouteroient tout-à-fait l'application, si un démonstrateur étranger ne venoit pas la réveiller par des expériences curieuses, mais présentées sans système & sans liaison. Ici la ressemblance est si frappante entre le monde & le college, qu'on n'a pas besoin de la détailler. Elle se trouvera également entre nos premiers ouvrages de métaphysique, & cette fausse logique des classes, qu'on appelle *l'art de penser*, & qu'il faudroit appeler *l'art de rêver*..... Enfin, il est temps que le jeune homme entre dans le monde, qu'il prenne un état, & qu'il vaque aux affaires domestiques; c'est le temps d'étudier la morale, le droit naturel, le droit public, sciences importantes & respectables, qui doivent consommer son institution, mais qui ne lui présenteront pourtant qu'un chaos d'obscurités & de contradictions, tant qu'il s'en tiendra aux leçons de ses maîtres, & jusqu'à ce que, rendu enfin à lui-même, il revienne sur son éducation. C'est alors que réfléchissant mûrement sur ses études passées, il apprendra à croire peu de choses, à lire peu de livres, à cultiver son patrimoine, & à faire du bien à ses voisins.

Nous laissons à nos lecteurs à déterminer le moment de ce période auquel ils voudront rapporter l'état préfent de l'efprit humain. Nous le croyons feulement plus que dégoûté des cahiers de fes profeffeurs, plus que raffafié de la fauffe érudition, & fort près du temps où il doit préférer le foin des affaires domeftiques au faux brillant des écoles. Mais nous obferverons encore que nous avons omis dans notre parallele une étude qui a fait un peu plus de défordre dans le monde que dans les colleges : c'eft celle du catéchifme. Que de batailles n'a-t-elle pas caufées ! Combien de fois n'a-t-elle pas troublé les heures du travail, ou les moments de repos ?....... Mais c'eft affez profiter de l'indulgence du lecteur, & nous devons marcher à notre but d'une façon plus rapide & plus férieufe.

Nous avons dit que nous devions regarder comme autant d'avances pour la véritable philofophie & la bonne politique toutes les découvertes que les hommes ont faites jufqu'ici, de quelque efpece qu'elles foient. Il ne fera peut-être pas inutile de jeter un coup-d'œil fur cet immenfe travail, dont nos prédéceffeurs ont débarraffé nos contemporains.

Commençons par les fciences exactes, par les mathématiques (1). Nous verrons l'aftrono-

____

(1) Je ne puis m'empêcher de réclamer ici contre

mie développée, perfectionnée par les Kepler, les Newton, les Dalembert, les Clairault, les Bernoulli, les Euler, &c.; perfectionner à son tour la géographie & la navigation. Nous verrons sous les mêmes auspices la méchanique multiplier nos efforts, & soumettre la nature par les forces de la nature même. Des machines ingénieuses épargnent à l'homme un pénible labeur, & l'eau, le feu même devenus nos instruments, sont les seuls esclaves que nous employions à nos travaux.

Si nous passons aux sciences qui tiennent de plus près à l'observation, quelles riches acquisitions n'aurons-nous pas encore à compter? A peine l'homme attache-t-il sur le ciel & sur la terre des regards curieux & avides, qu'il trouve le moyen d'en étendre l'usage. Le té-

---

l'abus que nos savants même ont fait du mot *géométrie*, qui signifie simplement l'*art de mesurer la terre*. On parle tous les jours de *géométrie* transcendante, de *géométrie* astronomique : tout jusqu'au problême des trois corps est de la *géométrie* pour les François. Pourquoi ne pas se servir du mot *mathématiques*, qui honore bien plus cette étude, puisqu'il signifie la *science* en général, & que cette expression répandue chez les anciens & chez tous les modernes, excepté les François, prouve assez qu'on a toujours regardé la science de calculer & de mesurer, comme la première de toutes les sciences.

lefcope rapproche les diftances ; le microfco-
pe en groffiffant les objets, nous fait découvrir une province nouvelle dans l'empire de
la nature, & cet inftrument devient, pour ainfi
dire, le lien qui nous unit à une portion immenfe de la création.

L'anatomie a levé le voile de l'humanité ;
elle a découvert l'innombrable quantité de machines qui font mouvoir ces frivoles décora-
tions de la vie, & nous a prouvé que Moïfe s'eft
fervi d'une hyperbole bien hardie, lorfqu'il a
dit que Dieu avoit fait l'homme à fon image.
Cette fcience utile & terrible a enfeigné au fer
deftructeur de notre être l'art nouveau de le
conferver ; & lui traçant jufques dans nos
entrailles une route obfcure, mais certaine,
l'artifte a fçu réparer des défordres qu'il ne
voyoit pas.

La chymie, qu'on peut regarder comme
l'anatomie des corps non organifés, mais qui
fçait joindre au pouvoir de divifer, celui de
combiner & de régénérer ; la chymie a été
portée de nos jours à fa plus grande perfection, puifqu'on a fçu en étendre l'ufage dans
tous les arts, & le reftreindre dans la médecine. Etres parafites fur la furface de la terre,
nous n'ofions interroger cette mere féconde,
& nous cherchions notre hiftoire dans le ciel.
L'érudition du génie nous a offert d'autres

fastes , & le monde , en perdant de sa noblesse , a gagné de l'antiquité (1).

Des mathématiques , de l'anatomie , de la chymie & de l'histoire naturelle réunies , s'est formée enfin la véritable physique , ou l'histoire de la nature en grand. Cette science n'est plus de nos jours l'explication forcée d'un vain système de métaphysique , ou de quelques phénomenes mal observés. Un concours immense d'expériences tentées par des hommes industrieux , & comparées par des hommes de génie , en a formé l'édifice. Descartes avoit trouvé les loix de la dioptrique , Newton celles de l'optique : une grande & magnifique découverte étoit réservée à nos jours. C'est l'électricité , dont les effets terribles égalerent les hommes aux dieux de l'antiquité , lorsque M. Franklin , nouveau Prométhée , sçut dérober le feu céleste , & le rendre docile à ses loix.

Mais ce n'est pas assez pour les hommes de

----

(1) M. de Buffon a la gloire d'avoir créé parmi nous la science de l'histoire naturelle : cette science est sortie de ses mains dans toute sa beauté , comme Minerve sortit de la tête de Jupiter. Il a sçu à la fois la faire connoître & la faire aimer. Jamais on n'a fait un plus bel emploi de l'éloquence : c'est Démosthene qui écrit les observations d'Aristote.

connoître le monde phyfique : la curiofité, ce befoin particulier de l'efpece humaine ne trou. voit là que la moitié de fa pâture. Un vafte champ lui étoit ouvert dans le monde moral. La vanité, l'enthoufiafme même fe mêlerent à cette paffion, & l'hiftoire dégénéra en érudition. Peut - être auffi l'une ne pouvoit - elle pas exifter fans l'autre. Quoi qu'il en foit, il a fa'lu défricher ces landes immenfes de l'antiquité : il a fallu connoître la généalogie de tout ce qui exifte ; travail long & pénible, qui eft tellement avancé de nos jours, qu'on peut dire que nous nous fommes mis au courant.

Enfin, pour qu'il ne refte plus d'afy'e à l'ennui, pas même celui de 'a parcffe, la poéfie s'eft empreffée d'enr'chir nos théatres, & d'orner nos bibliotheques. Parée de fes attraits, la vertu fut plus touchante & le plaifir plus féduifant.

Des cabinets, des mufées fe font ouverts, & nos princes modernes, plus fages dans leur magnificence que les empereurs Romains, au lieu de ces préfents de bled & d'huile qui ne nourriffoient que l'oifiveté, ont diftribué aux peuples les aliments de l'efprit ; afin que tout citoyen de la république des lettres fut pourvu d'une fubfiftance affurée.

Si nous paffons enfuite aux arts agréables,

ces aimables confolateurs de la vie, qui n'ont
que trop de droits à réclamer notre attention,
nous ne cefferons pas de nous applaudir de
nos richeffes. La peinture, la fculpture &
l'architecture protégées par les Médicis, parvinrent tout-à-coup à leur perfection. Dégé-
nérées un moment à caufe du malheur des
temps, elles reparoiffent maintenant dans tout
leur éclat. Mais la mufique qui exerce fur nos
fens un empire encore plus immédiat, plus
continuel, quels progrès n'a-t-elle pas faits
de nos jours ? Non, l'antiquité n'a rien produit de plus touchant pour une ame fenfible
que l'union d'un Pergolefe & d'un Métaftafe,
union rare & précieufe, d'où nâquirent les
plaifirs de l'Europe, & qui fit couler les larmes
les plus délicieufes que l'enthoufiafme ait jamais offertes aux talents (1).

---

(1) La France commence à goûter les fruits d'une
pareille union depuis qu'un de fes meilleurs poëtes a
bien voulu accorder fa lyre avec celle d'un de fes
meilleurs muficiens.

Nous remarquons ce nouveau progrès avec d'autant
plus de plaifir, qu'il eft poftérieur à l'ouvrage immortel où le tableau de nos connoiffances a été tracé
de main de maître. Quiconque voudra fe former l'idée
la plus vafte & la plus exacte de la marche de l'efprit
humain, peut fatisfaire aifément fa curiofité en lifant le

Je m'arrête, & je crains l'attrait naturel qui m'attacheroit trop à des objets si intéressants. Renfermons-nous dans les bornes de notre sujet, & ne regardons tant d'efforts faits par les hommes dans tant de genres différents, que comme des à-comptes sur le progrès général de nos connoissances, que comme autant de chemin déjà parcouru dans la vaste carriere de l'esprit humain. Voyons maintenant si dans cette carriere il y a des espaces plus difficiles & plus raboteux les uns que les autres. Examinons, par exemple, si le domaine de la morale & de la politique se refuse plus à ces progrès que celui des sciences & des arts.

Il me semble que lors de la renaissance des lettres, l'esprit humain gémissoit sous l'empire de deux tyrans si cruels & si redoutables, que conspirer contre eux & les abattre étoit le seul moyen de s'affranchir. Ces tyrans étoient le despotisme & la superstition. L'intolérance leur servoit d'arme commune; car l'esclavage

---

discours préliminaire de l'*Encyclopédie*. Ce beau péristile du plus magnifique édifice peut être regardé comme la véritable caractéristique de notre siecle ; & peut-être l'effort qui distingue le plus ce siecle de ceux qui l'ont précédé, c'est d'avoir réuni dans le même individu le génie des mathématiques, le talent de l'éloquence & la sagacité du goût.

commence prefque toujours par l'opinion. Eh ;
que ferviroit la liberté d'agir à qui feroit privé
de la liberté de penfer ? Il falloit donc commencer par attaquer la fuperftition, & c'eft à quoi
fervit merveilleufement le concours de la renaiffance des lettres & la féparation des églifes
réformées. Les évangéliques qui, femblables à
tous les révoltés, étoient obligés, faute de titre
juridique, d'avoir recours au droit naturel, fcru-
terent attentivement les principes du gouvernement civil & eccléfiaftique. Foibles dans le
principe, & obligés de militer à la fois contre l'antiquité, l'habitude & la poffeffion, ils
dûrent mettre de l'auftérité dans leur morale
& de la févérité dans leurs dogmes. Ce ne fut
donc pas fans raifon qu'ils fe donnerent le nom
de *Réformés*. D'un autre côté, l'églife Romaine
avertie par cette défection, dut apporter plus
de précaution dans l'exercice de fon pouvoir.
La controverfe, dont la flamme dangereufe
embrafe fouvent, mais éclaire toujours, fou-
mit tout à la difcuffion. De ce travail théologique nâquit un fruit inefpéré. La philofophie
s'éleva lentement fur les ruines de l'opinion.
Elle apprit aux peuples leurs droits, aux fouverains leurs devoirs, à tous la modération.
Cherchons fi dans cette longue guerre temporelle & fpirituelle, fi de cet immenfe chaos

dans

dans lequel la terre femble replongée, nous verrons fortir quelque chofe d'utile, quelque amélioration dans le fort de l'humanité.

Si je commence par le Nord, j'apperçois d'abord un peuple noble, brave & généreux qui vient de brifer les fers d'un defpotifme étranger. Guftave a chaffé les tyrans, & ces tyrans font un prince débauché & un prêtre orgueilleux ; car nous verrons long-temps ces deux efpeces d'oppreffeurs réunis pour le malheur des peuples. Chriftiern & Troll ont fait maffacrer tout le fénat dans un repas ; ils ont inondé de fang toute la Suede : Guftave, en chaffant le defpote & l'inquifiteur, établit la liberté civile & religieufe, & fonde ainfi le bonheur d'une nation à laquelle toutes les autres doivent s'intéreffer, parce qu'elle eft brave fans cruauté, & belliqueufe fans ambition.

En defcendant vers le Midi, je vois la Saxe, la Heffe & la plus grande partie de l'Allemagne commencer par prefcrire des bornes à l'avide Charles-Quint ; & bientôt après s'affranchir à la fois du joug cruel du pape & de celui du tyran Ferdinand II. Je la vois prête à fixer pour jamais, fes privileges & fes libertés par le célebre traité de Weftphalie.

En m'approchant de l'Occident, je contemple avec plaifir les progrès d'une république induftrieufe & frugale. Je m'étonne de fon courage, de fes efforts & de fes fuccès, & je m'informe quelle a été l'origine d'une pareille révolution. On me répond que c'eft un cardinal de Granvelle, miniftre d'un tyran, nommé Philippe II. Je laiffe cette république s'étendre, s'affermir, & jeter les fondements du bonheur dont elle a joui depuis.

Je traverfe la mer, & je paffe en Angleterre ; j'y trouve le calme & le bon ordre, mais j'y reconnois par-tout des traces de fang, & j'apprends que, durant le regne précédent, des Jéfuites, émiffaires du même Philippe, ont, fous le nom d'une époufe bien digne de lui, condamné au dernier fupplice des milliers de citoyens. Je trouve chez ce peuple férieux & mélancolique les impreffions des malheurs paffés profondément gravées dans tous les cœurs, & je prévois que le defpotifme & la perfécution de Marie ferviront un jour à cimenter l'édifice de la liberté.

En revenant, j'aborde en France : Henri IV y regne en paix, & fait regner la tolérance avec lui ; mais les efprits fermentent encore ; la fuperftition peut tenter un nouvel effort : cependant elle n'y rétablira jamais fon empire, & le catholicifme des François fera toujours le plus indépendant de la cour de Rome.

Je détourne mes pas du Midi. L'Efpagne eft encore le foyer du defpotifme, comme Rome eſt celui de l'intolérance. Mais en me dirigeant vers l'Orient, je retrouve une autre Hollande, un ſecond gouvernement fédératif; diviſé ſans être foible, libre ſans être factieux ; où la raiſon & le bon ſens dominent à un tel point, qu'on n'a pas beſoin de s'informer s'il eſt partagé entre pluſieurs croyances. Les choſes en ſont venues au point que je ne craindrai plus de paſſer les Alpes ; je retrouverai en Italie même des aſyles où les bonnes loix & le bon gouvernement fleuriſſent. Je m'arrêterai avec plaiſir en Toſcane : je viſiterai ſur-tout cette ſage république, auſſi inacceſſible aux uſurpations ſpirituelles qu'aux invaſions militaires. Rendu enfin à ma ſolitude & à ma méditation, je ne dirai pas , tout eſt bien , mais tout eſt mieux. Il y a un progrès ; le monde donne des eſpérances.

Je ſens qu'il eſt des hommes que je perſuaderai difficilement. Ce ſont ces profonds contemplatifs qui, retirés loin de leurs ſemblables , s'appliquent aſſidûment à leur donner des loix , & négligent le plus ſouvent le ſoin de leur ménage pour preſcrire aux empires le gouvernement auquel ils doivent ſe ſoumettre (1). Or, comme aucune nation n'a encore

____

(1) Le célebre Hoggarth a repréſenté dans ſes

embrassé leur système, ils croient que la politique est toujours dans son enfance. Quelque
exagérée que soit cette prévention, je ne nie-
rai certainement pas qu'il ne puisse exister des
gouvernements plus parfaits ou un plus grand
nombre de bons gouvernements que nous
n'en voyons de nos jours. Mais rappelons-nous
que Solon ne donna pas aux Athéniens les
meilleures loix possibles, mais les meilleures
qu'ils pussent suivre. Souvenons-nous, sur-tout,
que le bonheur des hommes est le plus intéressant de tous les objets, & que le bien même
peut quelquefois être acheté trop cher. Londres est plus régulier que Paris, Dieppe que
Rouen, Manheim que Strasbourg; mais Londres, mais Dieppe, mais Manheim ont été autrefois consumés par les flammes. Quel archi-
tecte conseillera jamais de mettre le feu à
Paris pour le rebâtir ensuite sur un plan régulier & magnifique? Ce n'est qu'à des peuples brutes qu'on peut donner telles loix qu'on
veut. L'emploi de la raison, de la philosophie, de la saine politique est plutôt d'amé-

---

gravures morales, un jeune homme qui ayant dissipé
sa fortune, a été conduit en prison par ses créanciers:
le dissipateur triste & déconcerté paroît assez près
d'une table, ayant devant lui un manuscrit, sur lequel
on lit ce titre : *Moyen de payer les dettes de l'Etat.*

liorer les gouvernements que de les changer. Sous leur bénigne influence la démocratie doit devenir moins licentieuse ; l'aristocratie moins orgueilleuse ; la monarchie moins ambitieuse ; le despotisme même , s'il en peut exister encore chez les peuples éclairés , paroîtra plus doux , & sera du moins soumis à la raison (1). D'ailleurs , ne pourrions-nous pas opposer nos gouvernements modernes à ceux de l'antiquité , & trouver encore tout l'avantage de notre côté ? Nous l'avons dit au commencement de cet ouvrage : la Grece , si redoutée dans son temps , si considérée dans le nôtre , n'offre pas , à beaucoup près , dans son ensemble , un plan aussi raisonnable , aussi suivi que les fédérations Hollandoises & Helvétiques ; & dans ses membres différents des polices aussi respectables que celle des états particuliers dont l'assemblage forme ces grands états. En Allemagne, Hambourg , Brême , Lubeck , Francfort , Nuremberg , Augsbourg , & toutes les villes libres de l'Empire , font des plantes fortunées qui croissent à l'ombre des chênes qui les protegent ; mais la plante fleurie n'a pas dévoré la

____

(1) J'en citerai pour exemple le Danemarck , qui depuis cent ans qu'il a aliéné sa liberté , jouit pourtant d'un gouvernement doux , pacifique & modéré.

subſtance de l'arbre qui la défend, & l'arbre par un ombrage trop épais n'a point flétri la plante timide. Quelques auteurs ont prétendu qu'autrefois le pouvoir abſolu étoit preſque entiérement ignoré parmi les peuples policés. Pour moi, je mettrois plutôt en queſtion, ſi, parmi ces mêmes peuples il y eut jamais plus de liberté qu'il n'en exiſte à préſent. Je ſçais qu'en choiſiſſant un moment dans la durée des ſiecles, on voit le Péloponeſe, l'Achaïe, l'Aſie-Mineure, l'Archipel & une partie des côtes de l'Italie jouir d'un gouvernement libre ; mais la Macédoine, la Thrace, l'Illyrie, l'Épire n'obéiſſoient-elles pas à des rois ? Il faut l'avouer, le temps même où il y eut le plus de républiques, ne fut pas heureux pour les peuples. Je le place entre la guerre Médique & Philippe de Macédoine. A la mort d'Alexandre, toute liberté fut détruite dans l'Orient. Vous m'objecterez qu'elle trouva un aſyle dans les vaſtes états de Rome & de Carthage. Dans leurs états ? Non, certainement : dans les villes de Rome & de Carthage, à la bonne heure. Doutez-vous, en effet, que les Romains ne fuſſent des rois pour les provinces conquiſes, & les Carthaginois de vrais tyrans pour l'Eſpagne, la Sardaigne, la Corſe, les iſles Baléares, &c. ? Si Berne & Amſterdam gouvernoient les Suiſſes & les Hollandois de la même maniere que

ces nations gouvernent les pays de l'union &
de la généralité , je ne regarderois comme libres
en Suisse & en Hollande que les villes de Berne
& d'Amsterdam. Mais ce qui fait que ces deux
peuples jouissent d'un gouvernement parfaitement libre, c'est que chaque partie de l'état
est un état lui-même ; c'est que la république
n'est composée que d'une infinité de républiques. A ces respectables sociétés , joignez toutes les villes anséatiques & impériales ; Venise,
Gênes , & même la Pologne & la Suede , qui
jusqu'à ces temps de crise avoient tenu de plus
près au gouvernement républicain qu'au gouvernement monarchique : ajoutez - y encore
l'Angleterre , dont le gouvernement inconnu
aux anciens se rapproche bien plus de la république que de la monarchie; & comparez maintenant la somme de liberté qui existe de nos
jours , avec celle que vous pourrez trouver
dans quelque époque que ce soit. Eh! que fe-
roit-ce , si je faisois entrer dans ce calcul la
liberté qui subsiste encore au sein même des
plus grandes monarchies ? Les anciens ne con-
noissoient guere de milieu entre la république
& la tyrannie ; mais outre que celle-ci est devenue bien plus rare depuis un siecle , une grande partie des provinces qui composent nos
monarchies modernes, ont des privileges , des
loix, des usages qui modifient l'autorité sou-

veraine. La puiſſance Autrichienne n'eſt formée que de provinces éparſes, qui ont toutes
des états , & qui accordent & levent elles-
mêmes leurs ſubſides. Il en eſt de même de pluſieurs poſſeſſions appartenantes aux électeurs &
aux princes de l'Empire (1). En France, le
Languedoc , la Bretagne, la Provence , l'Alſace,
la Bourgogne, la Flandre, l'Artois , les provinces
de Foix, de Navarre & de Bigorre ſont repréſen-
tées légalement ; & dans tout le royaume les tribunaux veillent attentivement à la conſervation
des propriétés. La Caſtille & l'Arragon avoient
autrefois des états, mais ces peuples les ont
perdus , & ils ont à la place un certain *Moi le
roi* qui pourroit bien choquer un peu une
oreille Athénienne. Il faut l'avouer auſſi ; il eſt
quelquefois des temps d'oppreſſion , pendant
leſquels les privileges dorment ; mais les républiques Anciennes n'ont-elles pas eu leurs
démagogues ? Les Alcibiade, les Amilcar, les
Sylla , laiſſoient-ils beaucoup de pouvoir aux
peuples ?

Obſervez que dans ce parallele nous nous

____

(1) La plupart des états de l'Allemagne ont des
arbitres établis entre eux , qu'on nomme *Auſtreges*. Nous
avons vu ſouvent des princes interpoſer leur médiation en faveur des peuples opprimés par leurs ſouverains. Le Wirtemberg nous en offre un exemple récent.

ſommes renfermés dans les limites du conti-
nent ; mais ſi nous paſſions dans l'Amérique
ſeptentrionale , c'eſt alors que nous pourrions
défier les Solon & les Lycurgue en leur oppo-
ſant ſeulement les Locke & les Guillaume Penn.
Qu'on liſe les loix de la Penſylvanie & de la
Caroline , & qu'on les compare à celles de
Sparte ; on y trouvera la même différence
qu'entre le gouvernement domeſtique d'une
ferme , & la regle de St. Benoît. Qui pourroit ne pas éprouver une ſenſation délicieuſe
en ſongeant qu'un eſpace de plus de cent
mille lieues quarrées travaille maintenant à ſe
peupler ſous les auſpices de la liberté & de
la raiſon , en faiſant de l'égalité le principe de
ſa morale , & de l'agriculture celui de ſa politique ?

CHAPITRE V.

Suite du précédent. L'agriculture & la population font les indices les plus fidelles du bonheur des peuples.

Nous avons vu qu'en ne prenant que les nations policées, on trouve que celles de nos jours ont beaucoup plus d'inftruction, & pour le moins autant de liberté que les anciennes ; mais comme la fcience, la liberté même ne font bonnes qu'autant qu'elles peuvent concourir *au plus grand bonheur du plus grand nombre d'individus*, il eft néceffaire d'examiner fi les faits nous donneront des réfultats femblables à ceux que l'induction vient de nous offrir. Nous avons eu lieu de penfer que les hommes font auffi heureux de nos jours que dans quelque époque de l'hiftoire qu'on veuille choifir ; cherchons maintenant quelques indices, quelques fymptômes qui fervent de mefure à cette félicité publique. Il en eft deux qui fe préfentent naturellement, l'agriculture & la population. Je nomme l'agriculture avant la population, parce que s'il arrive qu'une nation peu nombreufe cultive avec beaucoup de foin une grande quantité de terres, il en réfultera que cette nation confomme beaucoup, & qu'elle ajoute à l'aliment néceffaire à la vie, l'aifance & la commodité qui en font le bonheur. Si, au contraire, l'accroiffement du peuple eft en proportion avec celui de l'agriculture, qu'en peut-on conclure, finon que cette multiplication de l'efpece humaine, comme celle de toutes les autres efpeces, vient uniquement de fon bienêtre ? L'agriculture eft donc une indice du bonheur des peuples antérieur & préférable à celui de la population.

Mais l'agriculture des modernes eft-elle fupérieure à celle des anciens ? C'eft une queftion qui demanderoit un ouvrage à part, fi elle étoit traitée dans toute fon étendue. Nulle matiere ne donneroit plus d'occafions de déployer une vafte érudition, ce qui eft un attrait puiffant pour les fçavants ; & cependant de toutes les recherches fur l'antiquité, c'eft la plus négligée. Pour nous, il nous fuffira de hafarder nos conjectures, & de les appuyer feulement de quelques autorités ; perfuadés comme nous le fommes, que toutes les fois qu'on ne veut pas fe jeter dans le polémique, il eft aifé de marquer les points principaux fur lefquels un homme impartial doit appuyer fon opinion. L'amas d'érudition n'eft que pour le critique obftiné qu'on ne convertit pas, & il effraie le lecteur judicieux qu'on pourroit éclairer.

Quoique Terentius Varron & Columelle aient cité un grand nombre d'auteurs Grecs qui ont écrit sur l'agriculture (1), il me semble que de nos jours lorsqu'il est question de la culture des anciens c'est toujours celle des premiers âges de Rome qu'on met en avant. Au commencement, deux journaux (2) de terre formoient tout le domaine de chaque famille. Dans des temps plus prosperes, lorsque la république s'enrichit par ses conquêtes, des magistrats ambitieux voulant acheter les faveurs du peuple par une condescendance extraordinaire, on proposa un partage de sept

---

(1) *Magna porro & Græcorum turba est de rusticis rebus præcipiens*, &c. (COLUM. *De re rustica.* (L. I. c. 1).
Terentius Varron en compte cinquante dont il rapporte les noms.

(2) C'est ainsi que je traduirai toujours le mot *juger*, parce qu'il ne se rapporte précisément à aucune de nos mesures. Le *juger* contenoit vingt-huit mille huit cent pieds quarrés, ce qui est un peu plus d'un demi-arpent. Le calcul d'Arbuthnot porte les *duo jugera* à un âcre & un quart, ce qui fait un peu plus d'un arpent royal. D'ailleurs, le produit du *juger* peut encore mieux s'apprécier par ce passage de Columelle, Liv. II, chap. IX, où il traite de la semence : *Jugerum agri pinguis plerumque modios tritici quatuor, mediocris quinque postulat.*

journaux par famille, partage qui fut régardé comme exorbitant, & qui n'eut même jamais lieu. De là les modernes ont conclu qu'il falloit que l'agriculture Romaine fût pouffée à un grand point de perfection; puifque deux journaux de terre fuffifoient à la fubfiftance d'une famille entiere, qu'on doit évaluer à cinq perfonnes à peu près. Mais ces admirateurs de l'antiquité n'ont pas pris garde que les preuves même qu'ils apportoient pour foutenir leur opinion, tendoient à la détruire, fuivant ce proverbe trivial, *qui prouve trop, ne prouve rien.* On eftime que dans une famille de gens qui travaillent, il fe confomme annuellement deux feptiers de bled par tête; compenfation faite des femmes & des enfants. Il falloit donc à une famille Romaine dix feptiers de bled tous les ans. Or, il eft rare qu'une terre, quelque bien cultivée qu'elle foit, n'ait jamais befoin de repos (1), & celle qui rend fept pour un de la femence eft regardée comme une bonne terre. Deux journaux de terre, dont la mefure

---

(1) Columelle confeille de choifir un domaine où il y ait des terres arables & des landes: *Terrenis aliis cultis atque aliis fylveftribus & afperis* (*Lib. II, cap. IX*). Ce paffage prouve qu'alors, comme à préfent, il y avoit en Italie beaucoup de landes & de mauvaifes terres.

n'excédoit pas d'un quart celle de l'arpent de Paris , ne pouvoient guere rapporter en trois ans, y compris une année de repos & une année de mars , plus de six septiers de froment, & à peu près autant d'orge, semence prélevée. Supposons qu'un travail assidu fasse produire cette terre tous les ans ; il est à présumer que la troisieme année ne rendra que quelques lupins , quelques mauvais pois , ou quelques autres légumes de cette espece. Ainsi , notre famille romaine n'aura , année commune, que deux septiers de froment & deux septiers d'orge pour se nourrir. Trouvez-vous mon calcul trop bas , & supposez-vous que la fécondité d'une terre cultivée comme un jardin excede de beaucoup celle de nos vastes campagnes ? Doublez le produit : vous ne trouverez pas encore deux septiers de grain par tête ; & cependant il faut observer que si le travail journalier d'un petit héritage peut le rendre plus fécond que le sol d'une grande ferme , cet avantage est compensé par le manque de fumier , de marne & autre engrais.

Mais il ne suffit pas aux hommes de se nourrir , ils ont besoin d'armes , de vêtements ; de quelques meubles , de quelques outils. Je conviens à la vérité que dans un climat chaud il faut peu de vêtements ; mais qu'on se sou-

vienne qu’on a fait produire à la terre beaucoup plus qu’on ne peut attendre d’un fol
tel que celui des environs de Rome ; que
malgré cela, on n’a pu trouver une fubfiftance
fuffifante en grains , & que par conféquent
nulle place n’eft reftée pour la culture du
chanvre , des arbres fruitiers , des bois de
charpente, &c. Il fuit de là qu’il étoit néceffaire qu’un autre travail que l’agriculture aidât
à la fubfiftance du peuple. Or ce travail , par
qui pouvoit-il être payé , finon par ceux qui
avoient du fuperflu , par ceux qui avoient des
fubfiftances au delà de leurs befoins , c’eft-à-
dire, qui poffédoient plus de terres qu’il n’en
falloit pour fournir à leur confommation &
à celle de leur famille ? Mais du moment que
vous admettez un partage inégal, il n’eft plus
étonnant qu’une famille vive avec deux journaux de terre; parce que chacun, outre fa
proprieté, a fon induftrie ; & l’on peut affurer que dans beaucoup de villages de la
France, nombre de familles vivent aifément,
fans avoir autant de territoire. Si l’on en
croit Plutarque, Numa divifa les citoyens
de Rome en différens corps de métiers, comme
ceux de charpentiers, de tailleurs, d’orfevres,
de teinturiers, &c. (1). Or, ces métiers repré-

---

(1) Voy. *Vie de Numa Pompilius.*
M. Hook, dans fon *Hift. Rom.* (Liv. IV, chap. III.)

fentent un' certaine quantité d'ouvrage, &
cette quantité d'ouvrage repréfente quelque
excédent de fubfiftance, tant parmi les riches, que dans les revenus publics : mais,
quelle notion pouvoit - on avoir d'aucun
partage de terre avant ce même Numa, qui
le premier apprit à marquer les limites des
héritages, & fçut rendre ces limites facrées,
en établiffant le culte du dieu *Terminus* ? Les
paroles de Denys d'Halicarnaffe méritent une
attention particuliere. *Numa*, dit-il, *ordonna à
chacun de circonfcrire fon héritage, & d'en marquer les limites par des pierres, qui reçurent le
nom de Terminales* (1). Remarquez qu'il ne dit

a obfervé que cette répartition ne·fe trouve ni dans
Tite-Live, ni dans Denys d'Halicarnaffe, & qu'elle eft
même contraire à ce que dit ce dernier, qu'il n'y avoit
alors à Rome que deux fortes d'occupations pour les
hommes, la guerre & l'agriculture. Il eft fâcheux que
les hiftoriens de l'antiquité ne citent pas les autorités
dans lefquelles ils ont puifé. Nous ne connoiffons
aujourd'hui que Tite-Live & Denys d'Halicarnaffe
pour les premiers fiecles de la république; mais Plutarque peut avoir eu d'autres documents. D'ailleurs,
puifque les Romains avoient des habits de cérémo-
nie, des facrifices, des temples, des aqueducs, des
ponts, il falloit qu'ils euffent des tailleurs, des charpentiers, des maçons, &c.

(1) Κελεύσας γὰρ ἑκάςω περιγράψαι τὴν ἑαυτῦ

pas

pas que Numa fit vérifier les partages, ni qu'il ordonnât un nouvel arpentage ; mais feulement qu'il enjoignît à chacun de marquer les limites de fa poſſeſſion.

Suivons encore Denys d'Halicarnaffe : il nous apprendra que Tullus Hoſtilius ſçut ſe concilier l'affection du peuple en lui diſtribuant les domaines royaux que Numa lui avoit laiſſés : *Car les rois*, ajoute notre auteur, *avoient des champs riches & féconds ; au moyen deſquels ils pouvoient ſuffire à la dépenſe des ſacrifices, & vivre ſplendidement chez eux.* Tullus partagea ſes domaines parmi les plus pauvres, qui, par-là ſe trouverent diſpenſés de faire le métier de mercénaires (1). Son ſucceſſeur Ancus Mar-

---

κῆσιν, καὶ ϛῆσαι λίθυς ἐπὶ τοῖς ὅροις, &c. Antiq. Rom. Liv. II, cap. 74, pag. 128, tom. I ; édit. Oxon. 1764.

(1) Χώραν εἶχον ἐξαίρετον οἱ πρὸ αὐτυ βασιλεῖς πολλην καὶ ἀγαθειν, ἐξ ἧς ἀναιρούμενοι τάς προσόδυς, ἱερά τε θεοῖς ἐπετέλουν καὶ τὰς εἰς τὸν ἴθιον βίον ἀφ-ιένυς εἶχον εὐποριας . . . . ταύτην ὁ Τύλλ☉ ἐπετρεψε τοῖς μηδένα κλῆρον ἔχουσι Ῥωμαιων κατ' ἀνδρα . . . . ταύτη δὲ τῇ φιλαντρωπία τυς ἀπορυς τῶν πολιτῶν ἀνέλαβε παύσας λατρεύοντας τοῖς αλλοῖς. Liv. III, cap. 1, pag. 132.

Ce paſſage pourroit fournir quelques obſervations ;

cius, à fon avénement au trône , rappela encore le peuple à l'agriculture , & renouvella
les établiffements de Numa. Mais alors il ne
fut pas queftion de partage, non plus que fous
le regne de Tarquin l'ancien. Dans quel temps
en placerons-nous donc l'époque ? Et comment arrive-t-il que lors du cens établi par
Servius Tullius , nous trouvions tout-à-coup
une différence fi marquée dans les fortunes ,
& un fi grand nombre de riches citoyens ?
Quatre-vingt centuries ne doivent être com-
pofées que des citoyens qui poffedent cent
mines, c'eft-à-dire près de 8000 liv. de notre
monnoie actuelle (1) ; fomme confidérable, fi
l'on fait attention à la rareté des efpeces & au
manque de commerce qui devoient décupler
la valeur de ce numéraire (2). Or , je de-

1°. Il nous prouve que du temps de Tullus Hofti-
lius il y avoit des citoyens qui n'avoient point d'héritages , & qui vivoient du travail de leurs mains.
2°. Denys d'Halicarnaffe dit que le partage fe fit par
tête Καΐ ανδρα, & non pas par famille. 3°. Nous voyons
ici très-clairement qu'il y avoit dès-lors des citoyens
en état de payer le travail des autres. Toutes chofes
qui renverfent les notions que nous avons de l'agriculture, du partage & de l'égalité qui regnoient parmi
les anciens Romains.

(1) Suivant les calculs d'Arbuthnot.

(2) Du temps de Polybe les vivres étoient à fi

mande fi jamais une propriété de deux, de quatre, de fept journaux de terre a pu repréfenter un pareil capital, & fi dans un pays purement agricole, on n'auroit pas dû établir ce cens, plutôt fur un toifé que fur une évaluation en efpeces (1)? Il paroît bien plus raifonnable de penfer que Numa, Tullus & Servius jugerent convenable que chaque famille

---

bon marché que dans les auberges on ne fpécifioit le prix d'aucunes denrées, & que moyennant trois fols par tête les voyageurs avoient tout ce qu'ils pouvoient defirer. Un boiffeau de froment de vingt livres à peu près, ne coûtoit tout au plus que fix fols de notre monnoie. (Voyez le fçavant ouvrage de M. Dupré de S. Maur, intitulé : *Recherches fur les Monnoies* ch. 111.)

(1) Tite-Live & Denys d'Halicarnaffe nous fourniffent encore plufieurs paffages d'où l'on peut tirer quelque induction pour prouver une inégalité de fortune parmi les Romains dès le commencement de la république. Je n'en citerai qu'un. Ces deux auteurs s'accordent à dire qu'Horatius Coclès reçut pour prix de fon courage autant de terres qu'il put en enfermer en un jour, dans une limite tracée avec le foc d'une charrue.... *Agri quantum uno die circumaravit datum.* (TIT. LIV.)

Le texte de Denys d'Halicarnaffe dit pofitivement la même chofe. Or, il falloit alors qu'une pareille poffeffion ne fût pas regardée comme exorbitante; car on fçait combien les Romains étoient modérés dans leurs récompenfes lucratives.

possédât une certaine quantité de terre qui remplît le double objet de lui procurer quelque subsistance, & de l'attacher à sa patrie : qu'à la vérité deux journaux de terre furent regardés comme la plus petite portion possible ; mais que ce *minimum* étant fixé, on ne prît aucune précaution pour limiter la trop grande étendue de propriété ; enfin que l'inégalité de fortune commença avec les rois, & continua toujours d'exister dans la république. C'est ainsi qu'on peut expliquer comment près de 400 ans après la fondation de Rome le peuple se plaignoit encore de ce qu'on ne lui distribuoit les terres qu'à raison de deux journaux par famille, tandis que quelques patriciens qui en avoient plus de 500, possédoient à eux seuls le partage de 300 citoyens; &, ce qui est bien digne de remarque, ils ajoutoient que le terrein qu'on leur donnoit suffisoit à peine à leur logement & à leur sépulture (1), preuve qu'on ne pensoit pas alors

______

(1) *Auderent ne postulare ut quàm bina jugera agri plebi dividerentur, ipsis plus quinquaginta jugera habere liceret ? ut singuli propè trecentorum civium possiderent agros, plebeio homini vix ad tectum necessarium aut locum sepulturæ suus pateret ager.* Tit. Liv. Liv. VI.

Pour bien entendre ce passage, & en général pour se mettre bien au fait de la grande question du par-

qu'une famille pût vivre avec deux journaux
de terre. De même, lorſque nous voyons par la
ſuite taxer de motifs ſecrets & d'adulation pour
le peuple ceux qui propoſent de donner ſept
journaux de terre, il faut entendre qu'il s'agit

---

tage des terres chez les Romains, il faut ſçavoir que
ces partages ſe faiſoient auſſi par colonies ; & que
les patriciens, ſoit par orgueil, ſoit par avarice, ſoit
enfin par un principe politique de tenir le peuple
dans l'abaiſſement, s'obſtinoient à prendre pour modele des nouvelles diſtributions de terres, cette premiere répartition dont leurs ancêtres leur avoient
donné l'exemple. Ce qui me paroît renfermer une double injuſtice. 1°. Parce que les circonſtances étant différentes, l'étendue des terres plus conſidérable & le
fiſc plus riche, il étoit naturel de faire la portion du
citoyen meilleure que par le paſſé. 2°. Parce que les
nouveaux colons étoient obligés de ſe loger dans
leurs petits territoires ; au lieu que les anciens plébéiens ayant reçu en partage des terres voiſines de
Rome, pouvoient les cultiver, ſans être obligés d'y
bâtir, & ſans quitter la ville. Au reſte, nous répétons
encore que tout ceci ne peut rien prouver pour l'a-
griculture Romaine ; car deux journaux de terre dans
un bon pays ſont toujours un appât ſuffiſant pour attirer des colons ; les familles des coloniſtes, n'étant pas
ordinairement compoſées de plus de trois perſonnes,
& d'ailleurs toutes les reſſources de l'induſtrie étant
laiſſées à ceux qui ne pourroient pas vivre de leur
territoire.

K 3

encore des portions des *Colonistes*, ou de la plus petite répartition à faire au moindre citoyen. Or, comme un grand nombre de plébéiens avoit vendu ou aliéné ses propriétés, il eût été très-difficile de trouver près de Rome de quoi donner sept journaux de terre à chacun d'eux ; & une pareille opération n'auroit pu se faire sans diminuer considérablement le revenu du fisc, ou sans attaquer les propriétés des patriciens, chose qu'ils craignoient encore bien davantage. Il est, en effet, peu d'exemples d'une conduite plus injuste que celle de ces vertueux patriciens, si révérés de tous les historiens, excepté de M. Hook. Elle présente un tissu non interrompu de toutes sortes d'atrocités, depuis la condamnation de Spurius Cassius, jusqu'au meurtre des Gracques ; mais c'est ce que nous avons eu occasion d'observer plus haut. Renfermons-nous maintenant dans les bornes de notre sujet, & après nous être convaincus que le partage des terres parmi les Romains ne prouve rien en faveur de l'agriculture, voyons si nous avons d'autres autorités positives qui puissent répandre plus de lumiere sur cette question.

Parmi le grand nombre d'auteurs anciens qui ont écrit sur l'agriculture, quatre seulement ont passé à la postérité : Marcus-Porcius Caton, Marcus-Terentius Varron, Virgile & Columelle. Nous n'entrerons point ici dans le détail des préceptes qu'ils nous ont tranfmis. Nous nous contenterons feulement d'obferver que, s'ils différent dans quelques parties de détail, ils s'accordent affez fur les principes généraux, & concourent à nous donner une même idée de la culture des Romains. Voici à peu près ce qui en réfulte. Leur maniere de cultiver reffembloit beaucoup plus à celle qui fubfifte de nos jours en Languedoc, en Provence & en Italie, qu'à celle des pays à bled, c'eft - à - dire qu'on s'attachoit de préférence aux oliviers, aux arbres fruitiers, & fur-tout à la vigne : culture qui paroît particuliérement annexée aux climats chauds. Quant aux terres labourables, nous n'avons aucun indice qu'elles aient été plus fécondes que de nos jours & dans nos climats. On femoit dans un journal de terre quatre ou cinq boiffeaux de froment, (1) c'eft-à-dire, à peu près quatre-vingt ou cent livres pefant. Il eft vrai que Terentius Varron cite quelques endroits de l'Italie, où la femence rend dix & jufqu'à quinze pour un ; mais fa maniere de s'exprimer prouve affez qu'il regardoit un pareil produit comme une chofe très - rare, &

____

(1) *Voyez* Columelle. Varron veut qu'on feme un boiffeau de plus par journal ; mais cette pratique ne s'éloigne pas beaucoup de la nôtre.

K 4

qu'il n'avoit pas lieu dans les environs de Rome.
(1) D'ailleurs Cicéron, dont l'autorité a d'autant plus de poids que cet orateur célebre étoit lui-même grand agriculteur, Cicéron nous apprend que la femence rapportoit communément huit pour un, & que, lorfque cela alloit jufqu'à dix, c'étoit une faveur des dieux (2). La plupart des terres repofoient de deux années l'une. Virgile & Columelle confeillent cette pratique pour celles qui produifent de l'orge ou du froment (3). Il eft vrai que Varron parle de certaines terres qui ne repofent jamais ; mais ces terres étoient dans l'Olynthie, & non dans l'Italie, encore moins dans les environs de Rome. D'ailleurs, le même auteur cite fur le champ, & fans le contredire, un certain Licinius, qui confeille de laiffer repofer les terres

______

(1) *Seruntur fabæ modii IV in jugero, tritici V, ordei VI, farris X.... Obfervabis.... Quantum valet regio, ut in eodem femine alicubi, cum decimo redeat, alicubi cum quinquedecimo, ut in Etruria & locis aliquot in Italia.*

(2) *Ager efficit cum octavo ut benè agatur. Verum ut omnes dii adjuvent cum decimo.* (Cic. *In Verrem.*)

(3) *Ordeum nifi folitum & ficcum locum non patitur, atque illa vicibus annorum requietum agitatumque alternis, & quam lætiffimum volunt arvum.* (Col. Liv. II, ch. III.)

Alternis idem tonfas ceffare novales,
Et fegnem patiere fitu durefcere campum.
(Virg. *Georg.* liv. I.)

de deux années l'une (1). Le seul mot *Vervactum*, employé à désigner une terre en repos, montre assez que cet usage étoit commun chez les Romains ; d'autres passages prouvent encore que toutes les campagnes n'étoient pas cultivées ; tel est celui où Columelle conseille de choisir un domaine composé de terres *arables* & de terres incultes (2). Je conviens qu'on pourroit m'objecter que cet auteur a écrit dans un temps où l'agriculture étoit fort déchue parmi les Romains ; mais il seroit aisé de prouver que de tout temps il y eut chez eux de vastes pâtures & des terres en friche. On pourroit encore ajouter que les famines dont les premiers siecles de la république nous offrent de fréquents exemples, les bleds importés de Sicile & de Grece en différentes occasions, forment de nouvelles présomptions contre cette préférence singuliere qu'on veut donner à l'agriculture Romaine sur la nôtre. Quant à celle de certains pays privilégiés, comme la Sicile, quelques parties de la Grece, l'Egypte & plusieurs provinces de l'Asie

---

(1) *Agrum alternis annis relinqui oportet , aut paulò levioribus seminibus serere , id est quæ minus fugunt terram.* (Liv. I , ch. XLIV.)

(2) *Terrenis aliis cultis atque aliis sylvestribus & asperis.* (Liv. II , ch. II.)

mineure, il n'en faut parler que pour féliciter
ces heureufes contrées fur la nature de leur
climat & de leur fol, qui leur donnent prefque
fpontanément ce qu'on n'obtient ailleurs que
d'un travail long & pénible (1). La feule chofe
à examiner, c'eft fi les loix des anciens & leur
application aux travaux ruftiques leur ont procuré une agriculture fupérieure à la nôtre,
abftraction faite de tout avantage local. Or, j'a-
voue que je ne vois rien qui me le démontre,
& que jufqu'à ce que l'on me fourniffe de nouvelles lumieres, je crois que nous n'avons rien
à leur envier. Au contraire, s'il falloit foutenir
l'opinion oppofée, je ne manquerois pas d'arguments affez plaufibles. Je me contenterai d'en
indiquer qui me paroiffent même décififs : c'eft
le changement dans la température de l'air, &
la diminution des forêts. M. Hume a remarqué,
d'après l'abbé Dubos, que le climat de Rome
étoit autrefois beaucoup plus froid qu'il ne l'eft
de nos jours (2). L'an 480 de la fondation de

---

(1) La Mauritanie, la Barbarie & l'Egypte, quoique
gémiffant fous un gouvernement oppreffif, jouiffent
encore de ce privilege local, qui leur produit un excédent de fubfiftance capable de nourrir des nations entieres.

(2) Nous ne devons pas diffimuler que M. Wallace
a répondu à cet article de la differtation de M. Hume ;

Rome, la gelée fit mourir tous les arbres fruitiers ; le Tibre fut pris en entier, & la terre
couverte de neige pendant quarante jours. Juvénal, en nous peignant une femme fuperfti-

---

mais en vérité il ne paroît l'avoir fait que pour foutenir
une efpece de gageure de ne laiffer aucun raifonnement
fans replique. Il n'a pas été plus heureux en cette occafion que dans bien d'autres. Il allégue quelques exemples
de grands froids éprouvés dans les pays chauds. Il cite
l'hiver de 1709 ; mais Juvénal a-t-il dit qu'il étoit arrivé
une fois feulement qu'une femme fuperftitieufe ait caffé
la glace du Tibre ? Et quoique les orangers aient gelé
quelquefois à Hieres & à Nice, lorfque j'y vois ces
arbres croître en pleine terre, tandis que dans toute la
France & dans toute la Lombardie ils ne croiffent que
dans des caiffes & dans des ferres, ne fuis-je pas fondé
à dire qu'il fait plus chaud là qu'ailleurs ? Strabon prétend que de fon temps les raifins ne mûriffoient pas au
nord des Cevennes : c'étoit faute de favoir cultiver la
vigne, répond M. Wallace. Quelle logique !

Dès le temps de Columelle, on s'appercevoit d'un
changement dans la température de l'air. Voici un paffage qui le prouve fuffifamment : *Multos enim jam memo-
rabiles authores comperi perfuafum habere longo ævi fitu
qualitatem cœli flatumque mutari.* Parmi ces auteurs il cite
Saferna dans les termes fuivants : *Nam eo libro quem de
agricultura fcriptum reliquit, mutatum cœli flatum fic colligit,
quodque regiones anteà propter hyemis affiduam violentiam
nullam flirpem vitis aut oleæ depofitam cuftodire potuerint,
nunc mitigato jam & intepefcente primo frigore, largiffimis
olivatibus, liberique vindemiis exuberent, fed hæc fivè falfa,
teu vera ratio eft, literis aftrologiæ concedatur.* (Liv. I.)

tieufe, la repréfente rompant la glace du Tibre, afin de pouvoir y faire fes ablutions, &c. M. Hume ajoute à ces obfervations un paffage de Diodore de Sicile, dans lequel cet auteur fait une defcription des Gaules, telle que nous

---

On voit, par le doute dans lequel Columelle nous laiffe, que de fon temps ce changement n'étoit pas encore bien marqué ; & comme il eft très - conftant que la fituation des corps céleftes n'a pas changé, on ne peut l'attribuer qu'à l'amélioration de l'agriculture qui, tandis qu'elle tomboit chez les Romains, pouvoit fe perfectionner dans les Gaules, dans l'Afie & dans l'Afrique.

La phyfique nous apprend auffi comment les bois contribuent à conferver la froideur du climat, en interpofant toujours des nuages & des brouillards entre le foleil & nous. Dans les pays découverts & cultivés, l'eau, en tombant fur la furface de la terre, trouve des plans inclinés fur lefquels elle coule rapidement, pour fe rendre dans de vaftes réfervoirs. Les foffés, les canaux, les torrents, les fleuves font autant de routes qui lui font ouvertes. Au contraire, lorfqu'elle tombe fur les forêts, elle fe diftribue fur les branches & fur les feuilles des arbres, & fe partage fur une infinité de furfaces. Dans cet état elle fe trouve comme les eaux falées fur les bâtiments de graduation, c'eft-à-dire, dans une difpofition perpétuelle à l'évaporation. D'un autre côté, celle qui eft parvenue au pied des arbres, & qui s'eft répandue dans les bruyeres & dans les ronces, n'étant expofée ni au vent, ni au foleil, ne fe diffipe prefque jamais. De ces circonftances naiffent la fréquence des nuages & des brouillards, & l'humidité du terrein.

pourrions de nos jours l'appliquer à la Norvege ;
& un autre de Strabon, qui nous apprend qu'au
nord des Cevennes les raifins ne meuriffent plus.
Or, on fçait que la température de l'air tient
encore plus à la nature du fol & à la perfection
de l'agriculture, qu'à la plus ou moins grande
diftance de l'équateur. Quebec eft à peu près à
la même latitude que Paris ; & cependant le
Canada eft couvert de glaces la moitié de l'année. Il en eft de même d'une grande partie de la
Ruffie, qui eft beaucoup plus froide que l'Allemagne & la Hollande, quoïqu'elle foit plus
méridionale. Et quant à l'immenfité des bois,
qui couvroit autrefois l'Italie, on en peut juger
aifément par la facilité avec laquelle les Romains conftruifoient les flottes les plus nombreufes. En général nous ne pouvons concevoir
ni les armements de Xerxès, ni ceux des Carthaginois & des Romains, ni même, dans des
temps poftérieurs, ceux de S. Louis fur les côtes de Provence, fi nous ne fuppofons pas qu'il
y avoit autrefois beaucoup plus de bois que de
nos jours, & qu'on les trouvoit prefque toujours à portée des côtes. Tout le monde a en-
tendu parler de cette forêt facrée que Céfar fit
abattre lors du fiege de Marfeille. Or, on peut
affurer que dans toute la Provence on ne trouveroit pas un feul arpent de bois propre à faire

des charpentes (1). Le defféchement d'une grande quantité de marais, l'écoulement procuré aux eaux ftagnantes dans une infinité d'endroits, & fur-tout dans cette partie des Gaules appellée Belgique, font encore de nouvelles preuves de l'augmentation de l'agriculture. Mais en voilà affez fans doute pour convaincre quiconque ne fe fera pas fait un fyftême, & n'aura pas entrepris de donner la torture aux faits, pour en tirer quelques dépofitions en fa faveur.

Il nous refte maintenant à examiner fi la population a fait les mêmes progrès : queftion qui feroit très-épineufe, fi deux fçavants Ecoffois en raffemblant les meilleures autorités, tant pour l'affirmative que pour la négative, ne l'avoient placée dans le plus beau jour dont elle foit fufceptible (2). M. Hume, cet écrivain, ce philofophe aimable, qui répand l'élégance dans la difcuffion, & l'agrément dans l'érudition, & qui poffédant fur-tout le talent de déci-

_____

(1) Du moins fi l'on en excepte la montagne de l'Eftrelle & les pays voifins des Alpes.

(2) M. Hume. *Difcourfe of the populoufneff of antient nations.* M. Wallace. *Differtation on the numbers of makind.* Ces deux morceaux font traduits. J'ignore s'ils le font fidellement.

der les autres, en doutant lui-même, fçait toujours, fous l'apparence d'un fcepticifme éclairé,
fe faire prévenir dans l'opinion pour laquelle il
penche en fecret ; M. Hume a conjecturé & perfuadé que les nations anciennes n'avoient pas
été plus peuplées que les modernes. Nulle recherche n'a été épargnée de fa part pour mettre
le lecteur en état de décider. Il avoit eu connoiffance de la differtation de M. Wallace, qui établit une opinion directement oppofée à la fienne.
Il invita l'auteur à la rendre publique. M. Wallace le fit, & y joignit une réponfe à M. Hume :
réponfe dans laquelle l'érudition & la dialectique n'étant pas tout-à-fait exemptes de prévention, de fophifme, & même de dureté, décele
quelquefois le Calédonien dans l'ami des Grecs.
Nous allons donner ici à nos lecteurs une idée
des principaux arguments fur lefquels ces deux
auteurs fe fondent.

Selon M. Hume, il eft peu important d'examiner fi le monde peut vieillir, & fi les efpeces peuvent dégénérer, parce que le petit efpace
dont l'hiftoire a formé fes faftes, & qui fert à
la comparaifon dont il s'agit, ne doit offrir &
n'offre effectivement aucune nuance qu'il foit
poffible de faifir. Quoique les maladies aient va-
rié, il feroit tout auffi difficile d'en tirer aucune
induction : fi les anciens en avoient que nous ne
connoiffons pas, les modernes en éprouvent

qui étoient inconnues aux anciens. D'ailleurs, notre auteur a observé, avec beaucoup de finesse, que dans toutes les sociétés policées la population est dans une espece de gêne, & doit être considérée comme restreinte ; de façon que, lorsque les contagions ont emporté un grand nombre d'hommes, les générations suivantes en réparent bientôt la perte. Les nations font alors dans le cas des colonies naissantes, où l'on voit ordinairement les peuples se multiplier dans une plus grande proportion que dans les métropoles. Cette observation ingénieuse s'est trouvée justifiée depuis par M. l'abbé Expilly, dont les calculs nous démontrent que les pertes occasionnées dans la Provence par la fameuse peste de 1720 font déjà réparées. Puis donc qu'il n'existe aucune raison physique à alléguer sur cette question, il est nécessaire de recourir aux causes politiques & morales qui pourroient influer sur la population.

La différence la plus marquée entre les mœurs des anciens & celles des modernes, c'est l'esclavage généralement établi parmi les premiers : usage barbare, qui sépara l'espece humaine en deux classes, & qui avilit indignement la plus utile de toutes, puisque pendant long-temps les mains consacrées aux travaux de l'agriculture & de l'industrie ne furent pas plus libres que celles qui étoient destinées au service domestique :

que. Or, si toute administration oppressive tend à diminuer la population, cette classe d'hommes abjecte & malheureuse dut se multiplier moins que les autres. A cette présomption générale, M. Hume joint les observations les plus ingénieuses. Il trouve que les esclaves des Grecs & des Romains étoient pour la plupart composés d'étrangers : c'étoit le produit des guerres & des pirateries. Des hommes, des femmes, emmenés en captivité, étoient vendus à un prix d'autant plus vil, qu'une plus grande quantité d'esclaves étoit conduite au marché ; & ces expéditions passageres, ces événements particuliers, qui mettoient des peuples entiers dans les fers, en causant une grande concurrence dans la vente, établissoient des prix bien inférieurs à ceux qui naissent d'un commerce journalier. Cette facilité d'avoir à bon marché des esclaves étrangers empêchoit les anciens de laisser multiplier les leurs dans leurs propres maisons. Loin qu'ils encourageassent de pareilles éducations, on voit au contraire que les loix politiques & les principes des meilleurs économes s'y trouvoient directement opposés. Or, si d'un côté cette classe d'hommes, gênée dans sa propagation & surchargée dans ses travaux, devoit tendre à se détruire, & si de l'autre elle faisoit des recrues perpétuelles dans la classe des hommes libres que le sort de la guerre réduisoit en captivité, n'en devoit-il pas résulter un principe de dépopulation pour les hommes pris en général (1) ?

Mais, dira-t-on, si les mœurs des anciens nous offrent quelques usages contraires à la propagation de l'espece humaine, ne trouvons-nous pas aussi dans leurs gouvernements, dans leurs législations, de quoi compenser ces inconvénients ? La Grece, l'Asie-Mineure, la Sicile & l'Italie étoient divisées en plusieurs petites républiques : là, le partage des fortunes étoit plus égal, les armées moins nombreuses, la paie des troupes moins forte, les dépenses, en général, moins onéreuses : toutes circonstances favorables à la population. Oui ; mais d'un autre côté ces petits états étoient beaucoup plus sou-

____

(1) Parmi nombre de cruautés exercées contre les esclaves, & rapportées par M. Hume, je ne citerai que l'usage établi à Rome d'envoyer dans une isle du Tibre, pour les y laisser mourir de faim, tous ceux que leurs infirmités rendoient inutiles. Cette maniere de donner les invalides ne fait pas grand honneur à ce peuple si vertueux. Nous avons déjà parlé de la chasse aux Ilotes ; mais tout cela n'est rien. Il n'en est pas moins vrai que les Spartiates & les Romains étoient des hommes très-vertueux, & que nous autres modernes, qui avons des hôpitaux de vieillards, d'incurables, d'orphelins, d'enfants-trouvés, &c. nous ne sommes qu'un amas d'hommes corrompus.

vent en guerre ; les batailles étoient plus fan-
glantes, & les fuites en étoient plus cruelles.
D'ailleurs, les diffenfions, les difcordes civiles
occafionnoient des maffacres fréquents ; & lorfqu'une faction, après des combats opiniâtres,
avoit remporté l'avantage, elle ne manquoit pas
d'exiler tous ceux qui étoient dans le parti oppofé. De là il réfultoit que parmi ces peuples fi
heureux on ne voyoit par-tout que des veuves,
des orphelins, des bannis & des profcrits (1).
Mais fi par hafard ces républiques divifées tom-
boient au pouvoir d'un defpote, rien n'égaloit

---

(1) Voyez dans la tragédie d'Efchyle, intitulée : *Les
fept Chefs devant Thebes*, la defcription des malheurs
qu'éprouvoit une ville conquife.

M. Hume remarque que, lorfqu'Alexandre ordonna
à toutes les cités de la Grece de rappeler leurs exilés, le
nombre de ceux-ci fe trouva monter à vingt mille. Sur
quoi j'obferve que cette confidération fert encore à expliquer comment il arrivoit autrefois que les villes nouvellement fondées fe peuploient en très-peu de temps.
En effet, les campagnes étoient remplies de bannis qui
ne fçavoient où fe réfugier. Dès qu'un afyle leur étoit
ouvert, dès qu'ils efpéroient y trouver le droit de bourgeoifie, droit que des hommes nés libres ne vouloient
jamais perdre, ils ne manquoient pas d'accourir de tous
côtés. C'eft ainfi que Rome s'eft peuplée, & non par la
fageffe des loix & la perfection de l'agriculture.

alors la cruauté avec laquelle il regnoit : car on ne peut se dissimuler que si le gouvernement absolu est le partage ordinaire des grandes monarchies, la tyrannie proprement dite ne s'est guere élevée que sur les ruines des républiques. Je veux croire que nous n'ayons point d'idée de la sagesse des gouvernements de Sparte & de Rome ; mais on conviendra que nous n'en avons guere davantage d'une cruauté égale à celle des Denys & des Agathocle. Qu'importe la douceur prétendue de quelque législation ancienne, si cette douceur même conduit à la proscription & à la tyrannie ? M. Hume remarque très-judicieusement que l'abolition de la peine de mort pour les citoyens Romains a donné naissance aux cruautés de Sylla, de Marius & des Triumvirs. En effet, l'assassinat dut compenser l'indulgence d'une loi qui étoit impuissante contre le crime, & qui laissoit l'existence aux citoyens les plus dangereux (1).

On a toujours regardé le commerce & les manufactures comme les aliments de la population ; mais par-tout où l'on verra l'intérêt de l'argent très-haut, la navigation imparfaite, de petits voyages payés très-cher, & des arma-

---

(1) Voyez ce que nous avons dit plus haut, en parlant des Romains.

teurs faire des profits exorbitants , on aura
lieu de préfumer que le commerce & l'induftrie
font encore dans leur enfance. Or, M. Hume
prouve que chez les Grecs & les Romains l'intérêt de l'argent fut toujours à douze pour cent;
que fouvent les biens-fonds , tels que des maifons ou autres immeubles, étoient vendus au
prix de quatre années du revenu; enfin, qu'un
fimple voyage d'Athenes dans la mer Adriatique rapportoit jufqu'à cent pour cent de retour.
Il eft vrai qu'on peut objecter que par-tout où
le luxe n'a pas établi fon empire, on n'a befoin
que de l'agriculture pour foutenir une nombreufe population; mais cette agriculture fubor-
donnée au fimple néceffaire , qui n'eft encouragée ni par l'exportation , ni par le bon prix des
denrées, ni même par la facilité des échanges,
peut-elle jamais être floriffante? Et s'il arrive
que dans quelques endroits elle foit feulement
très-féconde, ne doit-on pas l'attribuer à l'heureufe difpofition du fol & du climat? La bonne
agriculture confifte moins à jeter des femences
fur un terrein qui produit de lui - même , qu'à
vaincre la nature par-tout où elle eft rebelle;
à varier, à multiplier fes productions. Or, c'eft
un art que les anciens , & fur-tout les Grecs,
femblent avoir ignoré. Columelle obferve que,
fuivant Xénophon , tout homme pouvoit être
bon agriculteur, & qu'il ne falloit pour cela,

ni grand travail, ni grande intelligence : fur quoi
je remarquerai à mon tour que fi le luxe & le
commerce n'établiſſoient pas des ventes & des
échanges, l'agriculture, en général, ne pourroit
manquer de décheoir ; parce qu'elle ſe verroit
bornée aux ſeules productions de premiere néceſſité. En effet, toutes les terres, qui ne ſeroient propres qu'au chanvre, au lin, aux mû-
riers, aux bois de teinture, au ſafran, au
café, à l'indigo, &c. ſeroient déſertes & ſté-
riles. Mais les hommes qui cultivent ces ſortes
de productions, doivent pourtant être nourris
aux dépens de ceux qui cultivent des terres à
bled. Ils ne peuvent donc leur faire accepter
leurs denrées qu'en provoquant chez eux une
plus grande induſtrie, une agriculture plus riche,
qui produiſe au colon un excédent de ſubſiſtance, & lui fourniſſe de quoi ſuffire à ſes échanges.

M. Hume ne ſe contente pas de raſſembler
toutes les autorités, toutes les conjectures qui
peuvent ſervir de préſomption ; il paſſe à l'e-
xamen des faits, c'eſt-à-dire, de tous les paſſages qui nous donnent quelques notions exactes
de l'état de la population parmi les anciens ; &
c'eſt ici qu'il nous devient impoſſible de le ſuivre ſans le traduire. Il nous ſuffira d'obſerver
avec lui que rien n'eſt plus fautif dans les ma-
nuſcrits que tout ce qui a rapport à des valeurs

numéraires, exprimées en chiffres ; que les auteurs qui nous donnent l'idée la plus favorable de la population ancienne, tels, par exemple, qu'Hérodote & Diodore de Sicile, nous ont tranfmis des calculs contradictoires & des réfultats extravagants ; que d'un autre côté ceux qui méritent le plus de confiance, & qui paroiffent les mieux fondés en raifons, ne nous donnent pas lieu de penfer que la terre ait été plus peuplée autrefois qu'elle ne l'eft à préfent ; qu'à la vérité l'hiftoire nous offre toujours quelques exemples d'une grande population ; mais que le tout eft de fçavoir fi ces exemples ont été fimultanés ; car il eft important de comparer les époques, & de ne pas regarder comme un avantage commun à tous les anciens ce qui n'a été qu'un déplacement fucceffif de bonheur & de profpérité.

Tels font à peu près les réfultats de la differtation de M. Hume. C'eft avec regret que nous nous fommes vus obligés de la dépouiller de l'érudition variée dont elle eft enrichie, & des réflexions ingénieufes dont elle eft ornée ; mais nous avons cru faire plaifir à nos lecteurs en leur donnant une légere idée de cet ouvrage, qu'ils pourront confulter aifément, fi nos obfervations ont eu le bonheur de leur infpirer quelque goût pour ces matieres intéreffantes.

Paffons maintenant à M. Wallace. Ici nous

trouvons d'abord de très-beaux calculs fur la propagation poſſible de l'eſpece humaine, en la ſuppoſant ſortie d'un ſeul couple ; & nous avons la conſolation d'apprendre qu'au bout de 1233 ans elle auroit pu s'étendre juſqu'à 412, 316, 860, 416 individus. Or, comme il y avoit trois couples dans l'arche de Noé, notre auteur explique aiſément comment les nations les plus anciennes pouvoient être très-peuplées malgré la récence de leur origine ; & je penſe comme lui : car je ne vois pas même de comparaiſon entre le nombre des Egyptiens, des Aſſyriens, des Babyloniens, &c. & celui des poux, des punaiſes, des chenilles & autres inſectes ou reptiles, ſortis du même aſyle.

Après avoir donné ce premier échantillon de ſa philoſophie, M. Wallace paſſe à l'examen des cauſes qui peuvent aider ou nuire à la population : ce qui le conduit à avancer que le commerce, les arts & les manufactures y mettent un très-grand obſtacle. En effet, ceux qui travaillent à différents métiers, ſont obligés de vivre aux dépens des agriculteurs, leſquels, en cultivant pour les artiſans, cultivent auſſi pour eux-mêmes. Mais ſi les artiſans devenoient cultivateurs, ils feroient naître des productions pour eux & pour d'autres, & ainſi de ſuite ; de façon que nous aurions une ſérie immenſe de producteurs de ſuperflu.Rien de plus conſéquent

fans doute : c'eft dommage que les faits foient
direſtement contraires. On voit en effet que ceux
qui ne trouvent ni échanges à faire, ni prix convenable pour leurs denrées, ne cultivent pas
même pour leur propre fubſiſtance. De-là vient
que tant de nations ont vécu miſérablement
avec un terrein immenſe, & que la terre a été
couverte de peuples pêcheurs, chaſſeurs & nomades.

M. Wallace, fatisfait de ces conſidérations
préliminaires, fe jette bientôt dans l'examen
des autorités qui dépofent en faveur de la population ancienne. Nous nous difpenferons auſſi
de le fuivre dans ces détails, mais avec bien
moins de regret que nous n'en avons eu tout à
l'heure ; car nous fommes loin de trouver chez
lui la même précaution & la même critique que
chez M. Hume. Pour donner une idée de la maniere dont M. Wallace procéde, nous dirons
qu'il entaſſe fans choix les paſſages de pluſieurs
poëtes avec ceux d'Hérodote & de Diodore de
Sicile, auteurs dont l'exaſtitude eſt plus que
fufpeſte, & que non content de fe fervir de
pareilles autorités, il fçait encore les altérer,
lorſqu'il ne les trouve pas aſſez favorables à fes
opinions. A-t-il lu dans Diodore de Sicile que
l'Egypte ne contient que fept millions d'habitants ? Il redreſſe fur le champ fon auteur ; &
voici comme il raiſonne : Diodore a dit que

cette nation entretenoit quatre cent mille hommes de troupes réglées ; mais la France, qui a vingt millions d'habitants, n'entretient que deux cent mille hommes. Donc l'Egypte, qui avoit quatre cent mille soldats, devoit avoir quarante millions d'habitants. Un Egyptien pourroit tout aussi bien dire : ma patrie n'avoit que sept millions d'habitants dans le temps qu'on creusoit le lac Mœris ; or, la France en a plus de vingt, donc elle doit avoir creusé un lac trois fois plus grand que le nôtre. Si par malheur César a dit, dans ses Commentaires, que, dans un grand armement des Gaules, la Belgique n'avoit mis que deux cent quatre-vingt-dix-huit mille hommes sur pied, notre auteur, qui sent la force de l'objection, se tire aisément d'embarras : 1º. dit-il, dans les spécifications de ces forces, César a remarqué que les Bello-vaces seuls, qui n'avoient armé que six mille hommes, pouvoient en fournir jusqu'à dix mille ; il faut donc augmenter la somme totale de cette armée, ce qui donne quatre cent quatre-vingt-seize mille six cent soixante-six soldats, lesquels, ne pouvant être regardés que comme le quart de la population en général, supposent un million, neuf cent quatre-vingt-six mille, six cent soixante-quatre individus. 2º. On trouve encore dans les Commentaires de César, que chez les Gaulois il y avoit deux classes d'hommes ; l'une compofée de citoyens libres qu'il appelle les *Chevaliers* ; & l'autre d'une efpece de ferfs , parmi lefquels on comptoit un grand nombre de citoyens ruinés , qui s'étoient mis dans la fervitude des nobles. Céfar ajoute que, dès qu'il y a guerre, tous les chevaliers prennent les armes : *Omnes in bello verfantur.* Cette autorité, qui eft pofitive pour ceux-ci, M. Wallace la rend négative pour le peuple , c'eft-à-dire qu'il l'exclut de toute fonction militaire , ce qui le conduit à conclure ainfi : La Belgique pouvoit armer quatre cent quatre-vingt-feize mille fix cent foixante-fix nobles ou chevaliers, dont le nombre quadruplé, pour trouver la population générale de cette claffe, eft égal, à peu près, à deux millions. Or , j'évalue la feconde claffe au triple de celle-là , donc il eft démontré que la Belgique avoit huit millions d'habitants ; mais elle n'étoit que le quart de la Gaule : donc il eft démontré que la Gaule avoit trente-deux millions d'habitants.

Céfar feroit toujours bien incommode fans cette excellente fagacité de notre auteur. Il dit ailleurs que les Helvétiens, qu'il combattit, lorfqu'ils abandonnerent leur pays , étoient alors au nombre de deux cent foixante - trois mille hommes. M. Wallace répond, fans héfiter, que Céfar n'étoit pas bien au fait ; que d'ailleurs toute la nation ne dût pas fe réfoudre à cette

émigration ; qu'il eſt vraiſemblable que les Druïdes, entr'autres, attendirent l'événement. J'a-
voue qu'il a été de tout temps, dans le caractere des Druïdes , de ne pas s'expoſer , &
de laiſſer les autres ſe battre pour eux ; mais je
vois plus de morale que de critique dans cette
allégation.

Voici encore un autre exemple des calculs de
M. Wallace. Polybe a fait une enumération des
forces que les Romains pouvoient mettre ſur
pied au commencement de la ſeconde guerre Punique ; & cette évaluation monte à ſept cent
mille hommes de pied , & ſoixante - dix mille
chevaux. M. Hume, qui n'a rien omis de ce qui
étoit le plus contraire à ſon opinion, a obſervé
que les provinces, qui devoient fournir cette
armée, ne faiſoient pas le tiers de l'Italie. Son
adverſaire s'empare du même paſſage ; il qua-
druple ce nombre, & le triple enſuite, pour
avoir la totalité de la population de l'Italie, ce
qui fait, à peu près, douze millions ; mais,
ajoute-t-il, il ne s'agit ici que des hommes libres. Or, ſuppoſons trois fois autant d'eſclaves,
ne voilà-t-il pas quarante-huit millions d'hommes tout trouvés ? Ne voulez - vous que deux
fois autant d'eſclaves , cela fait toujours trente-
ſix millions d'habitants, & cela eſt très - honnête... Ainſi, en ſuppoſant les douze millions
d'hommes libres, diviſés en trois millions de

familles, dont chacune fera compofée de quatre perfonnes feulement, M. Wallace donne, par le premier calcul, douze efclaves, & par le fecond huit efclaves par famille; de forte que tous ces pauvres citoyens, qui ne poffédoient pas vingt mines de bien, & qui, à raifon de leur indigence, étoient difpenfés de porter une cuiraffe, avoient, tout au moins, cinq ou fix efclaves chez eux. Voilà qui eft bien merveilleux. Il me femble que je raifonnerois tout différemment. Ce n'étoit que le tiers de l'Italie qui fourniffoit les fept cent foixante-dix mille hommes; mais c'étoit la partie la plus peuplée, puifque les Alpes & l'Apennin étoient & font encore un pays très-fauvage (1). D'ailleurs, Rome étoit floriffante; elle avoit déjà dépouillé plufieurs nations : c'étoit la capitale de l'Italie. Je fuis donc fondé à croire que la population des deux

______

(1) Tite-Live rapporte que dans l'an 555 de la fondation de Rome, le Conful Cornelius ayant attaqué les Infubriens, on fit monter au nombre de quinze les villes qu'il avoit prifes, & à vingt mille celui de leurs habitants. *Voyez* Liv. II. *Décade IV.* Ce calcul ne porteroit qu'à 1333 hommes la population de chacune de ces villes.

Nous rapportons ce paffage d'autant plus volontiers qu'il paroît avoir échappé également à M. Wallace & à M. Hume.

autres tiers de l'Italie pouvoit à peine égaler celle des Romains & de leurs alliés. Or, en suppofant que ces fept cent foixante - dix mille combattants repréfentent un nombre de trois millions quatre-vingt mille citoyens libres, je me contente de doubler ce nombre, pour avoir toute la population de l'Italie, & je trouve fix millions cent foixante mille hommes libres. Je calcule enfuite les efclaves ; & comme je n'en dois guere fuppofer qu'à ceux qui font affez riches pour être compris dans le cens équeftre (1), j'en compte deux par chaque chevalier Ro-

______

(1) Ceux qui connoiffent un peu la milice Romaine trouveront même ce calcul trop favorable. Car nous ne fommes obligés d'admettre le *Cenfus equeftris* que pour les véritables chevaliers Romains qui formoient la cavalerie des légions. Tout le refte de la cavalerie Romaine étoit compofé d'alliés, c'eft ce qu'on appelloit *Alæ fociorum*. Or, on ne voit nulle part que cette cavalerie alliée fut foumife aux mêmes loix que celle des Romains. Ainfi c'eft être fort indulgent que de fuppofer le *Cenfus equeftris* aux foixante & dix mille hommes de cheval dont Polybe fait mention. Voyez Jufte-Lipfe *de Militia Romana*, les Mémoires de M. Le Beau fur la *Légion*, &c.

Nous remarquerons encore qu'on pourroit bien s'ètre trompé de beaucoup fur le nombre d'efclaves qu'on a donné aux anciens. M. Hume & M. Wallace ont cité un paffage de Florus, qui nous apprend qu'Eunus & Athénion ayant enfoncé les maifons de force où l'on

main, ce qui me donne cent quarante mille efclaves. Je double encore ce nombre pour les
familles patriciennes, & je trouve en tout deux
cent quatre-vingt mille efclaves. Je crois pouvoir affurer que le refte de l'Italie, beaucoup
moins riche à proportion, beaucoup moins
heureux à la guerre, n'en poffédoit pas la moitié autant. Je lui en fuppofe cependant deux
cent vingt mille, ce qui me donne en tout cinq
cent mille efclaves, lefquels, ajoutés à fix mil-

gardoit les efclaves, leverent une armée de foixante
mille hommes. Dans toutes les guerres des efclaves
on ne voit pas que leurs armées fuffent auffi nombreufes qu'elles auroient dû l'être, fi le nombre de
ces malheureux eût été tel qu'on fe l'imagine. Il faut
obferver encore qu'au commencement de la guerre
Punique, les Romains poffédant des fortunes plus modiques & plus égales, n'avoient pas encore livré l'agriculture à des mains efclaves. Ce ne fut qu'après les
triomphes des Metellus & des Emiles que les richeffes
s'introduifirent dans cette capitale. Enfin, je perfifte à
croire mon calcul très-raifonnable, lorfque je fuppofe
qu'au commencement de la feconde guerre Punique il
n'y avoit que cinq cent mille efclaves dans l'Italie. Une
autre preuve que celui de M. Wallace eft très-exagéré,
c'eft qu'il convient lui-même que Caton le cenfeur
payoit fes efclaves la valeur de quarante-huit livres fter-
ling, c'eft-à-dire, à peu près, 1100 liv. de notre monnoie. Or, il y a tout lieu de croire que, du temps de
Caton, leur prix avoit plutôt diminué qu'augmenté, vu

lions cent soixante-six mille citoyens , forment une population de six millions six cent soixante mille habitants ; nombre très - inférieur à celui qui existe de nos jours en Italie , malgré la grande quantité de prêtres & de moines dont cette contrée est infectée.

Nous nous croyons dispensés de suivre déformais M. Wallace , sur-tout dans ses réfutations de M. Hume , où il ne paroît pas avoir

---

le grand nombre de captifs qu'on avoit faits. Supposons-le cependant augmenté ,!& évaluons le prix d'un esclave , avant la seconde guerre Punique , à la somme de cent pistoles. Trente-six millions d'esclaves formeroient un capital de trente-six milliards. De plus , suivant Caton le censeur , il ne falloit que treize esclaves pour cultiver deux cent quarante journaux , c'est - à - dire , plus de cent trente arpents , ce qui fait plus de dix arpents par esclave. Or , M. Wallace assure que l'Italie contient quarante-huit millions d'arpents. Suivant ce calcul , en supposant qu'aucun Romain ou qu'aucun Italien libre ne travaillât à la terre , il auroit suffi de quatre millions d'esclaves , à peu près. Mais à quoi auroit-on employé le reste dans un pays où il n'y avoit ni manufactures , ni commerce? Avant de finir cette longue note , je dois encore avertir que la richesse des chevaliers Romains , du temps de Cicéron , ne fait pas une objection contre la modicité de fortune que je leur ai supposé lors de la seconde guerre Punique. Cette richesse ne doit être attribuée qu'au métier de financiers qu'ils exercerent dans les provinces.

été

été plus heureux que dans ſes aſſertions. Mais, après avoir donné quelques exemples de la philoſophie qu'il a répandue dans ſon ouvrage, & de la maniere dont il a employé les faits & les autorités, nous invitons le lecteur à ſe procurer ſa diſſertation, & nous l'aſſurons qu'il y trouvera un excellent choix d'érudition développée par-tout avec élégance & clarté. Pour nous, nous penſons que les guerres étant devenues moins fréquentes, que le commerce, l'induſtrie & l'agriculture s'étant étendus & perfectionnés, la terre, en général, eſt plus peuplée qu'elle ne l'étoit autrefois, & que ſans parler de quelques endroits privilégiés, où l'eſpece humaine paroît encore ſe plaire particuliérement, malgré l'oppreſſion ſous laquelle elle gémit, les nations modernes qui ſont policées, ne ſont pas moins nombreuſes que les anciennes. Nous croyons même pouvoir en apporter une preuve que M. Hume a négligée; c'eſt la diminution ſenſible des bêtes féroces & de tous les animaux mal-faiſants. Il faudroit peut-être dix ans à un empereur Turc pour raſſembler la quantité de lions, de tigres, de pantheres, que les empereurs Romains, les conſuls, les édiles même faiſoient paroître dans ces chaſſes extraordinaires qu'on donnoit en ſpectacle au peuple. Quant à la population de quelques nations

en particulier, nous croyons avec M. Hume
que fi, en fe plaçant entre Calais & Douvres,
on traçoit un cercle dont le rayon auroit
cent lieues, on trouveroit une population fupérieure à celle qu'une même étendue de terrein pourroit offrir chez les anciens, en quelque endroit qu'on voulût la prendre (1).

---

(1) Peut-être ce centre pourroit-il être mieux
choifi pour l'objet que M. Hume s'eft propofé. Je
fuis perfuadé que fi on le plaçoit à Lyon ou un peu
plus loin, de façon que le cercle décrit pût com-
prendre l'Alface, la Soüabe, la Suiffe & la Lombardie,
on trouveroit de quoi contrebalancer les calculs les plus
exagérés en faveur de l'antiquité. L'Italie même,
prife en entier & dans fon état actuel, pourroit foutenir le parallele. Je fçais que la campagne de Rome,
la Pouille & la Calabre font prefque défertes en comparaifon de ce qu'elles étoient autrefois ; mais fi tout
voyageur s'afflige d'être obligé de c'ercher les ruines
de Peftum au milieu des ronces & des marais, quel
plaifir n'a-t-il pas enfuite, lorfque traverfant la Lombardie, il trouve à chaque ftation de pofte une ville
floriffante, qui pourroit fervir de capitale à un royaume
entier ? Quand on penfe qu'un homme un peu preffé,
partant de Venife pourroit traverfer dans un jour Pa-
doue, Vicence, Verone, Brefce, Bergame & Milan,
loin de porter envie à l'antiquité, on s'étonnera plutôt
qu'après tant de guerres civiles & tant de révolutions,
après une fi longue fuite de mauvaifes loix & de mauvais
gouvernemens cette contrée foit encore la plus floriffante de l'Europe ?

CHAPITRE VI.

Continuation du même sujet, & particuliérement des progrès de la population chez les nations modernes.

MAINTENANT que nous avons mis le lecteur en état de décider fur la queftion pré-

Les écrivains qui ne s'occupent que de politique, & qui ne fortent point de leur cabinet, ne connoiffent pas toutes les reffources de la nature. Dans les arrêts de profcription qu'ils lancent contre tout ce qui n'obéit pas à leurs principes ; ils font fujets à trouver bien du mé-compte. J'en ai fouvent cherché la raifon, & cela avec d'autant plus d'inquiétude, que je ne pouvois refufer mon approbation ni à ces principes, ni aux conféquen-ces qui paroiffoient en découler naturellement. Or, je crois que cette différence entre les faits & la fpécu-culation vient de ce qu'on ne confidere pas affez les nuances de dégradation dont l'efpece humaine eft fufceptible. Tel régime, tel gouvernement qui porte-roit la défolation, la dépopulation même dans une nation éclairée eft loin de produire le même effet fur un peuple abruti ou avili. Si l'on établiffoit en Pro-vence ou en Languedoc le même gouvernement qui régit à préfent l'Archipel, nul doute que ces provin-ces ne tombaffent bientôt dans l'état le plus déplora-ble ; & cependant la Grece a encore une nombreufe population ; elle eft habitée par un peuple gai & con-tent. Une autre confidération fur laquelle on n'a pas

cédente, il s'en préfente une encore plus im-portante, &, peut-être, plus difficile à réfou-dre. La population a-t-elle augmenté ou di-minué depuis quelques fiecles ? Eft-elle parmi

***

affez infifté, c'eft le concours des avantages du climat avec ceux de la législation. Moins un peuple jouit des premiers, plus il a befoin des feconds. Remarquez que la profpérité des nations feptentrionales a tou-jours été factice, toujours fondée fur la guerre & fur la politique. C'eft vers le Nord, c'eft fous un ciel trifte & nébuleux que dans ces temps modernes les armées fe font inftruites & difciplinées, que la navigation s'eft perfectionnée, que la tolérance & la liberté fe font établies. Voilà les plus grands efforts, les plus beaux fuccès dont la raifon humaine puiffe fe van-ter. Si vous voulez juger de fes progrès, n'allez donc pas vers l'Orient ou vers le Midi, où le fol & le climat ont fourni tant d'éléments pour le bonheur public. Plus cette quantité *conftante* dans l'équation fera con-fidérable, moins les différences des gouvernements, qui font les *variables*, feront fenfibles : c'eft en Hol-lande & en Suiffe qu'il faut fe placer pour comparer l'antiquité avec notre âge : la France, l'Allemagne même entreront avantageufement dans ce paralelle. Par-tout où vous verrez la population, la richeffe excéder les bornes que la nature du climat & du fol leur ont impofées, dites voilà le produit, l'effet cer-tain de la raifon humaine. Ainfi, s'il s'agiffoit, par exemple, de comparer l'Italie ancienne avec l'Italie moderne, je ne voudrois pas tranfporter mon obfer-vateur à l'entrée de ce magnifique golfe de Naples,

nous, fur-tout, dans un état d'accroiſſement ou de dépériſſement ? Cette queſtion, qui depuis long-temps auroit dû être décidée par des dé-nombrements, n'a guere été jugée que par

où il verroit ſe développer à ſes yeux une capitale ſuperbe habitée par près de 400000 perſonnes, & nombre de bourgs, de villages, de maiſons de plai-ſance, dont l'aſpect charmeroit ſes regards ; dans cet heureux pays la nature a tout fait ; le ciel & la terre ont appellé les hommes : je ne le conduirois pas non plus dans la capitale du monde ; il trouveroit ſur ſon chemin les campagnes abandonnées & la terre inféconde ; mais il reconnoîtroit en même temps que Rome avoit beſoin d'être maîtreſſe du monde pour être riche & magnifique ; que l'air qu'on y reſpire eſt inſalubre & mal-faiſant ; que le ſol même & les eaux, qui l'imbibent, plutôt qu'elles ne l'arroſent, ſont ſulfu-reuſes & ſtagnantes ; enfin qu'il n'appartenoit qu'aux anciens Romains de ſurmonter tous les obſtacles, & de vaincre la nature : je le conduirois à Veniſe, où il s'é-tonneroit à l'aſpect d'une cité ſuperbe ſortie du ſein des eaux ; je le ferois naviger le long des côtes de Gênes, où il verroit avec ſurpriſe au pied des Alpes & ſur un ſol qui ſuffit à peine à l'habitation des hommes, une ſuite de villages qui reſſemblent à des villes, de maiſons de campagne qui reſſemblent à des palais, de palais appartenant à des particuliers, qu'on prendroit pour le ſéjour des rois. Alors je demanderois ſi les Liguriens & les Venetes avoient de pareilles richeſſes ; ſi aucun peuple de l'antiquité en a raſſemblé autant, ou ſur d'arides rochers, ou au milieu des flots ? ----

l'humeur & la flatterie. En effet, fuivant qu'on a voulu louer ou blâmer le gouvernement, abroger d'anciennes loix ou en préconifer de nouvelles, on a dit : la diminution fen-

---

C'eft peut-être un problême à réfoudre fi l'Italie moderne n'égale pas , non-feulement l'Italie ancienne, mais la Grece même. Je regrette de ne l'avoir pas parcourue, un Paufanias à la main, & j'invite quelque voyageur éclairé à faire avec exactitude cette comparaifon, fur laquelle je n'ai que des apperçus. Croira-t-on que St. Pierre de Rome n'efface pas le temple de Jupiter Olympien ? Les anciens admiroient·le *Panthéon* : eh bien ! cette fabrique immenfe n'étonna pas Michel-Ange ; il dit un jour : J'en conftruirai une pareille, je l'éleverai en l'air, & quatre piliers lui ferviront de bafe ; il réalifa fa penfée, & l'on vit le dôme de St. Pierre. Nous fommes frappés des cirques, des amphithéatres des anciens, parce que l'objet de ces édifices eft grand & magnifique. Mais nos vaftes églifes gothiques n'ont-elles pas coûté plus de travail & de dépenfes : le *collifée* & l'amphithéatre de Vérone font plus de plaifir à voir que la cathédrale de Milan. Cependant cette églife a exigé non-feulement plus de dépenfe, mais encore beaucoup plus d'induftrie. Les temples anciens étoient nobles & majeftueux ; mais ils n'étoient ni voûtés, ni même très-élevés. On a découvert une maifon de campagne à Pompeia ; on connoît les reftes de la *ville* Adrienne, & certainement l'une n'égale pas la *ville* Albani, & l'autre n'approche pas de Caferte. En général, ce qu'on trouve dans les fouilles des anciens édifices ref-

fible dans la population , l'augmentation marquée dans la population prouvent , &c. Et
comme la fatire & la louange ne font guere
plus exactes l'une que l'autre , l'exagération
s'eft trouvée également des deux côtés.

M. de Voltaire , fupérieur à tout préjugé
comme à toute critique , décide en faveur
de notre âge dans l'immortel ouvrage qu'il
a écrit pour l'inftruction & la confolation de
l'humanité (1). Cet hiftorien philofophe ne

---

femble plutôt à des dépouilles qu'à des richeffes
locales. Les ftatues grecques abondoient chez les Romains ; mais Rome étoit devenue, pour ainfi dire, le
garde-meuble du monde entier. Nous terminerons cette
note où nous n'avons fait qu'effleurer un fujet que
nous pourrons traiter un jour, en obfervant que plufieurs fpéculateurs fe trompent groffiérement fur l'Italie : parce que leurs jugements ne portent que fur
un feul principe : ils n'y voient, en effet, qu'un
peuple opprimé & livré à la fuperftition. Mais ils ne
font pas attention que ce peuple eft le reftaurateur des
arts, des fciences & des lettres ; qu'il fut jufqu'au
feizieme fiecle le premier peuple du monde ; qu'il n'a
pu perdre entiérement ces heureufes difpofitions qui
lui donnerent la prééminence fur les autres nations;
qu'une longue paix, un gouvernement plus profpere
le rappellent inceffamment à fon état naturel; enfin,
que s'il n'eft plus ce qu'il a été, il n'eft ni ce qu'on
le fuppofe, ni ce qu'il fera un jour.

(1) Voyez le dernier chapitre de l'Effai fur l'his-

s'eſt point diſſimulé le détriment que nos législations ſuperſtitieuſes , que le gouvernement des prêtres, leur intolérance , leur multitude , leur célibat ont dû cauſer à la population. Mais il a penſé que ces inconvénients avoient été compenſés par l'augmentation du commerce & de l'induſtrie ; & il a obſervé qu'une ſeule différence dans l'exercice du droit de la guerre avoit ſuffi pour faire pencher la balance en faveur des modernes : c'eſt que dans les guerres innombrables qu'ils ont eſſuyées , on n'a jamais tranſporté les nations vaincues. » Les guerres civiles , dit - il , ont » long - temps dévaſté l'Allemagne , l'Angle- » terre & la France ; mais ces malheurs furent » bientôt réparés, & l'état floriſſant de ces con- » trées prouve que l'induſtrie des hommes a » été encore plus loin que leur fureur. Quand » une nation connoît les arts, quand elle n'eſt » point ſubjuguée, tranſportée par les étran-

---

toire générale. C'eſt dans cet ouvrage immortel qu'il faut chercher le germe de toutes les vérités que nous ne faiſons que développer. Un homme de lettres fait pour en apprécier & le ſtyle & les penſées, a dit que *c'étoit le plus beau tableau que l'éloquence eut offert à la raiſon*. Mais l'eſprit léger & ſuperficiel de la plupart des lecteurs jouit un moment de l'éloquence, & né- glige bientôt la raiſon.

» gers, elle fort aifément de fes ruines, & fe
» rétablit toujours «.

L'Europe renferme du moins quelques nations auxquelles perfonne ne refufe une population nombreufe ; parce que les faits fe trouvant conformes aux principes les plus généralement avoués, on n'a eu aucun intérêt à
les nier. Telles font la Suiffe & la Hollande.
Il eft fûr que depuis les deux fameufes révolutions qui les affranchirent de la domination
Autrichienne, elles ont confidérablement augmenté en population comme en profpérité.
L'Allemagne où les femmes font fi fécondes,
doit profiter de plus en plus de cet avantage
particulier, parce que les paix y deviennent
plus fréquentes, & que l'intérêt des fouverains
a été jufqu'ici conforme à celui des payfans,
qui commencent à fortir de l'oppreffion dans
laquelle leurs feigneurs les tenoient depuis
long-temps. Le Danemarck, affranchi de la
tyrannie des grands & heureux jufqu'à préfent
fous les maîtres qu'il s'eft donnés, a vu fleurir
dans le fein de la paix fon commerce & fa
navigation ; il eft plus riche, plus tranquille ;
il eft donc plus peuplé. Il n'en eft pas de même
de la Suede qui, femblable à une terre livrée
pendant long-temps aux braconiers, ne s'eft
pas encore relevée des pertes qu'elle a effuyées
fous le gouvernement d'un héros. Ce n'eft pas

dans cette contrée que la liberté a paru fous les meilleurs aufpices. Cette fucceffion de démocratie dans les dietes, d'ariftocratie dans le gouvernement intermédiaire du fénat, de monrchie dans la médiation royale, a plutôt alterné que compenfé les efforts, & l'on regrettera toujours qu'une nation noble & courageufe ne s'affemble guere que pour faire des loix abfurdes fur le change & fur le commerce; comme fi les héros du Nord & les libérateurs de l'Allemagne, tranformés en agioteurs & en banquiers, avoient pris pour modele les Law au lieu des Guftave (1).

On a exagéré la population de la Ruffie; mais quoique le travail immenfe de Pierre le grand ne fe laiffe plus appercevoir qu'à Pétersbourg & à Cronftadt, on peut affurer que ce vafte empire eft plus peuplé qu'il ne l'étoit du temps de fes premiers ducs. La Pologne s'étoit maintenue jufqu'ici dans fa périlleufe liber-

____

(1) Ceci a été écrit avant la révolution. On fçait que depuis cette époque la Suede a éprouvé une amélioration continuelle. C'eft au temps préfent à jouir de ces avantages, & à la poftérité d'en apprécier les fources, en affignant ce que la nation doit à fa nouvelle conftitution, & ce qu'elle tient plus immédiatement du monarque bienfaifant & éclairé qui en eft l'auteur.

té(1); elle eſt dans le même cas que la Ruſ-
fie, plus riche, plus peuplée qu'elle ne l'étoit
ſous les Jagellons.

Le beau climat de l'Italie, la fécondité de
ſon ſol & la variété de ſes productions ſont
de ſi puiſſants attraits pour les hommes
qu'elle ne paroîtra jamais auſſi peuplée qu'elle
devroit l'être. Cependant c'eſt encore de toutes
les contrées de l'Europe celle où la population eſt la plus nombreuſe. Le Milanès contient 1200 habitants par lieue quarrée. La
plus grande partie de la Lombardie, les côtes
de la mer Adriatique, *la campagne heureuſe*,
ou les environs de Naples, ne le cedent pas
au Milanès : & ſi nous continuons à parcourir
le Midi, nous trouverons que l'Eſpagne même,
malgré l'expulſion des Maures, la deſtruction
des Juifs, malgré l'intolérance, la ſuperſtition,
la multiplication des moines & du clergé,
contient encore dix millions d'habitants, quoiqu'il ait plu à la plupart des écrivains politiques
de ne lui en donner que ſept. Reſtent donc les

---

(1) Un Polonois à qui on objectoit les troubles de
ſa patrie répondit : *J'aime mieux une liberté périlleuſe
qu'un eſclavage tranquille.* (Voyez l'*Hiſtoire de Sobiesky*
ou la *Voix libre du citoyen*).

Je me ſuis ſouvent demandé pourquoi la Pologne
avoit conſervé ſi long-temps un ſi mauvais gouver-

François & les Anglois, lesquels, comme les plus éclairés de tous les peuples, ont les connoissances les moins exactes sur la population & sur nombre d'objets aussi intéressants. Cette phrase qui tient un peu du paradoxe, s'expliquera aisément, si l'on fait attention que chez les peuples ignorants c'est le gouvernement qui fait toutes les recherches utiles, & il a ordinairement des moyens suffisants ; au lieu que chez les peuples éclairés cette besogne est assez communément abandonnée à l'activité des particuliers. Les administrateurs n'étant pas avertis par de trop grands inconvénients, & ayant perpétuellement devant les yeux une machine très-étendue & très-compliquée, passent toute leur vie politique à en étudier les ressorts, & à craindre d'y toucher ; & si le hasard fait qu'un jour on ait besoin de quelques faits ou de quelques calculs, on aura recours enfin à ces auteurs de bonne volonté qu'on a négligé d'éclairer ou d'encourager ; mais il arrive alors que leur nombre immense fournit des armes à toutes les opinions ; on dispute long-temps, on résout peu, & l'on sçait encore moins.

Tel a été parmi nous le sort de la grande

nement ? j'ai pensé que c'est à cause du voisinage des Turcs & des Russes. En effet, il n'y a point de liberté difforme à côté du despotisme.

queſtion ſur le nombre de nos compatriotes. On ſçait qu'à la paix de Riſwyck il ſe trouva ſenſiblement diminué : cependant les calculs de M. de Vauban le faiſoient monter à 19 millions , quoique la Lorraine ne fût pas encore annexée à notre monarchie (1). Ceux des intendants ordonnés par M. le duc de Bourgogne n'étoient pas tout-à-fait ſi favorables. La guerre de la ſucceſſion fut encore plus funeſte que celles qui l'avoient précédée. Depuis cette époque , la longue paix qui a ſuivi le traité d'Utrecht , les progrès du commerce , & la tranquillité intérieure avoient dû recruter la nation ; mais la dépopulation étoit devenue à la mode. On aſſura gratuitement , & ſans alléguer aucune raiſon , que la France n'avoit pas même ſeize millions d'habitants. Cette exagération tenoit à un ſyſtême très - exagéré lui-même. Enfin il eſt arrivé , ſuivant notre uſage ordinaire , que des particuliers , ſans avoir d'autre miſſion que le pur zele pour le bien public , ſe ſont aviſés de commencer des recherches plus ſérieuſes. Des magiſtrats reſpectables ont profité des différentes adminiſtrations dont ils avoient été chargés pour conſtater au moins quelques éléments propres à

---

(1) Voyez *Projet d'une dixme royale.*

fervir de bafe à des calculs ultérieurs. Tel eft le travail de M. de la Michodiere, rédigé & publié par M. de Meffence, l'un des ouvrages les mieux conçus & les plus fimples qu'on ait fait dans ce genre.

M. l'abbé Expilly a profité de ces documents & s'en eft encore procuré d'autres. On a raffemblé des dénombremènts exacts ; on a recueilli des apperçus & des approchés ; on a comparé les époques, &c. Il réfulte de ce travail que la population de la France eft augmentée, depuis cinquante ans, d'environ un douzieme, & qu'on doit la porter à préfent à vingt-un, ou vingt-deux millions d'habitants (1).

---

(1) M. de Vauban avoit fupputé que la France ne contenoit guere plus de 627 hommes par lieue quarrée de 2282 toifes. Il affure cependant que par des calculs très-exacts, il s'en eft trouvé plus de 700 dans les provinces de Bretagne, de Picardie, d'Artois & de Normandie. Or, M. de la Michodiere en a trouvé dans la généralité de Rouen 1258 par lieue quarrée de 2400 toifes, dans celle de Lyon 866, & dans celle d'Auvergne 640. Le terme moyen de ces généralités eft de 864, & ce terme moyen peut d'autant mieux s'adapter à tout le royaume, que fi la généralité de de Rouen eft la plus peuplée, celle d'Auvergne eft dans un cas abfolument contraire. Il réfulte d'un très-beau travail que M. de Voglie, infpecteur des ponts

Enfin le gouvernement déterminé par l'impulſion générale, a porté ſon attention ſur cet objet intéreſſant, & profitant des éléments déjà trouvés, il s'eſt procuré un dénombrement total du royaume, fondé ſur les naiſſances, ſur les morts & ſur les mariages. Voici le réſultat des dénombrements ordonnés dans les années 1770, 1771 & 1772, dont on a fait une année commune. Les naiſſances multipliées par 25 $\frac{1}{4}$ ont donné 23,205,122 habitants. Les mariages multipliés par 124 : 22,487, 235 ; les morts multipliées par 35 : 25,741, 422 ; terme moyen des trois éléments différents, 23,811,259.

& chauſſées, a fait ſur la généralité de Tours, que cette généralité qui contient trois provinces, l'Anjou, le Maine & la Touraine, a 946 habitants par lieue quarrée. Dans 603 paroiſſes dénombrées avec beaucoup d'exactitude, il a trouvé que le rapport du nombre total des habitants étoit à celui des naiſſances dans le rapport de 23 $\frac{1}{3}$ à 1. Dans les villes de la même généralité ce rapport eſt de 33 à 1. M. l'abbé Expilly le ſuppoſe de 25 à 1 pour tout le royaume, & l'on voit dans le livre de M. de Meſſence, que ce même rapport y comprenant les villes & les campagnes, eſt de 25 à 1 dans la généralité d'Auvergne ; dans celle de Lyon comme 23 $\frac{3}{4}$ à 1, & dans celle de Rouen comme 27 $\frac{1}{2}$ à 1 ; ce qui prouve que l'évaluation totale de la population du royaume, en multipliant les naiſ-

Si la plupart de nos lecteurs voient avec plaiſir que la France eſt plus peuplée qu'on ne l'avoit cru juſqu'ici , nous eſpérons qu'ils ſe conſoleront aiſément lorſqu'ils apprendront en même temps que le nombre des moines diminue ſenſiblement. Suivant un état fait avec la plus grande exactitude & par ordre du gouvernement , il ſe montoit , il y a déjà quelques années, à 26,674 dont 15,338 mendiants; c'eſt-à-dire Franciſcains. Or , il n'eſt pas douteux que le nombre des religieux ne ſoit encore diminué depuis. Des calculs ſur leſquels on peut compter, nous apprennent que depuis l'année 1726 juſques & compris l'année 1744,

---

ſances par 25 $\frac{1}{4}$ n'eſt point exagérée. Quant aux calculs de M. de Vauban , qui furent établis d'aprés les mémoires des intendants en 1699, le même adminiſtrateur, patriote & éclairé, à qui nous devone les recherches ſur la population citées ci-deſſus , a ſuffiſamment prouvé qu'ils étoient très-fautifs , & qu'il y avoit eu des provinces entieres oubliées. (Voy. *Journal du Commerce*, Juillet 1762.) Peut-être les calculs actuels feront-ils encore perfectionnées , mais du moins ils ſont faits avec précaution, & ils portent ſur des éléments ſur leſquels on peut compter. Il en réſulte que la France ayant en 1772 , 23,811, 236 habitants, & contenant 26,954 lieues quarrées de 2282 toiſes, on y peut compter en général 883 habitants par lieue quarrée.

c'eſtc'eft-à-dire, en 19 ans il eft mort dans la feule ville de Paris 5538 religieux des deux fexes, & que depuis 1744 jufque & compris 1762, il n'en eft mort que 3292. Or, comme les moines depuis 30 ans ne fe font pas rendus immortels, du moins au fens littéral, il paroît que leur nombre a diminué d'un tiers. Mais dans les fix années, depuis 1769 jufque & compris 1775, il n'en eft mort, année commune, que 92. Voilà donc une nouvelle diminution bien plus fenfible ; car l'année commune du dernier période de 19 ans, eft de 173. D'un autre côté, par le dépouillement général des regiftres de l'année 1775, je trouve que le nombre des perfonnes des deux fexes, mortes en religion, fe monte à 1714, dont 1000 religieufes, & que le total des profeffions dans la même année ne fe monte qu'à 1300, dont 838 religieufes. Ce qui forme un *déficit* de plus de 400 dans les recrues annuelles; *déficit* qui eft plus fenfible parmi les religieux que parmi les religieufes, dont le nombre excede de plus d'un quart celui des moines, & qui doivent fe foutenir plus long-temps ; parce que les femmes participent moins que les hommes aux révolutions des mœurs & de l'opinion, & que d'ailleurs elles ont moins de reffources contre le malheur & l'indigence. En effet, les couvents de filles ne font pas feulement le séjour de la dévotion & de l'oisiveté; ce sont des asyles contre l'oppression ou l'humiliation : c'est là qu'on ensevelit des regrets que le monde a causés, & que le monde rappelleroit ; c'est là qu'on évite la tyrannie des parents, & qu'on sacrifie la liberté de ses actions pour conserver du moins celle de son cœur. Pourquoi ne pas préparer d'autre refuge à ce sexe si foible, mais si intéressant, si touchant dans sa foiblesse ! Que de malheureuses victimes, sur-tout dans les provinces, sur-tout parmi la noblesse ! Là, les filles sont regardées comme un fardeau pour les familles : tout l'argent qu'on peut économiser, tout ce que le petit domaine peut produire au de là de la subsistance de ses possesseurs est employé à soutenir les garçons au service. Ils partent ; on a payé leurs emplois, on fait leurs équipages, on les pare ; on veut qu'ils brillent dans leurs garnisons. Ils reviennent au bout de deux ans ; il faut payer leurs dettes ; il faut contenter leurs caprices ; & cependant ils regnent dans la maison paternelle, tandis qu'on néglige, qu'on maltraite souvent les sœurs infortunées, qui pour prix de leurs soins assidus n'éprouvent que des rigueurs & des reproches. Faut-il languir, vieillir dans cet esclavage domestique, ou se condamner à une prison perpétuelle ? Ah ! s'il arrivoit jamais qu'à la

place de ces couvents qui dépeuplent les villes
& les provinces, qui ne mettent pas moins
d'entraves aux penfées qu'aux actions, & dont
l'éducation pufillanime dérobe les individus à
l'efprit public & aux progrès de la raifon, on
élevât des afyles auffi purs, auffi chaftes, mais
ou la volonté refteroit libre, où fous une regle, fage fans être auftere, on pourroit paffer à
fon choix les premieres ou les dernieres années de fa vie, ou même fa vie entiere ; quel
fervice ne rendroit-on pas à l'humanité, quels
progrès rapides ne feroit on pas vers la félicité publique ? Ce ne feroit ni la liberté des
chapitres d'Allemagne, ni l'efclavage de nos
couvents : ce feroit l'ordre fans la gêne, la dé-
cence fans la fottife, l'obéiffance fans l'humiliation. Ainfi, en ne négligeant aucune claffe
de citoyens, de quelque fexe qu'ils foient, on
parviendroit à remplir le grand objet du gouvernement, qui eft bien plus encore d'avoir
une population heureufe qu'une population
nombreufe.

Une chofe bien importante, c'eft d'établir l'équilibre dans cette population ; c'eft
d'empêcher que la différence des loix locales n'attire trop les hommes dans certains endroits pour les repouffer dans d'autres. Le gouvernement a déjà beaucoup fait pour les campagnes, en encourageant l'agriculture, par les

exemptions accordées aux défrichements, par la liberté qu'on a rendu à la circulation, à l'exportation des grains & des autres denrées. Quand les privileges exclusifs seront abolis, quand l'arbitraire sera banni des impositions, quand le crédit public aura redoublé la circulation, & que les capitaux se reverseront dans les campagnes & dans les provinces; nul doute que la France ne soit le royaume le plus peuplé de l'Europe, comme il est effectivement le plus riche & le plus puissant.

Nous terminerons nos considérations sur la population actuelle de l'Europe par l'Angleterre; mais nous avouerons en même temps que cette nation si éclairée, si occupée des spéculations politiques, en est encore au même point où nous étions il y a quelques années, c'est-à-dire, qu'elle n'a aucune notion fixe sur sa population. Là, comme ici, on trouve des gens qui assurent hardiment qu'elle est fort diminuée depuis la reine Élisabeth : d'autres établissent, par des raisons, beaucoup plus plausibles, à la vérité, qu'elle est fort augmentée. En 1682, Sir William Petty lui donnoit 7, 400, 000 habitants ; en 1692, Davenant n'en comptoit que 7, 000, 000. Wallace & Templeman en supposent 8, 000, 000 : d'autres, tels que le docteur Price & M. Smith (1),

_____

(1) Voy. YOUNG, *Arithm. polit.* p. 78 & 322.

ne lui en donnent que de 5. à 6 millions. Malheureufement les Anglois n'ont d'autres éléments pour leur calcul que le nombre des maifons. On le faifoit monter à 1,300,000, à peu près à la fin du dernier fiecle. Quelques auteurs prétendent qu'il eft diminué de près d'un quart ; mais comme on ne peut confulter que les regiftres de ceux qui levent la taxe fur les fenêtres, il eft difficile de former aucun réfultat ; parce qu'ils négligent d'infcrire toutes les maifons ou cabanes des pauvres gens, qui ne paient pas la taxe. D'ailleurs, quand on connoîtroit le nombre des maifons, il faudroit encore arbitrer celui des perfonnes qui habitent dans chaque maifon. Nous nous bornerons donc à dire que la nation Angloife ayant toujours profpéré depuis un fiecle, le commerce s'étant multiplié, la culture ayant augmenté, ainfi que le prix des terres & celui des falaires, il y a tout lieu de croire que la population eft augmentée en même proportion, & que lorfqu'on viendra à faire des dénombrements exacts, les frondeurs qui crient à *la dépopulation*, fe trouveront tous auffi loin de leur compte qu'en France & en beaucoup d'autres pays (1).

-----

(1) C'eft toujours avec beaucoup de défiance qu'il faut examiner les calculs, & en général, toutes les autorités fur lefquelles fe fondent la plupart des

CHAPITRE VII.

Continuation du même sujet. La population est-elle un indice certain de la force d'un État.

JE ne doute pas que bien des gens ne se décident pour l'affirmative, & cette opinion paroît dériver naturellement des principes que

---

auteurs Anglois : j'en dirai autant des auteurs François & de ceux de toute nation éclairée, en voici la raison : lorsque toutes les opinions ont été énoncées & discutées, si l'on vient à consulter les faits c'est lorsqu'il s'agit de justifier quelque principe qu'on a déjà établi, & alors les objets passent à travers un verre inégal & coloré, qui les change & les dénature. Un homme d'esprit disoit un jour qu'il n'ajoutoit guere de foi aux livres d'histoire, à moins qu'il ne lui fût démontré que leur auteur étoit un sot. Ce paradoxe s'appliqueroit encore mieux aux calculs en matiere de politique. Que dans un état qui cherche, qui commence à s'éclairer, on fasse des dénombrements, des cadastres, je suis tout prêt à leur donner ma confiance. Mais que dans un pays où depuis 100 ans on raisonne politique & administration, on s'avise enfin d'alléguer des faits & des calculs, je suspendrai mon jugement, & je me croirai obligé de vérifier moi-même tout ce que j'aurai lu dans les livres. Il n'y a pas long-temps qu'en France on avoit limité la population à 16 millions d'habitants, & le revenu net des

nous avons établis jufqu'ici. Mais il en eft un important , qui eft plus connu que fuivi dans ce fiecle difert, c'eft *qu'on ne connoît bien les vérités qu'en connoiſſant leurs limites.* Il eft généralement vrai que la population eft la preuve de la profpérité & de la force d'une nation, parce qu'il eft généralement vrai que l'agriculture , le commerce & la bonne lé- gislation multiplient le nombre des hommes

---

terres à 280 millions. Il n'eft pas moins rifible de voir l'auteur du *Prefent ftate of great Brittain* , imprimer en 1755 , que la France n'avoit que 13 , 500 , 000 habitants dont 270 , 000 prêtres ou religieux , fans compter les re- ligieufes. D'autres Anglois , plus défavorables encore à leur patrie qu'à fes rivaux , affurent gravement que la po- pulation de l'Angleterre a beaucoup diminué depuis la reine Elifabeth , époque où le prix des biens fonds n'étoit que 15 fois la valeur des revenus, où il n'y avoit ni commerce ni manufactures , & où il falloit annuellement acheter des grains de l'étranger. Aucun de ces auteurs n'a imaginé de confulter fon compa- triote Thomas Morus , qui peu de temps avant cette époque , fe plaignoit de ce que le peuple diminuoit de jour en jour , & en donnoit de très-bonnes raifons. Les principales étoient , 1°. la manie des pâturages , qui faifoit que les riches détruifoient des villages en- tiers pour agrandir leurs parcs : 2°. la multiplication des moines & la richeffe du clergé : 3°. le fafte des grands, qui nourriffoient, entretenoient un grand cortege d'officiers & de valets , tous tellement accoutumés à

réciproquement. Mais la population n'a-t-elle pas quelquefois des caufes phyfiques qui peuvent prévaloir fur les caufes morales ? N'exifte-t-il pas des pays plus favorables à la propagation

---

l'oifiveté & à tous les vices qu'elle entraîne avec elle ; que lorfqu'il leur arrivoit de perdre leurs maîtres, ils devenoient des mendiants ou des voleurs de grands chemins. (Voyez *Utopia*, lib. I.) Une chofe digne de remarque, c'eft que Thomas Morus en prend fujet de fe récrier contre la févérité des loix pénales, & fur-tout contre la peine de mort, infligée aux voleurs, qu'il foutient hardiment que le gouvernement n'a pas droit de punir fi rigoureufement des crimes dont il eft la premiere caufe, & que pour le prouver, il expofe tous les principes qui ont fait depuis la fortune du livre intitulé : *Des délits & des peines.* Ainfi la vérité, comme la plupart des raretés qu'on expofe à la curiofité des paffants, dépend & de l'adreffe de celui qui la montre, & du moment où on l'expofe. Rarement va-t-on la chercher au lieu de fon origine ; auffi ne parvient-on pas aifément à la connoître. C'eft un enfant qu'on orne dès le berceau, & qui ne paroît nud qu'au moment de fa naiffance.

Avant de paffer à la queftion intéreffante que nous traiterons dans le chapitre fuivant, nous croyons devoir encore arrêter un moment ceux de nos lecteurs qui prennent quelque intérêt à tout ce qui concerne la population. En effet, la bonne foi dont nous faifons profeffion, ne nous permet pas de diffimuler un fait très-fingulier que nous trouvons dans l'Hiftoire de France, continuée par Villaret. Cet auteur affure

de l'espece ; & la proportion du nombre des
hommes à la félicité dont ils jouissent est-elle
toujours égale ? Les faits suffisent seuls pour
nous décider : car si dans cette supposition,

---

avoir vu à la bibliotheque du roi un manuscrit qui
en cite un autre, sous le titre d'*État du subside imposé
par feux, en 1328*. Suivant cet état, les provinces soumises à l'aide, du temps de Philippe de Valois, contenoient deux millions cinq cent mille feux, ce qui annonce une population d'autant plus considérable, que
la plus grande partie de la Guyenne, les comtés de
Foix & d'Armagnac ; le Roussillon, la Bourgogne, la
Franche-Comté, la Flandre, le Haynaut, l'Artois, la
Bretagne, l'Alsace, la Lorraine, le Dauphiné & la
Provence n'y étoient pas compris. M. Villaret estime que les provinces soumises à cette imposition ne
formoient pas le tiers du royaume tel qu'il est à présent,
lequel devoit par conséquent contenir alors près de 8
millions de feux ; ce qui donneroit 24 millions d'habitants, à ne compter que trois têtes par feu, à quoi
il faudroit encore ajouter tous les serfs, le clergé,
les universités & la noblesse qui en étoient exempts :
d'où il conclut qu'on pourroit porter cette population
à 32 millions. Ce résultat est trop extraordinaire pour
ne pas inspirer quelque doute sur les documents dont
il est tiré. Il est impossible que la multiplication du
clergé, les croisades, l'anarchie féodale, la servitude
des peuples, &c, ne se soient pas opposés aux progrès
de la population, ce qui forme d'abord un préjugé contre les calculs précédents. J'observerai ensuite que c'est
peut-être très-gratuitement que M. Villaret suppose

il paroîtroit encore fort difficile de trouver des contrées toutes couvertes d'habitants , il ne le feroit pas du moins d'en trouver qui fuffent totalement défertes. Les côtes de l'Afri-

---

que les provinces foumifes à l'aide ne formoient pas le tiers de la population. Il dit ailleurs que lorfque le prince noir voulut impofer cette taxe de 20 fols par feu qui fit révolter la plupart de fes fujets, on calcula qu'elle lui auroit produit 1, 200, 000 liv. Il eft clair que cette conjecture étoit très-hafardée , puifqu'elle fuppofoit que la population des provinces foumifes à l'Angleterre égaloit la moitié de celle des provinces qui compofoient la monarchie. Admettons-la cependant pour un moment : mais n'en négligeons pas une autre que nous trouvons dans DUCANGE (au mot *Focagium*). Ce favant auteur rapporte un inftrument qui fe trouve dans l'*Hiftoire de Bretagne* , où il eft parlé d'une impofition par feu, fur laquelle le duc affigna le paiement d'une dette que le connétable Cliffon réclamoit. Suivant cet inftrument, le nombre des feux dans toute la province ne fe trouve monter qu'à 69,748 : *Erat autem exhibitus numerus focorum tum contribuentium in communis focagiis , qui afcendebant ad fummam* 69, 748. Or , fi la Bretagne ne contenoit qu'un pareil nombre de feux , ne pourroit-on pas faire des provinces qui reftoient hors de la domination royale quatre lots , dont chacun feroit à peu près égal à la Bretagne ? Le premier contiendroit la Bourgogne & la Franche-Comté, le fecond la Flandre , le Haynaut & l'Artois, le troifieme l'Alface & la Lorraine, le quatrieme le Dauphiné & la Provence; ce qui ne forque, l'empire Ottoman, & même celui des Czars ne nous en offriroient que trop d'exemples. Mais pour nous difpenfer de les aller chercher fi loin, nous pouvons citer plufieurs petits

---

meroit en tout que 350, 000 feux à peu près, y compris la Bretagne. Si l'on ajoute cette fomme à celle qu'on a trouvé pour la Guyenne, on n'aura que 155,000 feux pour toutes celles des provinces de notre monarchie qui n'étoient pas foumifes alors à l'autorité de nos rois. A la vérité, je ne donne pas ce calcul pour bien exact; mais il y a apparence qu'il l'eft pour le moins autant que celui de M. Villaret. Cet auteur ne compte que trois têtes par feu, ce qui eft fort éloigné de l'eftimation actuelle; mais il y a tout lieu de croire que cette impofition étoit répartie différemment qu'elle ne l'eft de nos jours. Je trouve encore dans DUCANGE un paffage qu'il a tiré des regiftres de la chambre des comptes. Il s'agit de la maniere dont l'affouagement doit fe faire en Normandie : il y eft dit : *Si in eadem domo manferint quatuor homines vel plures vel pauciores de quibus unufquifque vivat de fuo proprio, dat foagium : Vidua etiam, fi habet de mobili 11 fol. aut amplius, dat foagium.* Et quant au nombre des exempts que M. Villaret fait monter fi haut, le même manufcrit nous apprend qu'un évêque ou un abbé ne pouvoient exempter que fix perfonnes de leur fuite.

Il réfulte de tout ceci qu'on ne peut rien conclure d'après des eléments fi incertains & fi contradictoires. M. Villaret auroit pu s'étonner que nous n'euffions porté la population de toutes ces provinces dont nous avons fait l'énumération, qu'au tiers de celle

états d'Allemagne, sans commerce & sans industrie, gouvernés assez tyranniquement, & perpétuellement opprimés par la présence d'un petit souverain, qui le plus souvent ne devant son domaine qu'à une dignité ecclésiastique, se hâte de dévorer une propriété précaire qu'il ne peut faire passer à sa postérité. Eh bien! dans ces petits états, les peuples se multiplient; les mariages ne sont pas heureux, mais ils sont communs: les ménages ne sont pas riches, mais ils sont féconds, & l'espece humaine se soutient toujours.

On ne peut se dissimuler qu'il existe en France des provinces très-misérables. Il en est

---

qu'il attribue à la Guyenne & aux autres pays soumis à l'Angleterre; nous le ferons à notre tour qu'il évalue cette population à la moitié de celle des provinces qui obéissoient directement au roi. D'ailleurs, il ne produit aucun regiftre pour la Guyenne, & nous en avons un très-précis pour la Bretagne. Il résulte de son calcul que le royaume, tel qu'il est à présent, pouvoit contenir alors 32 millions d'habitants; il résulteroit du nôtre qu'il n'en contenoit que treize ou quatorze. Car quatre millions de feux ne nous donneroient que douze millions de contribuables, & nous nous croyons fondés à supposer que le nombre des exempts étoit beaucoup moins considérable qu'il ne l'a cru. Au milieu de ces obscurités, c'est à la raison de juger: elle nous apprendra qu'un peuple livré à l'anarchie & à la superstition, ne peut jamais se multiplier à un certain point.

qui jufqu'ici paroiffent avoir été conftamment oubliées du gouvernement , excepté dans la répartition des impôts. Il y a quelques années que le Berry & le Limofin n'avoient ni chemins , ni commerce , & gémiffoient pourtant fous le poids de leurs impofitions , d'autant plus onéreufes que dans ces pays d'élection la taille eft arbitraire. L'état recueilloit où il n'avoit point femé. J'avoue que ces provinces ne font pas les plus peuplées du royaume ; mais elles font loin d'être défertes , & certainement les hommes s'y trouvent dans une proportion qui excede de beaucoup celle de leur aifance. C'eft que nous ne. connoiffons pas toutes les reffources de la nature. C'eft qu'elle eft capable d'efforts que nous ne pouvons pas apprécier ; & voilà la raifon par laquelle on fe trompe toujours dans les principes trop généraux , ou plutôt dans les conféquences qu'on en tire.

Les fubfiftances font les mefures de la population (1). *Si la quantité de fubfiftance diminue ,*

---

(1) On peut voir dans les calculs publiés par M. de Meffence , qu'après les ravages caufés par la pefte de Marfeille , les mariages furent plus féconds en Provence qu'ils ne l'avoient été auparavant. Il en eft de même après tous les fléaux qui diminuent la proportion des hommes aux fubfiftances , fans détruire les moyens de faire renaitre ces fubfiftances. Cette feule

le nombre des hommes doit diminuer en même proportion. Il doit diminuer, sans doute. En même proportion ? C'est une autre affaire, ou du moins ce n'est qu'au bout d'un très-longtemps que cette proportion se trouve juste. Les dégradations dans l'ordre politique ressemblent assez à la récession des marées ; le flot en fuyant revient toujours sur ses pas ; il faut le bien observer pour juger qu'il rétrograde. Avant que la vie des hommes s'abrege, que les sources même de la vie s'alterent, il faut que la misere ait abattu les forces & multiplié les maladies. Lorsqu'elle s'empare d'une contrée, lorsque les subsistances diminuent d'une certaine quantité, d'un sixieme par exemple, il n'arrive pas qu'un sixieme des habitants meure de faim ou s'exile ; mais ces infortunés consomment, en général, un sixieme de moins, & ainsi de suite. Malheureusement pour eux, la destruction ne suit pas toujours la misere ; & la nature, plus économe que les tyrans, fait encore mieux à combien peu de frais les hommes peuvent subsister. Ils pour-

---

considération doit faire juger d'un coup-d'œil que la dépopulation qui se répare le plus aisément, est celle qui est la suite d'une contagion. Le contraire arrive, si elle vient d'une guerre ruineuse ou d'une mauvaise administration.

ront encore être nombreux , mais ils feront foibles & malheureux , toutes les fois qu'une année de travail ne fournira à chaque homme qu'une fubfiftance pénible pour lui & pour fa famille, ou que l'exaction lui enlevera journellement le petit excédent dont il pourroit fe former un capital , un moyen de perfectionner fa culture & d'améliorer fon fort ; & c'eft alors qu'en prenant peu on enleve beaucoup. Je dis donc qu'une pareille contrée peut être peuplée fans être forte ni redoutable : je dis qu'en cas de guerre, on a peu de reffources à en attendre, & qu'elle pourroit être foumife aifément par un peuple moins nombreux.

Au contraire, s'il exifte une nation qui , fans être très-nombreufe, poffede une grande quantité de terres bien cultivées ; fi cette nation augmente journellement fon agriculture & fon commerce, fans que fa population augmente en pareille proportion ; enfin , fi elle fait naître plus de fubfiftances , fans nourrir plus d'habitants , je dis : *il faut que cette nation confomme fpécifiquement plus que les autres ; il faut que le tarif de la vie humaine y foit plus haut , & c'eft là l'indice le plus certain de la félicité des hommes.* Tel eft le cas où fe trouve l'Angleterre (1) :

____

(1) On ne parle ici que de l'Angleterre proprement dite ; car il n'eft point de nation dont l'Écoffe &

comparez état à état, classe à classe, professfion à profession ; vous trouverez que la subsistance de l'Anglois est toujours évaluée à un taux plus haut que celle d'un François ou d'un Allemand. Je n'en excepte pas même les pauvres, auxquels on ne refuse dans les hôpitaux aucunes de ces consommations que nous regarderions comme une espece de luxe, telles

---

l'Irlande doivent exciter l'envie. On compte communément sept à huit millions d'habitants en Angleterre. Comme elle n'est guere plus étendue que le tiers de la France, si ce calcul étoit juste, elle se trouveroit peuplée précisément dans la même proportion ; mais il faut observer que l'Angleterre a plusieurs avantages dont la France est privée. Son terrein est presque par-tout uni, & par conséquent propre à la culture des bleds & au pâturage ; d'ailleurs, elle est environnée de la mer, & la nature de son sol rend les chemins très-faciles. D'un autre côté, sa position entre l'Europe & l'Amérique la rend très-propre au commerce, tandis que sa situation insulaire assure sa tranquillité. Il seroit donc juste de ne comparer l'Angleterre qu'aux provinces les plus riches de la France, & de n'opposer le Limosin, l'Auvergne, la Provence & quelques parties de la Champagne qu'à l'Écosse & à l'Irlande. Sous ce point de vue l'Angleterre seroit spécifiquement moins peuplée que la France ; car l'Écosse & l'Irlande réunies ne contiennent pas quatre millions d'habitants. Mais je suis très-porté à croire que les Anglois ont aussi la manie de dénigrer leur po-

que

que la bierre, le thé (1), le pain blanc, &c.
Auſſi ce peuple eſt-il plus robuſte, plus actif,
& ſur-tout meilleur ouvrier que les autres.
Car il faut bien ſe rappeler cette vérité démon-
trée par l'expérience, c'eſt que le haut prix des
ſalaires n'eſt pas ſi contraire au commerce que
bien des gens ſe le figurent : la raiſon en eſt
que l'homme qui conſomme le plus eſt celui
qui travaille le mieux. Un officier Anglois,

---

pulation. Ils n'ont d'autre dénombrement que celui des
maiſons ; on en compte douze cent mille, & les ſpé-
culateurs ne ſuppoſent que 5 ou 6 perſonnes par maï-
ſon. Or, nous voyons par les calculs de M. de Mes-
fence que dans Paris il faut compter 24 perſonnes par
maiſon. Il eſt vrai qu'elles y ſont plus hautes qu'en
Angleterre ; mais dans Londres , Briſtol , Oxfort,
Birmingham , on peut bien compter 15 ou 18 perſonnes par maiſon. Les mêmes calculs nous donnent
dans les provinces 5 perſonnes par feu, & comme il
exiſte toujours beaucoup plus de feux que de maïſons,
tout concourt à prouver que douze cent mille maïſons
doivent donner beaucoup plus de 7 millions d'habitants.

(1) C'eſt ce qui rend la taxe des pauvres ſi oné-
reuſe en Angleterre. Il en auroit même réſulté un
grand inconvénient ; car les propriétaires , craignant
de voir augmenter cette charge, commençoient à décourager la population le plus qu'ils pouvoient, en
éloignant les petits tenanciers , & ſur-tout ces manufactures qui ne donnent qu'une aiſance précaire, &
dont les viciſſitudes expoſent quelquefois le peuple à

chargé de la conſtruction de quelques retranchements, avoit partagé l'ouvrage entre des
Anglois & des Ecoſſois : il payoit la journée
des premiers le double de celle des autres. Les
Ecoſſois ſe plaignirent ; il mit les ouvriers à
la tâche, en égaliſant les prix, & ceux-ci y
perdirent encore plus. Je ne parle pas ici de
quelques ſalaires extravagants qu'on paie dans
la ville de Londres ; parce que toute ville trop

la mendicité. On vient de remédier depuis quelque
temps à cet inconvénient ; la plupart des propriétaires
s'étant réunis pour former des établiſſements auxquels
ils contribuent en raiſon de leur propriété, & où ils
font travailler les pauvres. De cette façon, perſonne
n'a plus un intérêt immédiat de les éloigner de chez
ſoi : chacun doit même deſirer d'y attirer une population dont tout le produit ſera pour lui, tandis que les
charges en ſeront partagés par ſes voiſins. Ces faits,
qui ſont peu connus en France, peuvent être de quelque importance, en ce qu'ils font voir que les établiſſements de charité, qui tendent au ſoutien & à la
multiplication du peuple, peuvent quelquefois aller
directement contre leur objet, & qu'ils nous prouvent
en même temps que toutes les manufactures qui ne
s'allient pas avec l'agriculture, ſont la ſource la plus
commune de la mendicité. Les ouvrages vraiment
utiles, ce ſont les filatures, les petits métiers, &c. ;
parce que le cultivateur & ſa famille peuvent y employer les jours d'hiver, les longues ſoirées, & tout
le temps qu'ils ne doivent pas au ſoin de leurs terres.

confidérable renverfe toujours les loix de la raifon & de la politique ; parce que dans une capitale où toutes les claffes font corps , & où tous les corps peuvent fe faire craindre , le commerce, la police & le fens commun font également expofés. Mais je me fuis affuré par moi-même que dans les campagnes de l'Angleterre, les falaires font dans une jufte proportion entre eux , & que généralement les hommes y confomment plus qu'ailleurs (1).

Ce que j'ai dit des confommations doit s'entendre de toutes les commodités de la vie. Les payfans, les journaliers font tous bien vêtus. On ne connoît pas là l'ufage d'acheter des vieux habits de livrée, comme dans certains pays ; où lorfque vous entrez le dimanche dans une églife, vous croyez voir , au lieu d'une affemblée de payfans, un ramas de domeftiques mal entretenus. Le feu de charbon eft , à la vérité, beaucoup moins cher que celui que l'on fait avec le bois ; mais le feu eft regardé en Angleterre comme de premiere néceffité,

---

(1) Confultez un livre intitulé : *A fix Wecks tour* , &c. vous y verrez que les journées des moiffonneurs, des faucheurs , font communément de trente à quarante fols, dans des pays où le prix du pain eft de deux fols la livre , celui de la viande, de fix , & celui du beurre de douze.

& toutes les maisons sont échauffées avec soin quoiqu'il y ait par-tout des portes & des fenêtres bien fermantes & bien entretenues, qui défendent des injures de l'air.

Tels sont les véritables avantages de ce peuple, lesquels réunis à la sûreté de leurs propriétés & au privilege inestimable de ne dépendre que de la loi, le rendroient le plus heureux de la terre, si son climat, ses anciennes mœurs & ses fréquentes révolutions ne l'avoient pas tourné au mécontentement & à la mélancolie : mais ces considérations ne sont point de notre sujet. Nous venons de voir qu'une nation peut augmenter son commerce & sa culture dans une beaucoup plus grande proportion que sa population ; il nous reste à examiner si c'est un inconvénient pour elle, & si elle en sera moins puissante pour cela.

Tâchons de simplifier la question, & supposons, comme nous l'avons fait au commencement de cet ouvrage, que le travail d'une nation est partagé entre tous les individus : imaginons encore deux cités ; supposons dans l'une six mille habitants, & dans l'autre quatre mille : je soutiens que si les premiers sont dans une telle situation qu'ils soient obligés de travailler toute l'année pour se procurer une subsistance modique, & que les autres puiſſent produire avec le même travail une quantité de ſubſiſtances ſpécifiquement plus conſidérable, ou bien avec un travail beaucoup moins pénible une ſubſiſtance ſuffiſante, ceux-ci ſeront les plus forts, comme les plus heureux ; de façon que dans le cas où la guerre s'éleveroit entre les deux cités, ils ſeroient néceſſairement victorieux.

Allons plus loin, & voyons comment les choſes doivent ſe paſſer. Le peuple le moins nombreux, mais le plus riche (1) ſe réſout à mettre des troupes en campagne. Je ſuppoſe qu'il arme mille hommes. Voilà le quart du peuple qui ne travaille plus : il faut donc qu'il arrive de deux choſes l'une, ou que le pays, fourniſſant le quart moins de ſubſiſtances, les cultivateurs ſe privent journellement d'une partie de leurs conſommations pour faire vivre leurs ſoldats, ou qu'ils augmentent leur travail pour ſuppléer à celui que ces derniers ont été contraints d'abandonner. Mais chez un pareil peuple, ces deux reſſources ſont également poſſibles. Nous obſerverons ſeulement que cette alternative n'exiſte guere, les deux efforts ſe faiſant conjointement, de façon que

____

(1) Cette richeſſe doit toujours s'entendre des ſubſiſtances ; car juſqu'ici nous avons éloigné toute idée de commerce & d'argent monnoyé.

la partie laborieuse travaille un peu plus, &
consomme un peu moins , & c'est là ce qui
soutient tous les états pendant la guerre.

Examinons maintenant ce qui se passe chez
l'autre peuple. Il mettra aussi mille hommes
sur pied ; car dans les premieres campagnes
les armées sont ordinairement égales , & de
part & d'autre on calcule plus ses espérances
que ses moyens. L'embarras est de sçavoir
comment on soutiendra cette petite armée.
Les cinq mille hommes qui resteront travail-
leront-ils davantage ? mais à peine leur travail
excessif suffisoit-il à leur consommation ; con-
sommeront-ils moins ? mais à peine leur consommation suffisoit-elle à leur subsistance : dans
cet état de crise & de souffrance comment entretenir une armée, l'approvisionner, la recruter ? Il paroît donc démontré , qu'outre le desavantage qu'auront toujours mille soldats foibles & languissants contre un pareil nombre
d'hommes forts & vigoureux, la seule différence des moyens & des efforts décidera la
ruine de ce peuple plus nombreux, mais aussi
plus misérable que l'autre.

On m'objectera peut-être que ceci n'est qu'un
hypothese, & que je me donne la liberté d'y
pousser les choses à l'extrême. J'en convien-
drai ; oui, j'ai pris les choses à la rigueur, &
je les ai poussées à l'extrême ; mais c'est pour

mettre la queſtion dans tout ſon jour. Main-tenant ajoutez, diminuez, marquez les nuances intermédiaires ; mais avouez du moins que le principe eſt vrai, & que tous les événemens que l'hiſtoire nous préſente, s'y rapportent plus ou moins. Que ſeroit-ce ſi la nation la moins peuplée avoit un plus grand capital en argent monnoyé ? Que ſeroit-ce ſi, en ſuppoſant toutes les choſes venales, comme les hommes même le ſont de nos jours, tous les efforts de la guerre conſiſtoient en dépenſes ? certainement mon principe, loin de perdre dans l'application, en recevroit un nouveau jour, & paroîtroit ſans réplique.

Je prévois cependant une autre objeċtion, & je vais me hâter d'y répondre, avant de terminer ce chapitre. Vous parlez, dira-t-on, de l'argent monnoyé comme d'une reſſource, comme d'un capital, & cependant il paroît que dans les guerres les plus diſpendieuſes, le dépériſſement du travail, de la population & de l'agriculture précedent toujours l'exportation ou l'aliénation entiere de ce capital. Telle guerre a ruiné un pays qui n'en a pas fait ſortir le quart de ſon numéraire. Je prendrai la liberté de ne répondre à cette objeċtion que par l'expoſition d'une théorie que je crois auſſi vraie qu'elle eſt ſimple.

Toutes les denrées étant vénales, & le com-

merce intérieur, qui n'eſt qu'un troc perpé-
tuel, pouvant ſe faire par échange, ou avec
plus ou moins de ſignes repréſentatifs, il ſeroit naturel de regarder tout l'argent monnoyé qui exiſte dans un état, comme une
créance ſur un ſurplus de travail ou de production à prendre ſur l'étranger ; de façon qu'une
nation qui auroit une réproduction annuelle
de ſix cent millions, & qui poſſéderoit deux
cent millions d'argent comptant, pourroit ſe
figurer qu'elle a pour huit cent millions de
ſubſiſtances à ſa diſpoſition : mais comme il
eſt arrivé très - antérieurement que tous les
échanges ſe ſont faits par l'argent ; que ſans
argent les déplacements de fonds, les tranſ-
ports, les trocs, les paiements ne pourroient
avoir lieu ; il s'enſuit qu'il eſt devenu impoſſible de diſpoſer de l'argent comme capital,
ſans le détourner, dans une bien plus grande
proportion de ſes fonctions d'agent général du
commerce. Dans le corps humain une ſaignée
dégage également tous les vaiſſeaux ; il n'en
eſt pas de même dans le corps politique :
tout s'y fait par convulſion, & vous ne pouvez en changer l'économie, ſans y jeter le
déſordre & la confuſion. C'eſt ainſi que les
impôts attaquent les propriétés, & ruinent les
provinces ; c'eſt ainſi que les emprunts & les
affaires extraordinaires bouleverſent les for-

tunes, & interrompent le commerce. Telle eft
encore la raifon pour laquelle les nations fe
ruinent bien plus par la mauvaife adminiftration que par la guerre. De tout cela il réfulte que dans l'état préfent des fociétés politiques, l'argent monnoyé peut bien être regardé comme un capital qui repréfente des
denrées ou des mains-d'œuvres étrangeres ;
mais qu'en même temps c'eft un capital qui
n'eft point difponible ; qu'il ne peut être raffemblé & employé qu'en très-petite partie :
enfin , qu'une nation vraiment puiffante eft
celle qui confommant fpécifiquement plus ,
ou travaillant fpécifiquement moins qu'une
autre , peut dans un temps de crife trouver
une épargne dans fes fubfiftances , ou une
augmentation dans fon travail (1).

______

(1) Il eft pour les états des capitaux beaucoup plus
avantageux que l'or & l'argent. Ce font les ports de
mer, les places de guerre , les arfenaux, les chemins,
les canaux , les magafins , les fermes, les manufactures, & tous les édifices utiles à l'agriculture & au
commerce. C'eft, pour ainfi dire, la premiere mife ,
les avances d'une nation, fans lefquelles il n'y a nul
profit à attendre. Au refte , je n'ai pas befoin d'a-
vertir que fi j'ai comparé dans le courant de ce chapitre la France à l'Angleterre , tout ce qui a été dit
depuis fur deux peuples, dont l'un eft pauvre & l'autre riche, n'a plus aucun rapport à ces deux nations.

CHAPITRE VIII.

De la guerre & des causes qui peuvent la rendre plus ou moins fréquente de nos jours.

SI les spéculateurs ne font pas encore d'accord fur les véritables fymptomes de la félicité des peuples, perfonne ne difputera du moins que la paix n'en foit généralement le principe. La paix entraîne avec elle les idées de tranquillité, d'ordre & de bonheur. Pourquoi donc le calme qui doit la fuivre eft-il troublé fi fouvent chez les peuples libres par des factions, chez les autres par des murmures ? C'eft qu'on eft à la fois & beaucoup plus heureux & beaucoup moins occupé. Ce n'eft jamais qu'au moment où l'on commence à être mieux qu'on s'efforce d'être bien. Un moribond, accablé fous le poids de la mala-

---

La plupart des provinces de la France font auffi riches & auffi bien cultivées que l'Angleterre. Le peuple, à la vérité, n'y eft pas fi à fon aife : mais c'eft un bien qui ne peut s'opérer qu'avec le temps & à l'aide des loix favorables à l'agriculture, comme l'exportation des grains, le rachat des corvées, l'encouragement des chemins *vicinaux*, & furtout l'abolition de l'arbitraire dans la taille.

die, ne fent rien, n'efpere rien, ne craint rien:
la crife favorable eft-elle arrivée, la douleur
l'avertit bientôt de fon exiftence ; il s'agite,
il fe plaint, il commence à craindre la mort,
& il eft déjà guéri. Il en eft de même des
corps politiques. Ceux-là ne connoiffent ni les
hommes, ni les gouvernements, qui enten-
dant parler d'oppofition, de remontrances, de
murmures, &c., s'empreffent de conclure
qu'une nation eft malheureufe. Sans doute que
le calme de l'ancienne Arcadie ou du moderne
Lignon feroit une chofe bien douce ; mais les
hommes ne fe gouvernent pas comme les ber-
gers de d'Urfé, & les loix d'un état puiffant
ne font pas fi aifées à perfectionner que celles
de la vallée de Tempé. Pour moi, fi j'arri-
vois dans un pays où l'on ne parlât dans la capitale que de plaifirs & de fpectacles, dans les
provinces que de jeu & de tracafferies, dans
les campagnes que de la pluie & du beau
temps ; je dirois, voilà un peuple vain & ftu-
pide, que fa frivolité aveugle un moment,
mais qui tend certainement vers fa ruine. Au
contraire, fi je trouvois les efprits en activité ;
fi je les voyois foumettre à l'examen tout ce
qui eft bon & mauvais, utile ou nuifible ; fi
le bien public, quoique fouvent méconnu,
étoit l'objet de toutes les recherches ; fi les
converfations, ou raifonnables ou chagrines,

se tournoient souvent sur la législation, l'agriculture & le commerce ; si toutes les questions intéressantes étoient discutées, si toutes les opinions étoient soutenues, débattues & réfutées ; je dirois, voilà un peuple déjà très-estimable, qui commence à être heureux, qui mérite de l'être, & qui le sera encore plus par la suite.

L'humeur est condamnable dans les inférieurs ; mais elle est bien plus dangereuse dans ceux qui gouvernent. Il faut qu'ils aient soin de se prémunir contre cette impatience qui naît des petites importunités. La fermentation des discours & des écrits est incommode, mais n'est point inquiétante. Cromwel n'écrivoit pas le *North-Britton*, ni Jacques Clement des brochures politiques. J'ai vu bien des François & même des Anglois, se récrier sur les divisions qui agitent l'Angleterre depuis la paix ; je n'en ai pas vu un seul qui se soit souvenu que depuis les Tarquins jusqu'aux Césars la république Romaine ne s'étoit élevée que par les dissensions. Nous l'avons dit plus haut, & nous le répétons encore ; sans l'orgueil excessif des patriciens, & sans l'audace effrénée des tribuns, cette vaste république n'auroit, peut-être, été qu'une démocratie éphémere, ou une aristocratie languissante. Du temps des Scipions & des Émiles on n'entendoit que plaintes, reproches & cenfures. Tout fut en filence fous les Néron & les Domitien ; mais, fuivant l'expreffion ingénieufe d'un auteur moderne, ce calme étoit celui des tombeaux. Heureufe encore la nation Françoife en ce que fa tranquillité n'eft pas fondée fur un équilibre toujours incertain & fouvent chimérique, mais fur un concours général à foutenir toutes les formes modératrices, à rendre toute propriété refpectable, à prévenir toute précipitation dans la confećtion des loix, à éclairer le législateur lui-même par la liberté de penfer, de parler & d'écrire.

Gardons-nous donc d'aimer la guerre, parce qu'elle enivre les efprits d'une gloire paffagere, & qu'elle amufe le peuple par des réjouiffances publiques, toujours interrompues par les larmes des particuliers. Gardons-nous de craindre la paix, parce qu'elle donne occafion aux difcuffions, aux mouvements intérieurs. Rendons plutôt cette juftice aux hommes ; c'eft que tout paffionnés, tout injuftes qu'ils font, ils auroient mieux connu leurs véritables intérêts, s'ils n'avoient pas toujours été plutôt diftraits qu'aveuglés. En effet, je regarde comme une longue diftraction les guerres entreprifes pour la conquête du Milanès & du royaume de Naples. Il en eft de même de celles qui ont eu pour origine, d'abord l'ambition de la maifon d'Autriche , enfuite celle de Louis XIV , & enfin cette manie d'é-quilibre pouffée depuis jufqu'à l'extrême. La poftérité ne pardonnera jamais à un miniftre nonagénaire de n'avoir pas appaifé dans fon principe une longue querelle qui a tour-menté le fyftême politique de l'Europe , & ne l'a point changé. Cette querelle une fois terminée , avec quels. fuccès , avec quelle ra-pidité les efprits ne fe font-ils pas portés en-fuite vers les objets d'une véritable utilité ? Avec quel empreffement ne cherchoient-ils pas à jouir des principaux avantages de la paix , tels que le commerce & l'agriculture (1) ? Je ne parlerai point de la derniere guerre , parce que les faits trop récents font le domaine de

(1) Je place ici , pour la premiere fois , le mot *Com-merce* avant celui d'*Agriculture* , parce que tous les écrits publiés pendant la derniere paix eurent plutôt pour objet le commerce que l'agriculture. On n'écri-voit , on ne rêvoit que commerce. Ce fut alors qu'on agita cette vaine queftion : *Si la nobleffe devoit être commerçante* , comme fi le négoce fe récrutoit comme les armées , & n'avoit pas befoin de capitaux plutôt que d'individus. Ces écrits étoient les précurfeurs de la raifon : *Non erant illi lux , fed , &c.* Il faut pourtant fe rappeler que ce fut alors que M. Herbert publia le premier & peut-être le meilleur ouvrage. qui ait paru fur la liberté du commerce des grains.

la louange ou de la satire; domaine sur lequel je n'ai rien à prétendre ; mais j'observerai que si les querelles d'ambition ont été de malheureuses distractions pour les peuples, qui auroient dû travailler à leur bonheur ; le desir injuste d'un commerce exclusif, d'un commerce établi par la domination, & soutenu par la force; fut aussi une cruelle méprise, dont plusieurs nations ressentent encore les effets. Espérons que las enfin de tant de distractions inutiles & de méprises dangereuses, nous commencerons à sentir que les intérêts de toutes les nations sont les mêmes, & peuvent s'accorder entre eux. Espérons que les guerres deviendront moins opiniâtres & plus rares ; & pour nous persuader que ces espérances ne sont pas frivoles, entrons dans quelques détails sur les raisons qui les ont fondées.

Nous avons déjà fait entendre, en plusieurs occasions, que dans l'état présent de l'Europe, tout projet de monarchie universelle seroit téméraire & chimérique ; mais s'il suffit, pour la sûreté des peuples, qu'il soit impossible de l'exécuter, il faut, pour assurer leur repos, qu'il soit encore impossible de le former. Or, plusieurs raisons concourent maintenant à éloigner cette idée, même de la tête la plus folle & la plus ambitieuse. Non-seulement un équilibre suffisant balance les pouvoirs de l'Europe ; non-

feulement chaque état en particulier, par la fituation de fes frontieres, par quelques places
fortes, par un nombre de troupes convenable,
s'eft mis à portée de réfifter à un coup de main ;
mais encore des alliances multipliées, des traités
défenfifs ont fait de l'Europe une grande république, une immenfe confédération, dont les
liens ne peuvent être rompus que par de longs
& puiffants efforts. Le temps n'eft plus où, en
rifquant deux légions, on pouvoit efpérer la
conquête d'un royaume. Les premiers armements font devenus auffi difpendieux que les
derniers ; & les connoiffances militaires répandues affez également, doivent par - là même
éloigner la guerre, à peu près comme l'égalité
entre deux joueurs d'échecs rallentit bientôt
en eux la paffion du jeu. D'ailleurs, toutes les
nations puiffantes font obérées. Le poids de
leurs dettes & de leurs impofitions eft porté à
un tel degré, qu'il leur faut de grandes néceffi-
tés pour augmenter ce fardeau ; & la dénomination même des fubfides a changé, de façon
qu'au lieu de moyens on n'a plus que des reffources. Il faudroit donc plus que de l'ambition ; il faudroit une paffion bien décidée pour
porter les peuples à l'aggreffion. Mais qui eft-
ce qui excitera cette fureur ? Sera - ce la haine
nationale ? Elle n'exifte plus que dans la canaille,
& tous les jours encore elle eft amortie par le
commerce

commerce & par la fréquentation réciproque que le goût des voyages a établi depuis peu. Sera-ce le fanatifme religieux? La matiere n'en fubfifte plus, parce que les progrès de la raifon font tels, que s'il exiftoit encore des peuples fuperftitieux, ils feroient gouvernés par des princes fages & éclairés, & que s'il exiftoit des princes fuperftitieux, ils gouverneroient des peuples trop inftruits pour feconder leur folie.

Voilà déjà des motifs bien confolants pour efpérer que le repos des nations policées ne fera plus déformais fi fouvent & fi cruellement troublé; mais cet amour de la paix, cet intérêt à la conferver, on ne peut l'infpirer qu'aux nations les plus policées; & tandis qu'un long repos, qu'une fage adminiftration les auront formées à toutes les vertus, excepté aux vertus guerrieres, qui nous répondra qu'une nation pauvre, mais belliqueufe, livrée aux préjugés, mais pleine de mépris pour la mort, ne viendra pas détruire en un jour le brillant édifice de cette profpérité paffagere? Qui nous en répondra? Les hommes inftruits & éclairés, qui ne fe croient pas obligés de penfer que tout ce qui a été fera encore, & que les mêmes événements doivent fe reproduire après que les caufes ont changé. Les Barbares ont envahi la plus grande partie du monde; mais remarquez que ce n'eſt pourtant que l'empire Romain qu'ils ont envahi. Caligula deſiroit que le peuple de Rome n'eût qu'une ſeule tête pour l'abattre du même coup. Je ne ſçais ſi les nations Barbares avoient deſiré pareillement que la terre n'eût qu'un maître, afin d'en pouvoir triompher plus aiſément ; mais ce ſouhait ſe ſeroit trouvé rempli. Dans le fond, ces peuples étoient peu redoutables ; ils échouerent à tous les ſieges qu'ils entreprirent ; & ſi, en ſe renfermant dans les places, on avoit voulu ſe contenter de les harceler, la fatigue & les maladies les auroient bientôt détruits. Mais ils n'eurent à combattre que des armées mal diſciplinées, & des généraux auſſi haïs du peuple, que mépriſés des ſoldats. Ces ſoldats eux-mêmes étoient pour la plupart des Barbares, comme leurs ennemis. L'autorité foible & chancelante à Conſtantinople ne pouvoit remédier à des événements qui ſe paſſoient ſur des frontieres ſi reculées ; les bras, qui combattoient, étoient trop éloignés du cœur qui les animoit ; & ce cœur lui-même étoit foible & corrompu.

Nous ne craindrons pas de le dire : il n'y a pas de campagne du roi de Pruſſe qui n'ait été plus difficile que les conquêtes d'Attila. Que ſeroit-ce, ſi les Barbares avoient trouvé ſur leur chemin des places comme Olmutz ou Schweidnitz ? Que ſeroit-ce, ſi, au lieu d'avoir combattu quelque multitude indocile , commandée par des domeſtiques du palais, par des eunuques même, ils euſſent eu à faire ſucceſſivement à la Pruſſe, à l'Autriche, à la France? Les Ruſſes ne peuvent plus être regardés comme des peuples barbares ; ils font la guerre avec un grand train d'artillerie , de vivres, de munitions , &c. Les Turcs eux-mêmes ont une grande confiance dans leurs canons ; & le nombre prodigieux d'eſclaves qu'ils conduiſent à la ſuite de leur armée, rend leurs campagnes très-diſpendieuſes. Mais je ſuppoſe que la manie des conquêtes prenne à ces nations ; je crois que ce ſeroit une choſe curieuſe que de les voir devant une place comme Strasbourg (1). Soyons tranquilles ſur les Ruſſes & ſur les Turcs. Les Calmoucks ne prendront pas Luxembourg, & les Janiſſaires n'entreront pas dans Beſançon. D'ailleurs, la puiſſance Ottomane tend à ſa diſſolution, ſans que celle des Czars devienne plus à craindre. Ces ſouverains, poſſeſſeurs d'un pays immenſe , & maîtres de faire des conquêtes faciles vers l'Orient, n'en tenteront pas de périlleuſes vers

---

(1) Les Turcs ont réuſſi au ſiege de Candie ; mais l'art de l'attaque & de la défenſe des places n'étoit pas encore porté au point où il l'eſt de nos jours. D'ailleurs, les Vénitiens manquoient de ſecours ; & malgré cela quelle réſiſtance n'ont-ils pas faite ?

l'Occident : foibles & pauvres dans leur grandeur, ils fongeront à fe policer, & lorfqu'ils y auront réuffi, ils fe diviferont ; leur empire fe partagera & fe démembrera, de façon que de fes vaftes ruines il naîtra des états libres & heureux, comme autrefois des entrailles d'un taureau nâquirent ces effaims d'abeilles, dont le miel rendit aux humains une nourriture douce & bienfaifante.

Convenons-en : ce n'eft plus des préjugés groffiers & barbares que les hommes ont à craindre le retour de leurs calamités ; c'eft bien plutôt de l'abus qu'on fait de quelques bonnes maximes nouvellement établies. Telle eft, par exemple, l'utilité généralement reconnue d'un commerce très-étendu. Si l'Angleterre, depuis les gouvernements d'Elifabeth & de Cromwel, fi la Hollande, depuis qu'elle a été affranchie du pouvoir abfolu, & la France, depuis qu'elle y a été foumife, ont acquis par le commerce des richeffes & de l'éclat, il n'en faut pas conclure que ces avantages doivent être obtenus par toutes fortes de moyens. Il faut fur-tout fe bien défendre des plus faciles, c'eft-à-dire, de la force qui favorife l'ufurpation, & de l'exclufif qui la foutient. Qu'une adminiftration à grands projets & à petites vues ait voulu, fur la correfpondance d'un intendant avec un bureau, échaffauder le fyftême ridicule d'étendre

notre domination en Amérique, au lieu de l'affurer; que la manie de planter des pieux dans
la neige pour faire enfuite des fortereffes fur
des cartes, & toute cette ambition puérile des
fous-ordres, aient infpiré au gouvernement l'o-
piniâtreté de faire la guerre pour la démarcation de quelques déferts, c'eft ce qu'on ne conçoit que trop aifément : mais qu'une nation,
qui fe pique d'être philofophe & politique,
qu'un peuple, accoutumé depuis deux fiecles à
décider de fes propres intérêts, conferve toujours cette folle prétention à un commerce
conquérant & exclufif; qu'aveuglé fur fes véritables intérêts il facrifie encore à cette vaine
idole, c'eft ce qui me paroît encore plus fur-
prenant, & en même temps plus affligeant;
parce que l'efprit des confeils change bien plus
aifément que les préjugés populaires.

Difpenfons-nous de rappeller aux Anglois
que tout trafic, qui n'eft pas fondé fur un libre
échange des denrées, n'eft pas commerce, mais
tribut; que le négoce ne peut avoir d'autre
objet que de procurer à une nation plus de fubfiftances & une plus grande variété de confommations; que pour remplir cet objet, il doit
être étendu, & que par conféquent il ne peut
être fondé fur la domination; parce que toute
domination trop étendue doit tomber tôt ou
tard, & entraîner le commerce dans fa chûte :

ces avis & ces remontrances feroient fuperflus; une lettre d'Amérique leur en dit plus que notre philofophie ; mais, avant d'aller plus loin, il ne fera peut-être pas inutile de faire ici quelques obfervations fur ces préjugés qui ont perverti jufqu'à préfent le meilleur emploi de l'induftrie humaine.

Nous fommes dans le fiecle de la métaphyfique. Depuis que la mode paffagere de la géométrie eft venue débrouiller l'ancien chaos de la difcuffion, l'ordre & la méthode fe font mis en vogue. On n'a plus écrit fur la politique, fans remonter jufqu'à l'origine des fociétés. Une famille s'augmente, fe divife, fe fubdivife, &c. &c., & l'on fuit cette belle progreffion jufqu'à ce qu'on foit arrivé à une queftion particuliere, très-éloignée du point d'où l'on eft parti. S'agit-il de commerce ? On fuppofe trois propriétés, trois isles, fi l'on veut, dont l'une produit du bled, l'autre du vin, l'autre du chanvre, &c ; & l'on développe ainfi l'origine de toute chofe, à peu près comme le philofo. phe de Moliere fait connoître les voyelles à un difciple de quarante ans : *Avocat, paffons au déluge* ; ce déluge, c'eft la confufion de toutes chofes, le renverfement de tout principe, fuite funefte des erreurs, des paffions, des crimes & de la foiie des hommes. Pendant long-temps on n'a travaillé à la chymie que pour avoir de l'or.

Les Espagnols n'ont cherché des terres inconnues, que pour y trouver de l'or. Les Anglois n'ont attaqué les colonies des Espagnols, que pour leur prendre leur or. Cherchons donc les faits, non dans les abstractions métaphysiques, dans les discours préliminaires, dans les introductions, &c, mais dans l'histoire, & sur-tout dans les auteurs qui l'ont écrite sans intention, & qui ont, pour ainsi dire, traité les matieres sans le vouloir.

Le commerce des modernes, comme nous l'avons dit plus haut, ne s'est point établi pour favoriser la communication des denrées, ou pour faciliter les échanges ; il est né de l'avarice ; il s'est élevé au milieu des fureurs de la guerre & de l'acharnement des haines nationales ; il a pris, dès son principe, l'esprit d'exclusion & de domination, & il ne l'a que trop conservé de nos jours : *Prima mali labes* Il faut connoître ce mal pour le guérir ; il en faut démêler l'origine, & redoubler nos efforts pour tourner au profit de la raison cet ouvrage de nos passions. Un grand point, c'est que l'or & l'argent soient tombés en discrédit, ou, pour mieux m'expliquer, que les mines & le foible commerce qu'elles produisent soient appréciés à leur juste valeur. Mais si quelques Anglois, (je connois trop l'esprit d'ambition & de convoitise, qui regne encore dans cette nation, pour dire les Anglois en général) si quelques Anglois donc méprisent les mines du Brésil & du Pérou, ils ont encore un terrible attrait pour ces galions dont la prise fait une véritable fortune au particulier, & présente au public le fantôme d'une richesse passagere : *Auri sacra fames!* ... Eh! sans chercher ces dangereuses acquisitions, qu'ils partagent leurs communes, qu'ils assimilent leurs vastes bruyeres à ces belles campagnes de Kent & d'Yorkshire; c'est - là qu'existent leurs plus fécondes mines; c'est-là leur Potosi, leur Pérou, la véritable source de leurs richesses (1).

Je m'adresse volontiers aux Anglois, parce que ce sont eux qui sont le plus infectés de la manie de l'exclusif & de l'agrandissement. Les François paroissent avoir adopté, depuis quelque temps, des principes plus raisonnables ; mais je dirois volontiers à toutes les nations : *Désabusez - vous de juger de votre puissance ou de votre félicité sur des cartes enluminées ; gardez-vous sur-tout de conclure entre vous ces traités de com-*

---

(1) Quoiqu'on ait déjà partagé & cultivé beaucoup de communes en Angleterre, il en reste une grande quantité qui est encore négligée, le partage ne s'étant pas fait par un bill général, comme on le croit en France, mais par des arrangements pris dans chaque comté, & confirmés par des actes du parlement.

merce, qui ne *suivent les traités de paix que pour*
les détruire, à peu près, comme les vers rongeurs
s'attachent aux vaiffeaux Européens, lorfqu'ils re-
viennent de l'Amérique ; ou fi vous êtes obligés de
prendre quelques arrangements réciproques , qu'ils
aient la liberté pour bafe ; que toutes les nations
foient traitées également. Songez moins à avoir la
paix par les richeffes, que les richeffes par la paix.
Plus de ces vaines réferves de droits & de préfé-
rence ; ne ftipulez que la liberté, tout renaîtra,
tout profpérera, & les nations ayant toutes une
grande quantité de productions avec une grande
variété de befoins, le commerce ne fera plus fondé
que fur le bonheur général.

Nous avons exprimé nos vœux, annonçons
nos efpérances. Elles portent toujours fur les
progrès de la raifon humaine ; mais comme les
événements politiques accélerent ou retardent
confidérablement cette marche, naturellement
lente & timide, nous obferverons que la guerre
derniere, ou plutôt la paix dont elle a été fui-
vie, doit avoir une fi grande influence fur l'a-
venir, que notre poftérité la regardera, peut-
être, comme l'époque d'une révolution intéreffante. Toute paix, qui laiffe les chofes où
elles étoient avant la guerre, ne doit être regardée que comme une trêve ou une fufpenfion
d'armes. La raifon en eft bien fimple. Chacun
avoit un objet ; cet objet a reçu encore plus

d'importance par les efforts qu'il a excités; on s'y est encore plus attaché. Instruit par l'événement, on se croit assuré de prendre de meilleures mesures; les dispositions sont donc les mêmes, & le feu reste caché sous la cendre. Telle a été la paix d'Aix-la-Chapelle. Les Anglois ayant pris l'Isle-Royale, & les François Madras, les premiers ont regretté de n'avoir pas conquis tout le Canada, & les derniers de n'avoir pas détruit les établissements Anglois sur la côte de l'Inde. Une armée formidable, encouragée par la présence de son roi, & dirigée par un excellent général, avoit employé quatre campagnes à s'emparer des villes de Flandre. On se flatta à Londres qu'une autre fois avec de meilleurs généraux, plus d'accord, plus de vigilance, on défendroit mieux la Flandre; tandis que par d'autres conquêtes on se procureroit plus aisément la restitution de ce qu'on y auroit perdu. D'un autre côté, les François, malheureux en Italie, se rapelloient que sans les échecs de Plaisance & d'Asti il leur auroit été facile d'y donner la loi; les esprits fermentoient encore. Au premier prétexte de rupture, les projets, les plans d'agrandissement étant prêts de part & d'autre, on reprenoit la partie où on l'avoit laissée.

Il n'en a pas été de même de la paix de 1762. Les pertes considérables, que nous avons faites dans nos colonies, nous avertiſſoient, pour la premiere fois (1), de porter notre attention de ce côté-là, tandis qu'une expérience malheureuſe nous enſeignoit à prendre des précautions plus ſûres, pour ne pas laiſſer rallumer une guerre dont le ſuccès eſt incertain, & dont les déſaſtres ſont irréparables. D'un autre côté, le préſent dangereux, que nous avons fait aux Anglois, paroît avoir éloigné doublement les ſujets de rupture, en détruiſant toute conteſtation ſur les limites, & en inſpirant aux Américains une ſécurité qui les conduit à l'indépendance.

Nous nous abſtenons de former aucun prognoſtic ſur les événements qui ſe préparent au de-là des mers. Peut-être pourrions-nous nous applaudir de voir la guerre exercer ſes fureurs dans des climats ſi éloignés ; mais il faut ſe réjouir de ſon ſommeil, & non pas de ſon abſence. Quand elle eſt une fois en activité, elle franchit aiſément les eſpaces. Cependant nous obſerverons que toutes les guerres ne ſont pas

---

(1) Je dis pour la premiere fois, parce qu'il eſt trèsſûr que, du temps de Louis XIV, les ſacrifices faits à la paix d'Utrecht ne furent pas regardés comme des pertes véritables, l'établiſſement de Philippe V ayant paſſé alors pour un dédommagement plus que ſuffiſant.

contraires au bien de l'humanité, comme toutes les maladies ne font pas contraires à l'individu qu'elles attaquent. Dans l'un & dans l'autre cas, il peut se former une crise favorable, qui guérisse des maux antérieurs, & amene un état de santé robuste & permanent. Ce que tout philosophe doit desirer, c'est que l'issue de la guerre présente soit telle que l'Amérique continue à se peupler & à se perfectionner; car la raison, la législation, & le bonheur qui en résulte, ne sçauroient acquérir trop de surface sur ce globe où tout se tient, tout se correspond par une chaîne, tantôt apparente, tantôt cachée. Quant à l'Asie, si je considere nos mauvais succès comme un grand malheur passé, je ne puis m'empêcher de regarder la démolition de nos remparts à Pondichery, l'extinction de nos anciennes prétentions dans l'Inde, & surtout l'abolition du privilege de la compagnie des Indes, comme un grand bonheur pour le présent & pour l'avenir. Les Anglois, devenus fermiers du Mogol ou de ses Nababs, s'enrichissent à la vérité dans cette affaire; mais si les choses continuent sur le pied où elles sont, on ne peut envisager cette fortune comme appartenante au commerce, ou même aux colonies; ce ne sera jamais qu'un établissement précaire, soumis aux révolutions habituelles de l'Indoustan, & dépendant de la premiere invasion des Marates, ou des entreprises d'un autre Thamas-Kouli-kan. Si, au contraire, les Anglois, à force d'hommes, de combats & de dépenses, acquierent dans ce pays une véritable propriété, nul doute alors qu'ils ne soumettent l'Inde, & même la plus grande partie de l'Asie ; mais cet établissement rentrera dans la classe des colonies de l'Amérique, à cette différence encore que l'autorité y sera d'autant plutôt méprisée, qu'on en sera plus éloigné, & qu'on habitera un pays abondant en toutes sortes de productions. Dans tout cela je ne vois rien qui doive allarmer la France ou l'Espagne. Peut-être les Hollandois pourroient-ils en prendre quelque ombrage : mais ils possedent des isles d'un difficile accès, & des forteresses en état de défense ; & puis, quelle apparence que les Anglois, à portée de piller l'Asie, aillent épuiser leurs forces contre Batavia (1) ?

------

(1) Les Anglois auront beau prospérer dans les Indes, ce ne sera jamais qu'avec des peines excessives qu'ils y entretiendront dix mille hommes de troupes Européennes ; il est vrai que c'en est assez pour conquérir l'Inde ; mais, s'ils perdoient seulement trois ou quatre mille hommes dans une guerre contre les Hollandois, ils s'exposeroient à voir reprendre le Bengale & tout ce qu'ils possedent sur ces côtes.

En traitant de la situation politique des royaumes de France & d'Angleterre , nous croyons avoir examiné les véritables sources de la guerre ; car l'Allemagne ne peut pas la faire long-temps sans les subsides de ces deux puissances. Si nous voulions cependant porter un jugement particulier sur cette partie de l'Europe , nous dirions que les troupes Autrichiennes & Prussiennes font trop bien l'exercice , pour que la guerre soit prête à recommencer entre elles. Deux mal-adroits, le fleuret à la main , se portent des bottes au hasard : deux maîtres les remplacent ; ils se mesurent des yeux, se tâtent, se menacent, font de fréquents appels , & sont long-temps avant de se compromettre.

CHAPITRE IX.

Des suites de la guerre, des plaies de l'huma-
nité qui restent à refermer. Avantages & désa-
vantages qui résultent de la situation présente
de quelques Etats.

Puisque les réflexions que nous avons faites
dans les chapitres précédents nous ont conduits
à présumer que les guerres seroient désormais
moins longues & moins dispendieuses, il nous
reste à examiner si, par hasard, nous n'aurions pas
acheté trop cher un repos que nous ne devrions
qu'à notre épuisement, & si nous n'avons pas
échangé des fléaux passagers contre de longues
souffrances. Nous sommes devenus tranquilles,
mais pauvres; & ce repos apparent, dont nous
nous applaudissons, ne le devons - nous pas à
un effort continuel, qui assimile l'état de paix
à la guerre même? On ne craint plus les invasions ni les conquêtes; mais cette confiance
n'est fondée que sur de nombreuses forteresses,
sur d'immenses armées, garants très - coûteux
des traités; & tandis que nous nous chargeons
de ces frais énormes, nous portons encore tout
le poids des dettes qui ont été contractées par
nos peres.

Cependant une nouvelle guerre s'eſt établie dans le ſein des états : cette guerre, plus ruineuſe que ſanglante, plus importune qu'effrayante, s'eſt allumée par-tout entre le peuple & le gouvernement, ou plutôt entre le contribuable & l'exacteur. De nouvelles armées ont été levées, pour être toujours en activité, & ne prendre jamais de quartier d'hiver ; & tandis que nos bataillons, après avoir rempli les tâches modiques de leurs exercices, ſe repoſent dans le ſein des cités, où ſouvent même ils aident le commerce & ſecourent l'induſtrie, les brigades des fermiers tiennent toujours la campagne ; elles occupent des poſtes, établiſſent des patrouilles, envoient des détachements. Ce n'eſt pas tout : le défaut de concours entre les nations & les ſouverains a fait de la levée des ſubſides, tantôt un affreux brigandage, tantôt un vil eſcamotage. Cette impoſition a été choiſie de préférence, parce qu'elle préſentoit moins d'obſtacles, moins de difficultés : des moyens également ruineux & extravagants ont été mis ſucceſſivement en uſage. Les emplois les plus utiles ont été changés en offices onéreux, & les emplois les plus vils en charges honorables. On croiroit voir renaître, entre les miniſtres & les citoyens, ces anciennes loix de Sparte, qui toléroient le vol, pourvu qu'il fût fait avec adreſſe.

adreſſe. Le peuple, ſans force, ſans défenſe, étoit accablé ſous le poids de l'impoſition ; tandis que des exemptions, vendues aux riches, redoubloient encore ſon fardeau. Alors l'oppreſſion étoit devenue un ſyſtême ; car, plus l'impoſition étoit ruineuſe, mieux on vendoit le moyen de s'en affranchir... Hâtons-nous de tirer le rideau ſur ce funeſte tableau, dont nous n'aurions pas offert ici les vives couleurs, ſi nous n'avions voulu prouver à nos lecteurs que nous ne négligeons aucune objection. Entrons plutôt dans quelque détail, & ne nous refuſons pas à développer la ſuite de nos idées, quand même elles nous engageroient encore dans quelques diſcuſſions.

Convenons d'abord, pour ſimplifier la queſtion, que la peinture que nous venons de faire, ne ſe rapporte guere qu'au royaume de France. En effet, quelque conſidérables que ſoient les dettes de l'Angleterre & de la Hollande, les arrérages s'en paient facilement. En Hollande, preſque tous les revenus publics ſont levés ſur les conſommations : la perception en eſt ſimple & facile, tandis que l'activité du commerce & l'affluence des étrangers en diminuent le fardeau. En Angleterre, les droits ſont immenſes & multipliés ; mais ils peuvent ſe rapporter à trois principaux : la taxe ſur les terres, les douanes

& l'excife. Or, la taxe fur les terres, étant toujours affife fur un ancien cadaftre, a le double
avantage d'être conftante & uniforme, & d'a-
voir acquis, par le laps du temps, le mérite
de la proportion ; car les fonds ayant prefque tous changé de poffeffeurs, l'inégalité dans
la répartition a été compenfée dans les ventes
& dans les achats ; & c'eft ainfi que tout cadaftre eft utile en foi, & ne tarde pas à devenir
jufte & proportionnel. Mais nous avons trop
d'efprit en France pour faire une befogne fi
groffiere, & nous pafferons encore une centaine
d'années à mefurer des héritages, & à pefer des
gerbes, avant de nous délivrer de nos taxes arbitraires. Les droits d'entrée font confidérables en Angleterre, mais ils font tous rejetés
fur la frontiere extrême ; & foit que vous ayez
acquitté les droits à Porfmouth ou à Edimbourg,
vous pouvez, après cela, traverfer toute la
Grande-Bretagne, fans avoir aucune fignature
à faire ou à demander. J'avoue que l'excife qui
exige des vifites chez les particuliers & une
efpece d'inquifition domeftique, s'eft toujours
préfentée à moi fous l'afpect le plus odieux ; mais
je conviens en même temps que je n'ai vu nulle
part l'effet répondre à mes conjectures. Elle eft
établie en Flandre, en Hollande & en Angleterre, & elle n'y caufe ni plaintes, ni mur-

mures, ni procès (1) ; c'est peut-être que cet
impôt ne se paie qu'une fois & sur de grandes quantités ; tandis que nos droits d'aides
sont multipliés, embarrassés, fatiguants & importuns. Les Anglois paient une taxe sur les
fenêtres ; & je sçais combien une loi, qui fait
payer l'air & la lumiere même, peut fournir à
l'éloquence, si elle veut servir le mécontentement ; mais, après tout, cette imposition est
égale & uniforme. Un exacteur ne peut, par
avarice ou par animosité, vous supposer des
fenêtres ; & puis ces impositions ont été con-
senties & approuvées par le peuple. En un mot,
je ne craindrai pas de l'avancer : les Anglois
peuvent souffrir de leur luxe & de l'inégalité
des richesses, mais ils ne gémissent pas sous le
poids des impositions ; ils ne sont pas malheureux par leurs dettes & par leurs dépenses. Il
n'en est pas de même des François, quoique
leurs charges ne fussent pas plus pesantes, si
elles étoient mieux réparties. Mais ici le fond
disparoît sous les formes hideuses dont il est
revêtu ; & la contribution des sujets, légitime
en elle-même, se trouve chargée de tout l'o-
dieux de la perception.

Pour connoître parfaitement l'état intrinse-

---

(1) L'Artois, qui jouit de la plus belle administration
qu'il y ait en France, a une excise, & ne s'en plaint pas.

que de ce royaume, il faudroit féparer deux chofes, trop fouvent réunies dans l'opinion commune, la dette en elle-même, & les moyens qu'on prend pour en payer les arrérages ; mais c'eft une matiere qui demande à être traitée à part, & que nous réfervons pour une autre place. Nous nous contenterons d'obferver ici qu'il y a plufieurs provinces de la France, qui ont échappé à ces malheurs : ce font celles qui ont été affez heureufes pour être gouvernées par des états ; & parmi les autres, il en eft encore qu'une fage adminiftration foutient journellement contre les vices de la légiflation ; il en eft où l'arbitraire eft repouffé par la précaution éclairée des intendants ; où des cadaftres particuliers, des dénombrements exacts fervent de remede aux vices de l'impofition. Si des édits burfaux ont gêné le commerce & enchaîné l'induftrie, un miniftre vigilant rompt quelquefois ces entraves, difpenfe de quelques réglements abufifs, modifie les loix trop difficiles à abolir, & foulage ainfi le malade qu'il ne peut guérir (1). On ofe même affurer qu'une

____

(1) M. de Trudaine a été le premier qui ait affranchi le commerce. Avant lui, c'étoit un galérien attaché à fon banc ; maintenant c'en eft un qui a la liberté d'aller & de venir, mais qui porte encore au pied un anneau, dont fa démarche eft gênée, & qui marque fon efcla-

certaine aifance , une forte de profpérité fe laiffe appercevoir dans le royaume ; mais elle n'a pas encore gagné fon niveau ; elle n'eft pas parvenue aux claffes les plus utiles , au petit peuple , au cultivateur. Tout n'eft donc pas fi mal qu'on le croit d'abord ; mais tout eft loin , beaucoup trop loin , d'être bien ; & foit que le poids augmente ou diminue , il reftera toujours que les François font de tous les peuples celui qui fouffre le plus des impofitions. Ce qu'il s'agit d'examiner, c'eft par quels avantages ces inconvéniens font compenfés. Je n'en citerai que deux , mais qui font bien intéreffants ; les voici en deux mots : moins de guerre & moins de defpotifme.

Moins de guerre : parce que fi l'ambition de la nobleffe, celle de quelques miniftres, de quelques courtifans veut quelquefois la rallumer, l'état des finances vient tout-à-coup fe préfenter, & les arrête tout court. La difficulté de faire paffer de nouveaux édits, de lever de nouveaux fubfides ; la crainte de troubler par les murmures ou les réformes les plai-

---

vage. M. de Trudaine, en mourant, n'a pas laiffé la liberté fans défenfeur : ce qu'il a penfé, fon fils l'a ofé. Le commerce doit à celui-ci fa liberté la plus chere, celle de l'exportation des grains. C'eft un titre acquis à la contradiction du fiecle préfent, & à la reconnoiffance des fiecles à venir. Q 3

firs d'une cour brillante & faftueufe ; le labyrinthe inextricable dans lequel on fe trouve engagé ; l'avantage qu'on donne à certains corps, habiles à faifir les occafions de réfiftance & les moyens de conferver la popularité ; tous ces obftac'es font autant d'égides pour le peuple, autant de barrieres qui arrêtent la premiere faillie d'une nation plus entreprenante que prudente.

Moins de defpotifme : parce que dans tous les pays du monde les befoins du fifc font les vrais précepteurs des rois. Les monarques les plus abfolus reconnoiffent à la fin que leur autorité, qui les rend maîtres des individus, eft un pouvoir inutile, dont ils ne peuvent aimer l'ufage, & qui ne fert qu'aux intérêts perfonnels des miniftres ; ils reconnoiffent, dis-je, que cette autorité, forte contre les particuliers, ne peut rien contre les fortunes. On peut emprifonner un homme qui a tenu un propos indifcret ; mais on ne met à la Baftille ni les cours fouveraines, ni les états d'une province, ni des propriétaires qui fe difent dans l'impoffibilité de payer. D'ailleurs, il arrive fouvent que des befoins preffants engagent à de certains ménagements. Des corps qui veillent toujours, tiennent regiftre des plus légeres démarches qu'on fait pour les gagner, & bientôt une fuite de complaifances fe trouve

avoir fondé des droits : car , comme nous l'a- .
vons dit plus haut , que font les loix des
hommes finon l'exemple & l'habitude ?

Qu'on n'aille pas donner un mauvais
fens à ces réflexions. Eh ! qui pourroit en faire
l'application au moment préfent ? Nous n'ig-
norons pas , fans doute , que c'eft un privilege
précieux du gouvernement monarchique d'infpirer quelquefois la fécurité la plus parfaite
dont les nations puiffent jouir : je veux dire
celle qui n'eft pas fondée fur des chofes abf-
traites & inanimées , toujours foibles, toujours impuiffantes contre les paffions des hommes ; mais fur le caractere , fur les vertus du
fouverain. Heureux les peuples lorfque ce
fouverain déjà parvenu à l'âge où l'homme
fe montre tout entier , eft encore affez jeune
pour leur promettre une longue profpérité !
C'eft alors que l'attachement aux loix & au
gouvernement eft d'autant plus folidement
établi , que le fentiment en eft la fource , &
qu'il mêle à chaque fatisfaction & la reconnoiffance qui en redouble le prix, & l'efpérance
qui embellit l'avenir des charmes du préfent.
Telles font les réflexions d'un François, mais
un philofophe écrit pour tous les temps, pour
tous les pays. Le même royaume qui pleure
un Henri IV , détefte la mémoire d'un Louis XI.
L'efprit léger & fuperficiel ne voit que le pré-

fent ; mais la réflexion embrasse le passé & l'avenir. Voyez un vaisseau traverser les mers : les matelots s'agitent sur le pont , montent sur les vergues & dans les manœuvres; tout paroît en mouvement : l'officier commande, l'inférieur obéit , le pilote seul paroît oisif; c'est pourtant lui qui trace la route du navire, & calcule sa marche & sa position. Les états, les sociétés tendent tous à un but. Mais leur marche est-elle lente ou rapide , directe ou oblique, progressive ou rétrograde ? Ce sont des questions qui valent bien, à mon avis, les disputes sur les théatres & sur la musique. Et dussent quelques mauvais esprits s'en offenser, j'oserai dire qu'on peut prêter quelque attention à celui qui les traite , sur-tout s'il n'écrit pas dans le genre systématique & romanesque.

Le bonheur des peuples est une chose si sacrée qu'on ne sçauroit trop l'assurer. Comptons beaucoup sur les vertus des hommes , mais traitons avec leurs intérêts. Il faudroit des vertus plus qu'humaines pour que des souverains qui auroient tous des revenus considérables, & même des épargnes, ne cherchassent pas à étendre leur pouvoir & leur domination. S'il est quelquefois des princes sans orgueil & sans ambition, c'est un présent que la nature ne fait pas souvent, & qu'elle n'accorde pas à toutes les nations à la fois. Or, si la guerre n'étoit pas devenue si difficile & si dispendieuse, il suffiroit de deux ou trois princes ambitieux pour troubler toute l'Europe. La flatterie a trop loué les souverains; la malignité les a trop condamnés. Qui d'entre nous sçait ce qu'il auroit fait en plusieurs occasions, s'il avoit pu tout ce qu'il auroit voulu? Avons-nous toujours agi avec la même maturité? Avons-nous toujours aimé nos semblables? Avons-nous toujours combattu nos passions? Le meilleur des rois a-t-il toujours été le même dans tous les instants de sa vie? Titus a été sans reproche; mais il n'a regné que deux ans. Les princes, comme les autres hommes, sont soumis aux loix de la nature. Plus présomptueux, plus ardents dans leur jeunesse, plus ambitieux, plus opiniâtres dans leur maturité, plus timides, plus jaloux dans leur vieillesse, ils sont les arbitres des hommes & les esclaves de la nature & du temps. Gardons-nous donc de souhaiter pour nos supérieurs, pour nos rois, pour nous-mêmes, que le mal soit jamais facile à faire.

C'en est assez sur ces vérités, qu'il suffit de montrer aux bons esprits, & qu'il est dangereux de développer aux ames basses & corrompues. Tout ce que nous avons voulu prouver, c'est que plusieurs inconvénients attachés à l'état actuel des choses se trouvent compensés par des avantages indirects, qui échappent à la plupart des déclamateurs ; parce que ceux-ci ne considérant qu'une partie des objets, n'y voient que l'*absolu*, & jamais le *relatif*. Semblables en cela aux médecins ignorants, qui entreprennent la cure d'un mal local, sans se douter que de ce mal même peut dépendre le salut de l'individu. Oh ! qu'il est aisé de dire : *Ce peuple n'est pas assez militaire, assez commerçant, assez navigateur ;* mais qu'il est difficile de définir ce qu'un peuple doit être, en raison de sa situation, de son gouvernement, de son caractere.

Infelix operis summa, quia componere totum nesciunt…

Les temps anciens abondoient en législateurs ; le nôtre abonde en réformateurs. Les premiers ayant beaucoup à créer & peu d'exemples à suivre, se sont abandonnés à des spéculations souvent frivoles ; les autres, livrés à l'impression du moment n'ont eu pour guide qu'une expérience trop circonscrite & trop isolée. Il est temps d'édifier sur des fondements plus vastes & plus solides. Le livre de l'histoire est ouvert, nous avons essayé de le parcourir avec le calme de la philosophie & de l'impartialité : maintenant que nous sommes parvenus au dernier chapitre, & qu'il ne nous reste plus devant les yeux que les innombrables feuilles encore blanches, où doivent s'inscrire un jour les leçons de la postérité, profitons du moins de nos observations, & rappelons-nous les principales idées qu'elles nous ont suggérées.

RÉSUMÉ DE CET OUVRAGE.

SI les recherches auxquelles nous nous sommes livrés ont eu pour objet de conftater quel fut le fort de l'humanité dans les différentes époques de l'hiftoire, il ne faut pas oublier que ce travail long & pénible tend à un grand réfultat, fans lequel il pourroit être confidéré, comme une fpéculation ftérile. Tandis que plufieurs écrivains éclairés & refpectables s'efforcent d'enfeigner aux hommes la route qui conduit à la plus grande félicité poffible, nous avons choifi pour notre tâche d'examiner fi l'état focial étoit effectivement fufceptible d'amélioration ; nous avons voulu prévenir furtout cette objection, commune à la vérité, mais bien importante & bien dangereufe : *A quoi tout cela aboutira-t-il ? Les hommes ne feront-ils pas toujours les mêmes ?* Or, pour y parvenir nous avions une marche toute indiquée.

Premiérement, nous pouvions nous affurer que la légiflation, la morale & les habitudes, ont un tel empire fur les paffions, qu'elles peuvent apporter des différences infinies dans l'état focial ; & comme ces différences ne peuvent jamais fe trouver qu'entre deux points principaux, le bien & le mal, il eft fûr que la législation & la morale peuvent rendre les hommes plus ou moins heureux. Mais c'eſt un article ſur lequel nous n'avons pas eu beſoin d'inſiſter, ayant été prévenus dans ce travail par des auteurs très célebres, dont deux entr'autres (1), ont jeté le plus grand jour ſur cette matiere. Secondement, il nous reſtoit à prouver la choſe par le fait, c'eſt-à-dire, à nous aſſurer que ſi les hommes n'avoient pas encore fait de grands progrès dans la véritable politique, on ne pouvoit en tirer aucune conſéquence pour l'avenir ; parce qu'il eſt clair que non-ſeulement ils ont généralement négligé cet objet, mais que lorſqu'ils y ont donné quelque attention, ils ont été bien loin de choiſir les meilleurs moyens pour l'atteindre. C'eſt à ces conſidérations que nous nous ſommes plus particuliérement attachés. Elles nous ont conduits à recueillir ce que l'hiſtoire nous a tranſmis de plus probable ſur les gouvernemens anciens. Nous n'avons trouvé qu'obſcurités & contradiſtions dans le petit nombre de documents qui nous reſtent ſur les vieilles monarchies, telles que celles des Egyptiens, des Aſſyriens, des Medes, &c. mais nous avons pu reconnoître que le deſpotiſme & la ſuperſ-

---

(1) M. le préſident de Monteſquieu dans l'*Eſprit des Loix*, & M. Helvétius, dans le Livre de l'*Eſprit.*

tition avoient regné affez généralement dans ces premiers âges du monde. Or, comme toute autorité qui n'eft pas exercée pour le bonheur de tous, ne peut avoir été fondée que fur la force & l'impofture, nous n'avons pas été furpris de voir le brigandage & l'ufurpation fe montrer avec les premiers rois, & fe propager avec les premiers peuples. Paffant enfuite à l'établiffement des plus anciennes républiques, nous avons reconnu que l'efprit d'ambition & de jaloufie n'avoit que trop préfidé à leur législation ; & s'il s'en eft préfenté quelques-unes qui fe foient bornées à la défenfe & à la confervation, il nous a paru qu'elles avoient fondé cette défenfe & cette confervation fur des moyens violents ; & proportionnés feulement à l'état forcé dans lequel elles avoient pris naiffance. En effet, lorfque ces régimes différents ont eu quelques fuccès momentanés, & lorfqu'il eft arrivé que des caufes morales ou phyfiques ont multiplié les hommes dans quelques endroits & fous quelques gouvernements, il s'eft trouvé que les législations comportoient fi peu ces avantages inattendus, qu'il a fallu difperfer la population naiffante, & fonder de nouvelles colonies. Or, ces colonies ne pouvant s'élever que dans des contrées défertes, ou habitées par des peuples groffiers, il s'eft établi de nouveaux rapports de supériorité, exiftants dans le fait, & exagérés encore par l'opinion, lefquels ont éloigné de plus en plus la réunion des peuples, fource de toute vertu fociale; de façon que les hommes fe font trouvés partagés en trois claffes qui pefoient les unes fur les autres; des nations nombreufes & anciennes foumifes à des monarques; des républiques actives & ambitieufes qui tendoient à s'agrandir, & des peuples groffiers & fauvages qui fe cachoient dans les bois pour n'en fortir que par effaims, & ne fe faire connoître que par des invafions.

Dans cet état des chofes, la véritable morale & la faine politique pouvoient difficilement naître ou fe propager. Il ne faut pas attendre que l'intérêt perfonnel cherche des chemins détournés, tandis qu'il en trouve de plus courts & de plus faciles. Les hommes connoiffoient déjà les richeffes & tous les autres avantages de la vie civile. Du defir de poffséder à la volonté d'envahir, il n'y eut aucun intervalle. Là, fe trouvoit l'or, ailleurs l'ivoire & les parfums. C'étoit à la force à acquérir des tréfors pour lefquels l'induftrie n'avoit pas préparé d'échange. Les étrangers furent appelés *barbares*; il n'en fallut pas davantage pour s'autorifer à leur enlever leurs poffeffions, & à les réduire en captivité. L'agriculture & les arts offroient des jouiffances plus faciles, mais c'étoient encore des mains efclaves qui devoient les procurer. Enfin, fi alors on eût ôté à l'homme le droit d'opprimer l'homme, il fe feroit trouvé auffi dénué qu'il le feroit de nos jours, fi on le privoit du fecours des animaux domeftiques. Les malheurs de la terre ayant toujours augmenté en proportion du progrès fucceffif des nations qui s'étendoient ou fe multiplioient fur la furface du globe, il fembloit que la feule maniere de terminer ces longs défaftres étoit de donner à quelque peuple puiffant une telle prépondérance qu'il devint le maître ou l'arbitre des autres. C'eft ce qui arriva au peuple romain. Mais comme cette prépondérance ne venoit que de la force, il n'en réfulta aucun effet favorable à l'humanité. Cette idée ne fçauroit être trop développée ; nous nous y arrêterons encore un moment.

Lorfqu'une nation fe perfectionne par le progrès naturel des lumieres, elle améliore à la fois tous les moyens qui conduifent à la profpérité générale : législation, commerce, agriculture, milice, navigation, tout marche d'un pas égal, & alors le bonheur eft fondé fur une bafe étendue & durable. Tel a été le fort de l'Angleterre depuis deux fiecles. Mais lorfqu'une feule ou un petit nombre de prééminences

minences particulieres ont donné à quelque peuple un avantage marqué fur les autres ; il ne peut établir fa fupériorité que fur l'exercice continuel des facultés que lui ont procuré cet avantage. C'eft ainfi que la perfection dans la guerre n'eft bonne que pour conquérir ; & que l'activité dans le commerce ne fert qu'à s'enrichir, mais jamais à établir un empire heureux & permanent. Rome & Carthage en firent l'expérience : l'une fut affez forte pour foumettre le monde ; l'autre affez induftrieufe pour le dépouiller ; mais ni l'une ni l'autre ne furent affez fages, affez éclairées pour s'affurer la jouiffance de ce qu'elles avoient acquis. C'eft Rome, fur-tout, qui mérite notre attention, parce que tous fes malheurs font venus de ce qu'elle a été puiffante avant d'être éclairée. Voyez-la foumettre la Sicile & la Grece fans prévoir encore l'ufage des arts & des richeffes qui vont faire partie de fon domaine. Elle ne connoît pas encore la jouiffance, & elle éprouve déjà la corruption. Elle porte fes armes jufqu'aux rives du Nil, & voilà que le culte d'Ifis & toutes les fuperftitions Égyptiennes, fi oppofés à l'efprit de fon gouvernement, viennent infecter fes foyers. A peine a-t-elle conquis l'Afie mineure, que le Judaïfme fe répand dans tout l'empire. Il en eft de même de la fubtilité Grecque, des principes plus fages, mais non moins contraires à fes mœurs, que dicterent les Carneade, les Epicure, & tant d'autres fondateurs de fectes, bonnes tout au plus pour amufer l'efprit prompt & facile des Grecs, mais totalement étrangeres à l'auftérité Romaine. Nulle erreur, nul preftige, nulle fottife qu'ils n'acquierent en conquérant une province. Il femble voir les Impériaux gagner une bataille fur les Ottomans, & revenir dans leur camp avec une maladie cruelle qui détruit l'armée victorieufe, & lui fait pleurer fes fuccès.

Toute nation dont le gouvernement n'a pas fuffifamment pourvu à fon propre bonheur, ne pourra jamais, ni par fes conquêtes ni par fon influence politique, difpenfer à l'étranger un bien qu'elle n'a pu fe procurer à elle-même. En parcourant l'hiftoire, en réfléchiffant fur les faits, nous avons trouvé qu'ils juftifioient conftamment ce principe, & paffant bientôt à de nouvelles révolutions, nous avons vu l'inondation des Barbares changer la face entiere du monde, mais ramener une feconde fois, & d'une façon plus marquée encore, cette fituation finguliere où les fciences, les arts, la raifon même font d'un côté, & la force de l'autre. Dans cette crife le mal eft plus violent, & le remede plus éloigné. Deux caufes y contribuent particuliérement : 1°. le vainqueur plus brute, plus féroce, n'a pas même la faculté de jouir & de s'amollir : 2°. le hasard place le centre d'activité de cette force dans des climats où la nature moins féconde & le ciel moins pur n'ont pas le pouvoir de l'énerver. En France, en Angleterre, en Allemagne, les Barbares restent long-temps Barbares : ils restent aussi les plus forts, tandis qu'en Espagne, en Italie, les Goths & les Lombards ne tardent pas à se civiliser, ou plutôt à s'affoiblir. Si l'invasion survient encore d'un autre côté, & si sortant des bords de la mer Caspienne, & passant par la Perse & l'Arabie, elle inonde enfin la Grece & l'Asie mineure, alors un excès opposé produit à peu près le même effet, & la férocité se trouve également dans les ardeurs du Midi & parmi les glaces du Nord.

Dans la même époque une révolution plus extraordinaire, mais d'un ordre supérieur, donne naissance à un nouvel empire que la force n'a pas établi, & que la force ne peut détruire. Le christianisme, à peine dans son berceau, triomphe des anciennes religions. Il attaque toutes les superstitions des anciens, mais il fait alliance avec leur philosophie, alliance qui lui devient funeste, en altérant la simplicité de ses dogmes. Dans un temps, dans un pays où toutes les opinions sont dans une espece de fermentation, l'esprit de controverse devient l'esprit dominant, & comme la philosophie a ses écoles, la religion a ses sectes. Mais ce qu'on ne peut se lasser d'admirer, c'est que les habitants du Nord saisissent avec avidité cette subtilité *éristique* (1); accessoire pour le moins inutile de la morale de J. C.; qu'on les voit se livrer à toutes les idées frivoles & exagérées que les Grecs avoient introduites dans la religion, tandis que les Orientaux, à qui les Grecs avoient dû jadis leur philosophie, montrent un mépris stupide pour toutes les sciences & pour tous les dogmes, & conservent obstinément, avec l'ignorance la plus grossiere, le fanatisme le plus cruel : contradiction frappante, dont on pourra pourtant se rendre raison, si l'on considere que le seul besoin attira les habitants du Nord vers les contrées plus fertiles du Midi; de sorte qu'ils ne furent que de simples usurpateurs plus incultes que présomptueux, & plutôt ignorants qu'ennemis de la science, au lieu que l'esprit de révolte & l'esprit de fanatisme précipiterent les Ottomans dans la guerre, & les conduisirent dans leurs

---

(1) Le genre *Éristique* étoit celui de la dispute, & de la dispute opiniâtre, qui avoit pour principe de ne pas céder. Nous n'avons pas de mot pour le désigner; malheureusement le mot seul nous manque.

invaſions. Une fois maîtres de la plus grande partie du monde connu, leur religion, auſſi barbare qu'abſurde, les tint ſéparés des peuples qu'ils avoient ſoumis, & la terreur qui leur avoit donné l'empire, fut ſeule chargée de le conſerver ; tant il eſt vrai que de tous les fléaux de l'humanité ; le fanatiſme & l'intolérance ſont les plus à redouter.

Le gouvernement féodal, né du ſein même de l'uſurpation, s'établit ſous de meilleurs auſpices. Il porte ſinon le caractere, du moins les ſignes extérieurs de la juſtice. Les formes, les apparences de la police & de la législation s'y laiſſent appercevoir. Vaſte & ſimple dans ſa premiere inſtitution, il ſe modifie enſuite ſuivant les lieux & les circonſtances ; mais partout il rappelle ſon origine Barbare. L'ignorance l'accompagne dans tous ſes progrès : content d'opprimer le peuple, il conſent à en partager la dépouille avec les moines & le clergé. D'un autre côté, la théologie d'autant plus ſubtile, d'autant plus intolérante que les peuples ſont plus groſſiers, préſente alors le ſpectacle le plus funeſte & en même temps le plus ridicule ; l'entêtement ſtupide du Nord attaché à l'extravagance & à l'exagération du Midi, & le glaive du Belge ou du Sicambre aiguiſé pour protéger les rêves de l'Aſie & les ſophiſmes de la Grece. Enfin, pour mettre le comble au défordre général, les deux vaftes fyftêmes politiques qui régiffent le monde, viennent fe heurter l'un contre l'autre. Les ufurpateurs de l'Orient & du Midi fe trouvent aux prifes avec ceux du Nord & de l'Occident. En Efpagne, en Grece, en Afrique, en Afie, on les voit fe livrer une guerre cruelle. Il femble alors que les malheurs de l'humanité foient parvenus à leur dernier période. L'épuifement de fes forces, l'abattement où elle eft plongée amenent enfin quelque repos ; c'eft la crife favorable. La raifon depuis long-temps exilée de la furface de la terre n'ofe encore y reparoître, mais elle y envoie les arts & les lettres pour fonder le terrein ; à peu près comme Noé lâcha la colombe après le déluge univerfel.

L'ignorance & l'erreur fe partageoient l'empire du monde. L'ignorance fuit la premiere ; l'erreur refte encore, parce que la raifon feule peut en triompher. Enfin, le moment eft venu où celle-ci ofe fe montrer ; mais quel chaos, quelle confufion de toutes chofes s'oppofent encore à fes progrès ! L'avarice, éclairée par les arts même, réveille l'ambition & rallume le flambeau de la guerre. L'Amérique eft conquife, & l'or qu'on en rapporte va conquérir l'Europe à fon tour ; cependant cette nouvelle ufurpation ne tarde

pas à trouver des limites. Le defpotifme n'eft
plus fait pour des peuples déformais éclairés.
L'ambition de Charles-Quint & la politique
de Philippe II échouent contre la conftance
héroïque des nations qu'elles veulent enchaî-
ner. La liberté reprend fes droits , tant dans
l'ordre civil que dans l'ordre religieux ; le defpotifme même fe modere, & fous le nom de
monarchie , il fe change en autorité légitime.
Bientôt le commerce & l'induftrie deviennent
des fources plus pures de la richeffe & de la
puiffance : la profpérité s'annonce de toute
part. Mais qu'il eft difficile de jouir fans abu-
fer ! A peine Louis XIV a-t-il réuni les membres déchirés d'un puiffant empire, qu'il le rend
la terreur des autres. Avide d'une gloire mal
entendue , il va toujours cherchant la grandeur , & bientôt il ne lui refte plus d'autre
gloire que celle d'être grand dans fes défaftres. Eh ! c'étoit bien affez de grandeur , & le
monde étoit déjà trop vieux pour de telles fri-
volités. Le repos & la paix , les premiers befoins des hommes commencerent à acquérir
quelque importance à leurs yeux. Il étoit
temps d'entrer en jouiffance de la terre que
jufque-là on n'avoit fait que fe difputer. Fati-
gués de carnage , de fuperftitions & d'erreurs,
les peuples ceffent enfin de fermer l'oreille à
la raifon, qui ne parle jamais affez haut pour

fe faire entendre au milieu du bruit, & qui a coutume de fe taire, fi on ne l'écoute. Les mots de *tolérance*, de *liberté*, d'*agriculture*, d'*induftrie* font les premiers qu'elle prononce. Ils fe font entendre dans toute l'Europe, & vont retentir jufqu'en Amérique. C'eft la femence jetée au hafard, qui dans quelques endroits eft emportée par les vents, mais qui fructifie dans d'autres, & prépare de riches moiffons: progrès heureux dont nous avons reconnu la réalité, & que nous avons voulu préfenter à nos contemporains comme un objet de confolation & d'encouragement. Cependant telle eft la propenfion des hommes à la fatire & à la *morofité*, (car ce terme, peu ufité, rend mieux notre idée) qu'ils veulent méconnoître les avantages qu'ils ont fur leurs ancêtres, qu'ils fe plaifent toujours à dire, à publier que tout va mal, que tout fe détériore. La critique auftere & tranchante les féduit, les entraîne. Elle feule eft difpenfée de difcuter. Pour nous, tandis qu'elle crie à la dépopulation, quoique la population augmente tous les jours, qu'elle annonce la décadence de l'agriculture, (quoique l'agriculture s'étende de plus en plus) qu'elle décrie les loix & le gouvernement, quoique le gouvernement & la législation fe perfectionnent généralement, nous avons jugé à propos de nous retirer de la foule, & perfiftant à croire que la raison fait toujours des progrès , nous avons dit comme Galilée : *E però si muove* (1). Puissent nos réflexions persuader à nos semblables, non qu'ils sont arrivés au terme où ils doivent tendre, mais du moins qu'ils sont dans le bon chemin. Le voyageur qui s'est égaré dans une épaisse forêt ne marche qu'avec lenteur & incertitude ; mais s'il vient à reconnoître la route qui le conduit à ses foyers, il double le pas, & retrouve ses forces avec l'espérance. Tel doit être maintenant le progrès de la philosophie. Qu'elle ferme l'oreille à la voix imprudente ou perfide qui lui demande où elle va, & lui crie de retourner sur ses pas ; mais aussi qu'elle ne s'arrête pas en chemin, qu'elle se garde sur-tout de se détourner : & nous autres modernes qui jouissons déjà des bienfaits qu'elle a répandus, n'envions pas à nos neveux les biens plus précieux qui leur sont réservés. Contents de les prévoir & de les annoncer, jouissons de ce que nous avons, & rêvons le reste.

---

(1) Galilée, après s'être retracté au tribunal de l'Inquisition de l'opinion qu'il avoit avancée sur le mouvement de la terre autour du soleil, reçut humblement son absolution, mais en sortant il dit : *Cependant c'est elle qui tourne.*

VUES ULTÉRIEURES
SUR
LA FÉLICITÉ PUBLIQUE.

Sans doute lorſqu'un auteur traite une matiere auſſi intéreſſante que la félicité publique,
il doit lui être permis de revenir ſur ſes pas, &
de jeter un regard ſur l'objet agréable & fugi-
tif qu'il a ſçu fixer pour quelques inſtants ; mais,
en cédant au penchant qui m'entraîne, il eſt
conſolant & flatteur pour moi d'obéir au public,
& de rendre du moins un hommage de recon-
noiſſance aux lecteurs indulgents, dont les ſuf-
frages m'ont encouragé, & dont les conſeils
m'ont aidé à rendre cette légere eſquiſſe un peu
plus digne d'eux. Après m'avoir vu parcourir
tant de ſiecles, & pourſuivre, pour ainſi dire,
avec mes réflexions, les révolutions rapides &
ſucceſſives que le monde a éprouvées, ils ont
deſiré que j'étendiſſe l'horizon de mes idées, &
que j'ajoutaſſe quelques vues générales aux
obſervations particulieres répandues dans mon
ouvrage. En effet, s'occuper des malheurs de
l'humanité, & ſe contenter d'en développer les
cauſes & les progrès, n'eſt-ce pas imiter les
médecins qui décrivent ſoigneuſement les ma-

ladies, fans définir l'état de fanté ? Mais fi dans l'étude des êtres inanimés, où le but de la nature eft fi aifé à appercevoir, où les moyens qu'elle emploie pour l'atteindre font fi uniformes & fi fenfibles, il eft encore difficile de faifir fon plan général, & de connoître l'harmonie de fes loix, combien cette connoiffance n'eft-elle pas plus inacceffible dans l'étude des caufes rationelles, où tout eft obfcurité, parce que tout dépend d'un principe plus ou moins perfectible, dont nous ne connoiffons ni la nature, ni les limites. C'eft à la métaphyfique à analyfer ce principe que nous nous abftenons d'examiner, parce que s'il exifte un art de raifonner, il confifte bien plus à fimplifier les queftions, qu'à les multiplier. Il nous fuffira donc d'obferver que l'homme fauvage, l'homme brute, fe rapprochant beaucoup des animaux, nous fommes fondés à croire que fon effence particuliere ne renferme rien de contraire au plan que la nature paroît avoir fuivi relativement à tous les êtres vivants, je pourrois même dire à toutes fes productions organifées. Subfifter & fe reproduire, c'eft la loi générale qu'elle leur a impofée; & cette loi fi fimple s'exécute par des moyens auffi fimples qu'elle. Le plaifir & la douleur font les feuls miniftres qui la fecondent : le plaifir attaché à tous les moyens de confervation & de multiplication ; la douleur annexée à tous les moyens de deſtruction.

En partant de ce principe, qu'il eſt impoſſible de nier, il eſt aiſé de voir que le bonheur de tout ce qui exiſte conſiſte uniquement à remplir le vœu de la nature. L'individu qui ſe ſera développé, aura ſubſiſté, & ſe ſera reproduit dans la proportion qui lui a été aſſignée, aura certainement joui de tout le bonheur dont il eſt ſuſceptible, puiſque le plaiſir a dû accompagner toutes les fonctions utiles à ſon être ; au lieu que la douleur les auroit interrompues ou contrariées ; & ſi vous n'êtes pas content de ces conſidérations générales, & que vous vouliez deſcendre à des obſervations particulieres, regardez autour de vous : voyez l'herbivore occupé pendant la journée entiere à ſe pourvoir d'une nourriture volumineuſe & peu ſubſtantielle, dont il eſt obligé de raſſembler une grande quantité pour ſuffire à ſa ſubſiſtance : voyez d'un autre côté l'animal carnacier dont la vie eſt une chaſſe continuelle, qui le tient ſans ceſſe en activité, & qui ne laiſſe aucune place à l'ennui. Les deſirs ſont-ils ſatisfaits, le repos vient les remplacer ; le repos dont les êtres perfectionnés n'ont guere d'idée que par le ſommeil, & dont les animaux connoiſſent pluſieurs degrés qui ſuffiſent tous pour les ſoulager du fardeau de l'exiſtence ; car l'exiſtence en eſt un véritable, lorſqu'elle eſt ſans intérêt

& fans activité. A tous ces avantages dont jouiffent les êtres fous la main de la nature, il faut encore ajouter l'uniformité de fituation parmi les individus d'une même efpece. Nous fçavons, il eft vrai, qu'il eft des animaux qui réuffiffent mieux dans tel pays ou dans telles circonftances; mais par-tout où ils profperent, ils profperent également; par-tout où ils fouffrent, ils fouffrent tous également : ainfi point de rapprochements, point de paralleles humiliants ou douloureux; car, fi l'envie eft un fentiment qui n'appartient pas moins aux animaux qu'à l'homme, comme nombre d'expériences le prouvent, il eft vraifemblable en même temps qu'elle n'exifte pas d'une efpece à l'autre. Ce n'eft que dans les *Fables* de La Fontaine que les loups font jaloux des chiens, ou les renards des cigognes. D'ailleurs, tous les herbivores n'ont rien à envier les uns aux autres, & la chaffe ifole naturellement les animaux carnaciers, dont la fubfiftance dépend plus du hafard. Enfin, dans quelque détail que vous entriez, vous trouverez toujours que le bonheur de tous les êtres confifte à remplir exactement le vœu de la nature, & que, fous ce point de vue, le bonheur de l'individu ne peut être différent de celui de l'efpece.

Ne doutons pas que les mêmes obfervations ne foient applicables à l'homme vraiment fauvage, à l'homme brute ; mais avouons en même temps qu'il eſt très-difficile de trouver l'eſpece humaine dans cet état primitif, que je n'appellerai pas l'état de nature ; parce que je ſuis perſuadé qu'il eſt dans la nature de l'homme de perfectionner ſes facultés, comme il eſt dans la nature d'un enfant de devenir un homme fait. Quoi qu'il en ſoit, quiconque aura voyagé, ou quiconque aura ſeulement lu des voyages, ſera convaincu qu'il exiſte encore des ſauvages preſque brutes ; & c'eſt un point ſur lequel les relations récentes de M. de Bougainville, de MM. Cook, Wallis & Carteret ne laiſſent aucun doute : mais comme il en réſulte auſſi que les hommes ne reſtent guere dans cet état humiliant, à moins que les inconvénients du ſol & du climat ne s'oppoſent à leurs progrès, comme ſur les bords du détroit de Magellan & dans la terre de Feu, rien ne nous oblige à fixer nos regards ſur de ſi triſtes objets, & c'eſt uniquement des progrès de l'eſpece perfectionnée que nous devons nous occuper, ſi nous voulons apprécier le bonheur dont elle eſt ſuſceptible.

Or, la premiere réflexion qui ſe préſente à notre eſprit, c'eſt que l'eſpece humaine étant la plus perfectible de toutes, & n'ayant pu exercer cette faculté d'une maniere égale & uniforme, il a dû en réſulter une grande inégalité dans le ſort des individus. Tel peuple, mieux fecondé par le climat, par la fertilité de la terre, par les reſſources qu'il aura trouvées dans une chaſſe , dans une pêche abondante , ſe fera inſtruit plutôt que ſes voiſins : dans ce peuple , quelques hommes auront fait un uſage plus utile des connoiſſances acquiſes ; ils les auront perfectionnées , étendues : mais quel uſage l'homme peut-il faire de ſon induſtrie comme de ſa force , ſi ce n'eſt d'augmenter ſon pouvoir pour multiplier ſes jouiſſances , ou pour les obtenir plus facilement ? Peut-être les premieres armes furent-elles deſtinées à faire la guerre aux animaux ; mais on ne tarda pas à s'en ſervir contre ſes ſemblables. Le courage n'eſt que le ſentiment de nos propres forces : or , l'inégalité des forces dût favoriſer la violence , & la violence amener enfin la guerre , lorſque les foibles commencerent à ſe réunir pour ſe défendre contre les forts. Laiſſons les poëtes vanter la paix qui regne parmi les animaux , & l'oppoſer aux guerres cruelles que les hommes ſe livrent mutuellement. Il eſt plus important d'obſerver que la raiſon pour laquelle les animaux d'une même eſpece ne ſe battent pas entr'eux, c'eſt qu'ils ſe battroient à armes égales. J'en excepte cependant ceux chez qui la paſſion de l'amour eſt une eſpece de fureur ; encore remarque-t-on que, dans cette criſe paſſagere, les vieux cerfs, les vieux ſangliers, qui ont la ſupériorité des armes, se font respecter des plus jeunes : usurpateurs orgueilleux & tyrans des forêts, ils vivent en paix au milieu de leur serrail ; tandis que les plus foibles vont exhaler au loin leur impuissante colere.

D'un autre côté, il est impossible de se dissimuler que, si la tranquillité des animaux est troublée par la crainte que les différentes especes s'inspirent mutuellement, l'homme a ce desavantage particulier d'avoir encore à craindre son semblable ; ou du moins sommes-nous obligés d'avouer que cette crainte ayant augmenté à mesure qu'il s'est perfectionné, elle a compensé l'avantage que sa force & son adresse lui donnoient sur les bêtes féroces. L'état de guerre est devenu son état habituel. Il falloit inspirer la terreur, ou la ressentir ; être oppresseur ou opprimé. Mais il est arrivé dans l'ordre moral ce qui arrive assez communément dans l'ordre physique. De l'excès même du mal est sorti le remede. La nécessité de se combiner, soit pour l'attaque, soit pour la défense, a formé ou resserré les nœuds de la société, & donné naissance au gouvernement, à la législation. Je sçais tout ce qu'on a rêvé d'agréable & de spécieux sur le gouvernement patriarchal ; comment on a voulu que celui d'une famille, s'étendant à ses diverses ramifications, devint le modele de celui d'un empire ; mais je suis

persuadé

perfuadé que dans l'étude de la morale, comme
dans celle de la nature, il ne faut fuppofer que
le moins qu'il eft poffible ; & quand je vois par-
tout le gouvernement fe perfectionner en raifon
contraire de la tranquillité publique, les Sauvages chaffeurs ne choifir des chefs que pour la
guerre, tandis que les peuples nomades ou pafteurs ne connoiffent ni loix ni magiftrats ; quand
je viens à examiner encore les conftitutions politiques des différentes nations anciennes ou modernes, & que je trouve qu'elles font toutes
forties d'un état de guerre extérieure ou intérieure ; je rejette loin de moi tous ces romans,
pour le moins inutiles ; & je dis que la guerre
feule, la force & la violence ont donné origine à tout ce qui exifte encore parmi nous : de
forte que toutes les conftitutions, même celles
qui font en vigueur de nos jours, ne font à mes
yeux que des traités de paix. Qu'étoit-ce, en
effet, que la conftitution de la république Romaine, finon le réfultat des pactes fucceffifs qui
fe font faits entre le peuple & les grands ? Quelles
font encore de nos jours les bafes du gouvernement Germanique, finon une fuite de conventions, de traités de paix, tels que la bulle d'or,
qui fut un inftrument de pacification ; la paix
publique, qui n'eut pour objet que de rétablir
l'ordre & la police dans le fein de l'empire ; &
la paix de Munfter, dont la plupart des articles

furent des points de législation ? Cette conftitution Britannique, fi vantée & fi digne en effet
de nos éloges, n'eft autre chofe qu'une paix
affez récente, qu'un accord fait entre les Whigts
& les Torys, entre les Anglois & le prince d'O-
range (1) ; & en France qui ne reconnoîtra pas
dans l'autorité même du roi celle d'un pacifica-
teur que le peuple implora jadis contre la tyrannie des grands ? Ainfi, remontez d'époque en
époque &, à force de parcourir diverfes révolutions, vous arriverez à la conquête, à l'ufurpation.

Cependant de l'organifation de la fociété, de
l'établiffement même du gouvernement font
fortis différents rapports d'inégalité parmi les
hommes : inégalité dans le fort de différents
peuples, inégalité de fortune & de condition
parmi les hommes foumis à une même législation. C'eft à la premiere qu'il faut attribuer la
fréquence des guerres & tous les événements
malheureux, dont l'ambition eft le principe, &
l'oppreffion la conféquence. Toutes les fois
qu'un peuple fera meilleur navigateur que les
autres, il deviendra le tyran des mers ; toutes

____

(1) Si l'on remonte jufqu'à la grande charte, ne
trouvera-t-on pas encore un traité de paix, un accord
fait entre Jean fans terre & les barons de fon royaume ?

les fois qu'il fera plus habile que fes voifins dans
l'art de la guerre, il voudra les conquérir ou
les opprimer : enfin, toutes les fois qu'il fera le
plus induftrieux, & par conféquent le plus riche, il abufera de fes richeffes & de fon induftrie, pour ufurper encore le bien d'autrui. Inutilement la politique, par des affociations forcées & paffageres, s'efforcera-t-elle de maintenir
l'équilibre : on peut compenfer le nombre des
combattants ; mais la fupériorité de fcience &
de lumiere ne connoît pas de contre-poids.
Quel eft donc le remede à ce malheur de l'efpece humaine ? Si vous voulez le trouver, rap-
pellez-vous l'origine du mal : les hommes font
perfectibles ; ils le font au plus haut degré ; mais
la plus grande inégalité regne dans leurs progrès, & ce ne fera jamais qu'au terme de ces
progrès qu'ils pourront fe rencontrer. Tâchez
donc d'accélérer leur marche, de rendre la
carriere facile à tous ; & loin de fonder le bonheur d'un peuple fur la prééminence qu'il con-
fervera fur les autres, ne prétendez plus que
vôtre part de la félicité générale : partage heureux, où, par un effet magique, chaque portion s'augmente à mefure qu'elle eft fubdivifée ;
où l'on s'enrichit de ce qu'on donne ; où le
bonheur eft le lot de tous.

Rien de plus fimple que cette maniere d'envifager un des plus vaftes objets que la phi-

lofophie puiſſe ſe propoſer : cependant, ſi nous nous y arrêtons un moment, nous ferons ſurpris des conſéquences qu'on en peut tirer ; nous nous étonnerons ſur-tout de voir quels beaux ſyſtêmes de politique & de morale·diſparoiſſent à nos yeux , & ſe diſſipent comme les brouillards du matin. Ici, pour rendre les hommes heureux, on veut les ramener à l'état de brute ; c'eſt-à-dire que pour faire tenir une boule en repos, on la place au haut d'un plan incliné, dont il faut toujours qu'elle deſcende : là, on prétend bannir le commerce & l'induſtrie, parce que le luxe marche ſur leurs pas : ailleurs, on défend aux hommes de raiſonner, de crainte qu'ils ne different dans leurs opinions; un homme ſeul, ou bien une claſſe d'hommes ſe charge de penſer pour un peuple entier. Cependant, qu'eſt-il arrivé juſqu'ici ? Le courant rapide a entraîné avec le vaiſſeau qui ſecondoit ſon effort, celui qui s'efforçoit envain d'y réſiſter ; mais le premier eſt arrivé à bon port, & le ſecond s'eſt briſé contre les écueils. Lycurgue ne veut, dans ſa république , que du fer pour monnoie : qu'en réſulte-t-il ? c'eſt qu'il faut moins d'or aux Perſes pour corrompre les généraux de Lacédemone. Le ſénat Romain s'obſtine à ne donner que deux arpents de terre à chaque citoyen : quel ſera le fruit de cette rigueur ? c'eſt que le premier tribun qui en fera diſtribuer le double , renverſera la conſtitution. Dans des temps plus modernes, l'inquiſition pourſuit Galilée : & les connoiſ-ſances utiles paſſent chez des inſulaires, qui de-viennent bientôt les plus puiſſants ennemis des pontifes. Eh ! laiſſons aller les choſes ſuivant leur pente naturelle ; & puiſque l'homme eſt perfectible , ſoyons bien ſûrs qu'il ne ſera en repos que lorſqu'il aura atteint le plus haut degré de ſcience & d'induſtrie auquel il puiſſe prétendre.

Ce que nous venons de dire ſur la diſpro-portion néceſſaire établie entre différents peu-ples , s'applique également à celle qui regne entre les individus qui compoſent une nation : en effet , avant que la richeſſe appellât la ri-cheſſe , avant que le commerce & la finanec euſſent ouvert à tous les capitaliſtes des routes faciles pour arriver à la fortune ; la force, l'adreſſe , les talents & l'induſtrie furent les ſeuls moyens de s'enrichir. Or , il eſt aiſé de voir que , plus il y eut de diſproportion dans les moyens, plus il y en eut auſſi dans le ſort des individus. Je n'aurai même pas beſoin de remonter bien haut pour en chercher la preuve. Si Jacques Cœur fut le plus riche des négo-ciants qui aient jamais exiſté, c'eſt que , de ſon temps, les François ignoroient parfaitement tout ce qui a rapport au commerce & à la navigation. Si les Anglois payoient, il y a cinquante ans, un chanteur ou un violon Italien beaucoup plus cher qu'ils ne le font maintenant ; c'eſt que l'étude de la muſique étoit bien moins perfectionnée alors qu'elle ne l'eſt de nos jours. La finance même, que les revenus & les dépenſes immenſes de notre monarchie ont rendue ſi importante & ſi lucrative, la finance commence à n'être plus une ſource de richeſſes très-abondante : c'eſt que l'expérience eſt le meilleur & peut-être le ſeul inſtrument de l'inſtruction ; c'eſt que toute pratique ne devient un art que long-temps après qu'elle a été établie. Le commerce a exiſté long-temps avant la ſcience du commerce , & alors il a été très-lucratif. La finance a pris naiſſance , & s'eſt agrandie long-temps avant qu'on en connût les détails & les principes. Le voile commence à ſe lever , déjà ſes profits ſont limités , excepté dans les affaires nouvelles. La banque l'a remplacée depuis peu ; mais la banque , à ſon tour , éprouve le même ſort , & le crédit , dégagé des nuages qui l'environnoient , a laiſſé appercevoir aux yeux clairvoyants qu'il repoſoit ſur une baſe qui ne lui appartenoit pas (1). Enfin , de quel-

____

(1) Ceci ſe rapporte particuliérement à la France. Autrefois les Bernard , les Paris paroiſſoient la ſoutenir de leur propre crédit. Depuis quelque temps , on s'eſt

que côté qu'on porte fes regards, on ne verra fur la furface du globe qu'une immenfe carriere, où les uns courent rapidement, & les autres fe traînent avec peine, heurtés, froiffés par ceux qui veulent les dévancer ; & l'on fera conduit à cette réflexion, que fi la difproportion dans le fort des individus eft un inconvénient néceffairement attaché à la perfectibilité de l'efpece humaine, le remede le plus sûr à cet inconvénient eft encore la plus grande accélération dans la marche de fes progrès.

Mais à quel point cette difproportion dans le fort des individus eft-elle contraire à la félicité publique ? C'eft une queftion qu'il ne faut pas paffer fous filence ; car cet article feul feroit capable de donner un grand avantage aux détracteurs de la fociété ; & foit que nous les regardions comme des enthoufiaftes de bonne foi, foit que nous ne les envifagions que comme des fophiftes adroits, il faut toujours apprécier leurs arguments, Quoi? me diront-ils, vous plaignez une peuplade de Sauvages, parce qu'elle habite fous des huttes, & n'a pour vêtements que des peaux de bêtes : voyez dans les rues de vos fuperbes cités, voyez un malheureux

---

bien convaincu que, quelques avances que fiffent les banquiers, leur crédit n'étoit jamais que celui du roi, celui de la chofe même.

couvert de haillons, qui porte avec effort un pénible fardeau, tandis que son semblable, traîné rapidement dans un char magnifique, lui ravit jusqu’à l’usage des chemins, & ajoute le danger à ses travaux : quand il seroit vrai que la subsistance de ce malheureux seroit encore plus assurée que celle d’une grande partie des sauvages, quel poids ne doit pas ajouter à sa misere la comparaison accablante qu’il peut faire à chaque instant ? car il n’est donné aux hommes de juger que par comparaison, & ce n’est qu’en voyant des gens plus heureux que soi qu’on se trouve malheureux.

Comment répondre à ces observations ? En avouant ingénument qu’il peut y avoir parmi les nations civilisées un certain nombre d’hommes plus malheureux que ne le sont la plupart des Sauvages ; mais nous ne craignons pas d’avancer que ce nombre n’est pas considérable, & n’excede guere la dixieme partie de la population générale. Si l’on entroit même dans quelque détail à ce sujet, on trouveroit peut-être cette quantité beaucoup plus petite. Tous les ouvriers qui travaillent aux arts méchaniques ont non-seulement une subsistance assurée, mais encore une existence assez agréable. Cette classe même, qui vous paroît la plus à plaindre, parce qu’elle remplace, pour ainsi dire, les bêtes de somme, n’échangeroit pas son sort contre un travail plus doux , parce que les gros salaires qu'elle reçoit la dédommagent des fatigues que la naturè & l'habitude l'ont mise en état de supporter. Tels sont à Londres les *coalheaver*, & à Paris les *forts de la halle* (1). Mais , ajoutera-t-on , les laboureurs ne sont-ils pas une partie considérable du peuple ? Sans doute ; mais qu'il me soit permis d'observer ici que la plupart des ames sensibles & bien intentionnées sont égarées par les déclamateurs & par les poëtes. Il y a certainement beaucoup de malheureux dans les campagnes ; mais ce ne sont pas en général les laboureurs. En effet, ceux-ci sont séparés en deux classes , les fermiers , les métayers avec leurs domestiques , & les petits propriétaires, qui cultivent eux-mêmes leurs champs : or , ce ne sont pas ces deux classes qui sont les plus à plaindre. Ce sont les paysans sans propriété, qui, ne possedant qu'une chaumiere & leurs bras, dépendent, pour leur subsistance, d'un salaire incertain & toujours trop modique. C'est de ces infortunés dont les cœurs bienfaisants doivent être principalement occupés. Condamnés par

____

(1) *Coalheaver* ceux qui déchargent les bateaux de charbon. Ils gagnent jusqu'à 14 livres par jour. Les *forts de la halle* gagnent souvent la moitié de cette somme.

leurs besoins à subir la loi du riche qui les emploie, ils voient encore leur misere augmentée par les impositions, par les corvées, & sur-tout par la multiplicité des fêtes. Comment la paresse & le découragement ne gagneroient-ils pas les habitants des campagnes, lorsque, pressés entre l'état qui leur demande leurs bras, & l'église qui leur ordonne l'oisiveté, ils ont également à souffrir du travail & du repos ?

Tel est le sort des paysans en France & dans quelques autres pays de l'Europe ; mais devons-nous le regarder comme un mal nécessaire, comme une conséquence immédiate des progrès de la société ? Non assurément ; c'est un reste de barbarie qui nous révolte, & qui ne durera pas long-temps. Disons, au contraire, que chez la plupart des peuples éclairés ces inconvénients n'existent déjà plus : disons que dans une nation commerçante, industrieuse & policée, tous les hommes trouvent un emploi, que la concurrence dans les objets de travail hausse le prix des salaires, & établit une balance juste entre le riche qui consomme, & le mercénaire qui sçait se faire payer ; enfin, que si la politique intérieure est une science, elle doit se perfectionner comme les autres. Or, l'objet & l'intérêt de tous les gouvernements, même du gouvernement despotique,

eſt de rendre les hommes heureux : & c'eſt ici
l'occaſion de faire une remarque à laquelle le
lecteur aura été conduit par différentes obſervations répandues dans cet ouvrage : les mœurs,
les opinions modernes ont cet avantage ſur les
anciennes, que toute l'humanité doit profiter
des progrès de la législation. En effet, ſuppoſant, ce qui eſt aſſurément très-faux, que de
nos jours le nombre des hommes vivants dans
la miſere & accablés de travail, égale la quantité d'eſclaves qu'avoient les anciens : l'état
des choſes actuel ne ſeroit-il pas de beaucoup
préférable à celui des temps paſſés ; puiſque
la proſpérité de chaque nation qui ſe perfec-
tionnera, s'étendra ſur tous les individus ; au
lieu qu'Athenes, Rome & Carthage pouvoient
devenir les plus floriſſantes républiques du
monde, ſans que le ſort des eſclaves fut jamais
amélioré. L'erreur de la plupart des écrivains
politiques ou moraliſtes vient de ce que dans
les paralleles qu'ils font des anciens & des modernes, ils comparent toujours nos plus pauvres ouvriers avec les citoyens Grecs ou Romains. Je ſçais que le Spartiate avoit tous les
jours un ſouper aſſuré, aſſez mauvais à la vérité ; je ſçais auſſi que dans les derniers temps
de la république Romaine, quelque valeur
qu'euſſent le bled & l'huile, chaque citoyen
en recevoit tous les ans une quantité à peu

près fuffifante pour fa fubfiftance : mais ces Ilotes opprimés dans tous les temps, & égorgés
quand ils devenoient trop nombreux; mais ces
malheureux efclaves des Romains , enchaînés
par milliers dans des fouterreins , battus, mu-
tilés dans leur jeuneffe , & abandonnés dans
leur vieilleffe ; mais ces domeftiques fuftigés,
livrés aux bêtes pour un plat renverfé ou pour
un verre mal- nettoyé ; croyez-vous qu'ils
n'eûffent pas envié le fort de notre mercenaire
qui vit avec peine ; mais qui ne vit que pour
lui, & qui jouit au moins du privilege d'être
libre dans fa mifere? Or , c'étoit une conféquence des mœurs & des opinions anciennes,
que plus les citoyens d'un état devenoient riches & puiffants , plus ils étoient injuftes &
cruels envers tout ce qui dépendoit d'eux. Qui
fçait même fi l'obligation où eft le pauvre
parmi nous de concourir aux dépenfes publiques n'eft pas une égide contre l'oppreffion ?
Chez les anciens, l'efclave étoit hors de l'état,
& c'eft précifément ce qui devoit perpétuer
fon infortune (1).

---

(1) C'eft une chofe extraordinaire que l'efprit chagrin
& fatirique de quelques auteurs modernes les ait égarés
au point de leur faire avancer ce paradoxe fingulier : que
les efclaves des anciens étoient plus heureux que nos
payfans & que la plus grande partie de nos journaliers.

Mais veut-on un exemple encore plus frappant pour juger à quel point l'homme non perfectionné eſt enclin à abuſer de ſes forces ; on le trouvera dans l'empire abſolu qu'il a

---

La plus legere connoiſſance de l'antiquité auroit ſuffi pour les convaincre du contraire. Chez les Grecs & ſur-tout chez les Romains, il y avoit trois ſortes d'eſclaves : les eſclaves domeſtiques, les eſclaves artiſans & même artiſtes, & les eſclaves ruraux ou cultivateurs. De ces trois claſſes la premiere étoit, ſans contredit, la mieux traitée, puiſqu'on voit, à chaque inſtant, dans Plaute & dans Térence, les eſclaves domeſtiques trembler qu'on ne les renvoie aux travaux de la campagne. Cependant quelle deſtinée que celle même qu'ils s'efforçoient de conſerver ! Nous avons rapporté plus haut le fait de *Vedius Pollio*, qui voulut faire jeter un eſclave dans ſon vivier pour un verre caſſé. Nous avons obſervé que *Pedanius Secundus* ayant été aſſaſſiné dans ſa propre maiſon, quatre cent eſclaves, qui s'y trouverent alors, furent condamnés au ſupplice. On ſçait auſſi que lorſqu'un citoyen etoit accuſé, ou même ſoupçonné, tous ſes eſclaves pouvoient être mis à la torture ; encore n'étoit-ce rien pour ces miſérables d'être expoſés à la rigueur des loix publiques, lorſque leurs maîtres avoient droit de vie & de mort ſur eux ; droit barbare dont ils abuſerent très-long-temps, puiſqu'Auguſte, Claude, & enſuite Adrien furent les premiers qui ſongerent à y mettre des bornes. (Voyez HEINECCIUS, *Antiq. Rom.* L. I, tom. VII.) Voilà pour la juſtice qu'on exerçoit envers eux. Quant au traitement habituel, on en peut juger par les traits ſuivants : Seneque,

toujours exercé fur la plus belle moitié de fon efpece. Chez les Sauvages, où la force & l'adreſſe ſont les feuls avantages de l'individu, rien de ſi malheureux que les femmes : obli-

---

dans une de ſes épitres (CXXII) cenſure quelques Romains du bel air, qui, dédaignant de ſuivre les uſages communs, & n'ayant pas d'heures réglées, faiſoient pendant la nuit ce que les autres avoient coutume de faire dans la journée. J'entends, dit-il, vers la troiſieme heure de la nuit, retentir des coups de fouet ; je demande ce que fait mon voiſin. On me repond qu'il ſe fait rendre compte de ſon domeſtique, qu'il met l'ordre dans ſa maiſon : *Audio circa horam tertiam noctis flagellorum ſonos , quæro quid faciat ? Dicitur rationes accipere.* Or, cette expreſſion *rationes accipere* étoit un mot d'uſage. Il déſignoit le petit travail qu'un maître de maiſon faiſoit journellement pour ſe faire rendre compte de ce qui s'étoit paſſé chez lui, & pour punir les eſclaves qui avoient commis quelque faute. C'eſt à cette coutume que Juvénal fait alluſion dans la ſatire des femmes. Il en eſt, dit-il, qui tiennent des bourreaux à gage pour battre leurs eſclaves : il en eſt qui tandis qu'on fait en leur préſence ces horribles exécutions, s'amuſent à regarder des étoffes, à régler leurs comptes, ou à cauſer avec leurs favorites, juſqu'à ce que leurs bourreaux tombant de laſſitude, elles diſent d'un air terrible : *C'en eſt aſſez :*

. . . . . . *Sunt quæ tortoribus annua præſtent.*
Verberat , atque obiter faciem linit ; audit amitas,
Aut latum pictæ veſtis conſiderat aurum ;
Et cædit : longi relegit tranſacta diurni .

gées de se traîner à la suite des chasseurs, de préparer leurs aliments, de suffire à tous les travaux domestiques, elles sont les esclaves & non les compagnes de leurs maris. Chez

---

Et cædit ; donec lassis cadentibus : Exi
Intonat horrendum , jam cognitione peractâ.

On trouve encore dans la XVIIIe. épitre de Séneque ces paroles remarquables : Nous en sommes venus à tel point que ce mot a passé en proverbe : *Tout esclave est notre ennemi : Deinde ejusdem arrogantiæ proverbium jactatur totidem esse hostes quot servos.* Je ne parlerai pas des humiliations qu'on leur faisoit essuyer, ni des choses indignes & criminelles qu'on exigeoit d'eux ; parce que ces excès ne pouvoient appartenir qu'à la corruption des mœurs. Mais la nature même de leur service n'étoit-elle pas révoltante ? Que diroit un François ou Anglois, si en entrant chez un grand seigneur, au lieu de trouver un Suisse de bonne mine, bien logé & superbement vêtu, il voyoit un esclave attaché par le pied à une borne, & obligé de garder la porte comme un dogue qu'on enchaîne dans sa loge.

Quant à la seconde classe, qui étoit composée des artisans & des artistes, son sort n'étoit pas meilleur. Ces esclaves étoient renfermés & attachés comme les autres. D'ailleurs rien ne prouve mieux combien leur situation étoit cruelle que les efforts qu'ils faisoient pour se mettre en état d'acheter leur liberté. Nul service assez grand pour n'être pas suffisamment payé par l'affranchissement. (Voyez à ce sujet SÉNEQUE , *de Beneficiis* , Lib. III. Cap. XXIII *& seq.*

les Orientaux , où leur prématurité les met ; dès l'enfance, c'eft-à-dire , dans l'âge de la foibleffe , au pouvoir de leurs époux , leurs chaînes font plus pefantes qu'ailleurs.

Reftent donc les efclaves ruraux. Or c'étoient certainement les plus malheureux. Traités exactement comme les animaux, on ne les nourriffoit qu'à proportion de l'utilité qu'on en pouvoit tirer. Perfonne n'ignore que Caton le cenfeur , le vertueux Caton, confeille dans fon livre fur l'économie ruftique de ne jamais garder un vieil efclave , comme on pourroit confeiller à un laboureur de fe défaire des chevaux dont le fervice ne pourroit payer l'entretien. D'autres pouffoient la cruauté jufqu'à leur vendre la permiffion de coucher avec leurs femmes. Par-tout ils étoient conduits aux travaux dès le matin, & ne rentroient le foir que pour être enfermés dans des efpeces de cachots. Pline ne nous laiffe aucun doute fur ce point , lorfqu'il dit, Liv. XVIII, Chap. III, que les mêmes travaux dont s'honoroient jadis des hommes confulaires, étoient livrés de fon temps à des malheureux chargés de fers , & qui portoient fur leur front la marque honteufe de leur efclavage : *Nunc eadem illa , vincti pedes , damnatæ manus , infcripti vultus exercent.* Mais il n'eft pas néceffaire de recourir à ces autorités, quelque refpectables qu'elles foient ; la preuve de ce que nous avançons exifte encore de nos jours. En Italie, les *Ciceroni* qui vous promenent dans les ruines des palais & des maifons de campagne antiques, ne manquent pas de vous montrer des fouterrains immenfes qu'ils appellent les *Cento camere* ,

Enfin ,

Enfin, ce sexe trop encensé par quelques hommes, mais certainement trop tyrannisé par le plus grand nombre, a tout gagné aux progrès des lumieres & de la société. La raison en est bien simple. Quand la force regnoit sur la terre, & que toute la perfectibilité du genre-humain étoit uniquement dirigée de ce

---

parce que ce sont différentes chambres qui communiquent toutes à une seule galerie, & lorsqu'on leur demande à quoi servoient ces *cento camere*, ils répondent que c'étoient des prisons, ou plutôt ils ne sçavent que dire. Or, il est clair que c'étoit la demeure des esclaves, qu'on y faisoit rentrer tous les soirs, & qu'on y gardoit d'autant plus aisément que ces chambres n'avoient qu'une seule issue. L'antiquité nous offre par-tout l'exemple des précautions que le petit nombre d'hommes qui avoit part au gouvernement étoit obligé de prendre contre la multitude. Le prétoire de Pompeia qui est encore parfaitement conservé en est une preuve. Les portes qui conduisent aux chambres des soldats sont excessivement basses, de façon qu'on est obligé de se baisser pour entrer & pour sortir. Or, la seule explication qu'on ait pu donner de cette bizarrerie, c'est que les officiers qui craignoient la mutinerie des soldats avoient pris cette précaution, afin qu'en cas d'émeute, il fut plus difficile à ceux-ci de se rassembler & de prendre les armes. Esclave ou soldat, tout ce qui étoit gouverné étoit régi par une verge de fer, & c'est ainsi qu'on verra l'antiquité toutes les fois qu'on voudra en juger par ses propres réflexions & par ses propres yeux.

Tome II.   T

côté-là, les femmes ne pouvoient prendre aucune part à ces progrès, & la supériorité que les hommes avoient sur elles s'en étoit encore augmentée; au lieu qu'elles ont pu réclamer une part considérable dans les progrès de l'esprit, & sur-tout dans toutes les choses qui dépendent de l'adresse, de la pénétration & de l'industrie. Comment ce peuple sensible & enthousiaste qui offroit de l'encens aux neuf Muses, qui écoutoit avec transport les chants de Sapho, & qui consultoit journellement la pythie, auroit-il pu mépriser les femmes? Bientôt le gouvernement s'étant perfectionné, & la loi de l'hérédité, qui ne peut être fondée que sur l'expérience & la réflexion, ayant prévalu parmi quelques nations éclairées, les femmes se trouverent placées sur le trône. Ce fut un triomphe d'autant plus éclatant qu'elles ne s'en laisserent pas éblouir, & qu'elles ne parurent faire usage de la supériorité que pour justifier les droits qu'elles avoient à l'égalité. Cependant le crédit qu'elles acquirent par les arts & les talents fut encore plus solide & plus durable. La poésie, la peinture, la sculpture, l'érudition même se perfectionnerent dans leurs mains; mais c'est sur-tout l'art du raisonnement & de l'observation qui leur assurera à jamais la liberté, je dirois presque l'empire, parmi les peuples civilisés. En effet, il est aisé d'appercevoir que pour les femmes être libres & souveraines n'est qu'une même chose, parce qu'elles ne peuvent être libres sans avoir en leur pouvoir ce que les hommes desirent le plus , & dans ce commerce, moins égal qu'on ne pense entre deux sexes différents, celui qui demande doit toujours dépendre de celui qui peut refuser.

Telle est donc, nous osons le dire, la vérité, la certitude des principes que nous avons adoptés, que plus nous supposons d'objections, plus nous trouvons à nous confirmer dans notre opinion. C'est ainsi que les réflexions affligeantes que nous avons faites sur le malheur attaché à certaine classe du peuple dans certains pays nous a conduit à ce résultat consolant ; que le progrès des lumieres avoit affranchi de l'esclavage non-seulement les dernieres classes du peuple , mais même la moitié de l'espece humaine ; de sorte qu'en examinant si la perfectibilité des hommes n'étoit pas la source de leurs maux, nous avons trouvé qu'elle en étoit le remede général. Continuons avec la méme impartialité , & tâchons d'apprécier encore l'efficacité de ce remede ; car il faut l'avouer, quelque rapprochement qu'une bonne législation puisse opérer entre les différentes conditions des hommes, il regnera toujours une grande inégalité dans leur sort, d'où il suit que si cette inégalité étoit un si grand mal qu'on le penfe, elle fuffiroit feule pour oppofer un obftacle infurmontable à la félicité publique.

Ici nous avons befoin de remonter encore aux premiers principes, & de confidérer le plan de la nature relativement à tous les êtres. Nous avons vu plus haut qu'elle avoit attaché leur bonheur à leur confervation, & que leur exiftence n'étoit que la fucceffion d'un travail néceffaire qui a pour objet de fatisfaire leurs befoins, & du repos falutaire qui fuit les befoins fatisfaits. Or, fi nous venons à examiner l'homme en fociété, nous trouveverons qu'il ne s'eft point entiérement dérobé à ce plan général de la nature, & que fon bonheur confifte encore dans l'alternative de l'activité & de la jouiffance. Suppofons qu'un philofophe pénétré des mêmes idées qui nous occupent au moment préfent, fe réveille avant le jour, & monte fur une des tours les plus élevées de nos cités pour y contempler le réveil de la nature. Si dès l'inftant où les premiers rayons du jour fe feront faits appercevoir il veut porter fes regards jufque dans la campagne, il verra les animaux commencer à fe remuer & à s'agiter, puis courir chercher leur fubfiftance ; les pigeons s'échappent du colombier, & vont par troupes fe répandre dans les champs ; les troupeaux fortent de l'étable

& s'acheminent lentement vers la prairie : tout obéit à la voix de la nature, & chaque animal n'a d'autre objet le matin que de trouver à vivre dans la journée. Mais fi notre obfervateur ramene fes regards fur la cité, n'y verra-t-il pas à peu près le même fpectacle ? Les maifons, les boutiques s'ouvrent ; le menuifier, le ferrurier, le tourneur prennent leurs outils ; le marchand prépare, étale fes denrées, l'avocat, le juge courent au palais, le médecin vers le lit de fon malade, tout eft en mouvement : & pour quel objet ? toujours pour le même. La différence n'eft que dans les moyens de l'obtenir. Le menuifier qui travaille dès le matin, trouvera à midi un dîner tout préparé. Dans une heure, dans une demi-heure de temps, il aura pourvu à fa fubfiftance, mais jufque-là il aura travaillé pour fe la procurer. Le bœuf n'a ceffé de manger depuis l'aube du jour, mais de ces deux êtres, l'un a travaillé à raffembler fa nourriture, l'autre à la gagner ; voilà toute la différence que j'apperçois entre eux. Il peut cependant en exifter une autre, & il faut convenir qu'elle feroit à l'avantage des animaux. On doit fuppofer que l'occupation de fe nourrir eft accompagnée d'une fenfation agréable ; mais il y a apparence auffi que cette fenfation eft d'autant moins agréable qu'elle eft plus répétée, & que la nourriture eft plus légere ou fous un plus grand volume ; de forte qu'il pourroit se faire que l'homme jouît autant dans un repas d'une heure que l'herbivore dans un repas qui dure toute la journée, & c'est assez pour son bonheur que d'avoir une occupation continuelle jusqu'à ce moment-là (1).

Mais prévenons une autre objection. On me demandera peut-être d'engager mon observateur à rester plus long-temps à sa place ; on voudra qu'il attende l'heure où le riche oisif sorte enfin de chez lui pour aller chercher des plaisirs. Eh bien ! j'y consens ; mais voici comment je raisonne. Si ces plaisirs sont toujours faciles, toujours habituels, ils ne seront pas long-temps des plaisirs, & s'il est un être qui désire sans un sentiment actif & même un peu inquiet, les faveurs de la gloire ou celles de l'amour, ou l'éclat des honneurs, ou l'opinion publique, ce sera un être fourvoyé, écarté du chemin de la nature, qu'il faut bien se garder d'envier, parce qu'il sera sans activité,

____

(1) Il est inutile d'énoncer que dans la subsistance de l'homme il faut faire entrer non-seulement sa nourriture, mais encore son vêtement, son logement, &c. mais n'est-il pas des animaux qui ont à peu près les mêmes besoins ? Les fourmis, les abeilles, les oiseaux, les quadrupedes même se construisent des demeures & rassemblent des provisions.

& par conféquent malheureux ; car remarquez bien que fi les progrès de la fociété ont amené un tel état de chofes que les hommes n'aient aucune inquiétude pour leur fubfiftance , cet état de chofes entraîne néceffairement de nouveaux objets de defirs , tels que l'aifance, le luxe, les plaifirs factices, &c. Or, ce font de pareils objets qui entretiennent cette activité fi néceffaire à l'homme. Il ne faut pas être bien avancé dans la morale pour fçavoir que le bonheur fe compenfe affez dans les différentes claffes de la fociété ; que les courtifans , les miniftres ne font pas plus heureux que les cultivateurs & les artifans. Mais ces différents états ont du moins des avantages apparents, & le defir, l'efpérance de paffer de l'un à l'autre fervent à entretenir l'activité parmi tous les hommes, qu'une fubfiftance affurée plongeroit bientôt dans l'ennui & dans le dégoût. Le Spartiate nourri, entretenu par la république, également étranger à la crainte & à l'efpérance , avoit pour divertiffement de lutter fur les bords de l'Eurotas, & de laver dans ce fleuve fes membres couverts de pouffiere. J'ai peine à croire que cet exercice, quelque piquant qu'il puiffe être , fut plus amufant que la paume & la chaffe dont on s'ennuie à la longue ; fon fort ne devoit donc pas être plus heureux que celui des moines, parce

T 4

qu'il étoit également opposé au plan de la nature. L'Athénien plus actif, livré au commerce & à l'induftrie étoit fans doute le plus heureux des habitants de la Grece.

Que fi ces confidérations paroiffoient frivoles ou de fimple fpéculation, on pourroit en montrer tout d'un coup l'importance, en difant que les gouvernements, après avoir fait tous leurs efforts pour diminuer la difproportion qui exifte entre les différentes claffes des citoyens doivent s'occuper de nourrir l'émulation & l'efpérance, en facilitant le paffage de l'une à l'autre. Rien de plus contraire au bonheur public que cette loi des Indiens, qui féparant le peuple en plufieurs *caftes*, condamne l'homme, ainfi que fes defcendants, à être toujours ce qu'il a été : rien de plus favorable en même temps à la félicité des peuples que la législation de l'Angleterre qui rend tout acceffible au mérite & même à la richeffe ; car qui eft-ce qui peut exciter l'induftrie, fi ce n'eft le defir de la richeffe ? & à quoi fervent les richeffes, finon à nous procurer l'honneur & le crédit ? Sous ce point de vue, nos loix, ou plutôt nos opinions fur la nobleffe font contraires à la félicité publique, du moins dans leur exagération ; car il eft aifé de prouver que le refpect pour les anciennes familles eft une chofe naturelle, & qui s'établira toujours, même dans les gouvernements démocratiques.

La société étant un champ immense où non-seulement les richesses & les jouissances, mais aussi les desirs & l'espérance, doivent circuler librement, toute ligne de démarcation, toute barriere insurmontable devient un obstacle à la félicité du plus grand nombre. Ce n'est donc pas toujours, comme on le croit, le besoin d'argent ou la corruption du gouvernement qui a rendu la noblesse accessible à la richesse. Rome la premiere en donna l'exemple, & l'antique & sage république de Venise n'a pas craint de le suivre. Elle a senti que le sujet opulent se décourageroit bientôt, ou deviendroit l'ennemi du gouvernement, s'il n'avoit l'espérance d'y être admis un jour. C'est cet espoir qui maintient dans l'obéissance & dans l'activité le propriétaire de Terre-ferme & le négociant de l'Archipel. Gênes, plus riche que puissante, mais qui figureroit encore dans l'Italie, si elle ne se laissoit pas gouverner par les moines, Gênes a recrûté souvent son sénat des plus opulents de ses citoyens, & le nom de *Cambiaso* n'y est pas moins honoré que celui de *Doria* (1). Observons, en passant, que cette

----

(1) M. Cambiaso a fait construire récemment, à ses frais, une grande partie du chemin de la Polihevera. Cet ouvrage entrepris dans la seule vue du bien public lui a coûté plus de 600, 000 livres.

politique eſt peut-être le ſeul point où le gouvernement républicain & le gouvernement
deſpotique ſe rencontrent. L'intérêt du deſ-
pote eſt de donner le plus grand prix poſſible à la faveur , & de joindre à l'effet d'une
crainte générale celui d'une eſpérance que tous
les ſujets partagent également : car la crainte a
toujours beſoin d'être compenſée par l'eſpérance. Il n'en eſt pas de même dans les monarchies. Comme l'honneur en eſt un des
principaux mobiles , toute diſtinction qui dé-
pendroit uniquement de la faveur ne tarderoit
pas à perdre de ſon prix. Moins les droits des
différentes claſſes y ſont définis & aſſurés , plus
elles ont beſoin de s'appuyer ſur une longue
poſſeſſion , ſur une ancienne origine. Dans
pluſieurs états, ſi la nobleſſe n'eſt pas tout-à-
fait eſclave , c'eſt qu'elle ſe ſouvient d'avoir
été libre. Cette idée plait encore lors même
qu'elle ceſſe d'être utile : il ſemble voir le Nil ſe
conſoler de couler ſous les loix des ſoudans,
parce que ſa ſource eſt hors de leur empire.

Une autre maniere, plus ſûre encore, d'apprécier le pouvoir de l'eſpérance ſur le bonheur des hommes , c'eſt d'examiner l'influence
de la religion ſur différents peuples & à différentes époques. Il ne s'agit pas ici du dogme,
en lui-même , parce qu'il ne peut en exiſter de
bon que celui qui eſt vrai, & que celui-là doit

être vrai en tous temps & en tous lieux ; mais seulement de la difposition particuliere que les hommes ont eue à fe livrer à certaines opinions religieufes, foit qu'ils les aient exagérés, foit qu'ils les aient adoucies. Or, on trouvera toujours une certaine proportion entre le fort des peuples & la doctrine qui prévaut parmi eux. On verra, par exemple, que les religions qui menacent & promettent beaucoup, conviennent particuliérement aux peuples opprimés ; parce que les malheureux gardent l'efpérance pour eux & renvoient les menaces aux oppreffeurs dont ils fe flattent que le ciel fera juftice. Dans les temps heureux de la Grece, & tant que la république Romaine fut floriffante, le dogme de l'immortalité de l'ame n'étoit guere qu'une fimple opinion plus ou moins accréditée parmi quelques fectes de philofophes ; mais lorfque la tyrannie des empereurs eut répandu la confternation dans le monde entier, le ftoïcifme s'étendit & s'épura ; le dégoût de la vie préfente porta toutes les efpérances vers l'immortalité. Ce fut alors que le chriftianifme fit fes rapides progrès : les confolations qu'il offroit adoucirent le malheur des peuples. Ils y trouvoient les efpérances les plus flatteufes, & ils voyoient en même temps la vengeance la plus févere dénoncée à leurs tyrans. Cette heureufe influence de l'opinion continua de produire le meilleur effet, jufqu'à ce que le facerdoce ufurpant l'empire temporel, replongeât les hommes dans de nouveaux malheurs. Alors tout changea fur la furface de la terre. Les nations qui profiterent de ces révolutions, telles que les Italiens & les Efpagnols, ne porterent dans les matieres de religion d'autres difpofitions que celles qui tenoient à leur climat. Ces nations, naturellement fenfibles & exaltées, multiplierent les pratiques, & fe livrerent à la fuperftition; mais en même temps elles fçurent concilier leurs opinions avec leurs paffions : leur morale fut relâchée, & la dévotion leur tint lieu de piété. Les peuples Septentrionaux, qui les premiers s'étoient féparés de l'églife, fuivirent une route toute oppofée. Naturellement fombres & portés à la méditation, révoltés fur-tout par l'impreffion encore récente des chaînes qu'ils avoient portées, ils donnerent dans le rigorifme ! L'efprit de controverfe, fi puiffant chez les hommes, les difcuffions, les guerres civiles entretinrent long-temps cette difpofition parmi elles. Mais lorfque l'Angleterre, après l'expulfion des Stuards eut joui d'une tranquillité, d'une profpérité durable; lorfque la Hollande eut goûté en paix les fruits de fon induftrie, que l'Allemagne & le Nord furent pacifiés, alors la doctrine devint plus

douce & plus modérée , & les hommes trouvant plus de bonheur & d'espérance dans les
choses temporelles , commencerent à s'occuper
beaucoup moins des choses spirituelles. L'esprit de tolérance s'établit non-seulement entre
les différentes religions , mais encore entre
les différentes sectes d'une même religion. La
France même suivit , quoique la derniere , cette
pente générale , & du moins elle n'eût plus à
rougir du *jansénisme* & du *molinisme.*

Il résulte de ces réflexions , qu'à ne considé-
rer cet objet que du côté politique , les opinions religieuses les plus modérées conviennent
plus aux gouvernements libres & prosperes ,
& que les plus exagérés s'accordent mieux
avec les gouvernements despotiques ; car ce
qui est obstacle dans un cas , devient remede
dans l'autre. Au reste , il seroit inutile de pousser nos recherches plus loin , parce que la religion ne doit pas venir des hommes , & qu'il
seroit absurde à un législateur de composer
des dogmes. Nous nous contenterons d'observer que si l'on vouloit les diriger vers l'objet
de la félicité publique , il faudroit qu'il y eût
plus à espérer qu'à craindre. Ajoutez à cela que
sans parler du danger qu'il y auroit à faire de
la religion un moyen de gouvernement , cet
instrument seroit toujours foible & insuffisant.
La raison en est , que les hommes n'ont jamais

une idée affez fenfible, affez immédiate de ce qu'on leur fait craindre ou efpérer dans une autre vie. A peine en trouve-t-on un fur mille qui ait voulu s'expofer à la peine des galeres ; à peine en trouve-t-on un fur mille qui n'ait pas craint de s'expofer à des fupplices éternels. En général, tout gouvernement fage ne doit employer le pouvoir de l'imagination que dans des temps de crife, dans des cas preffés, & lorfque fon effet doit être prompt & rapide. Or, tout ce qui eft opinion eft prefque toujours du reffort de l'imagination. Voyez comme en matiere de religion elle agit différemment fur les deux fexes. L'homme plus attaché aux impreffions phyfiques fe laiffe gouverner par elles. Les femmes plus fenfibles, plus exaltées font plus portées à la dévotion. Mais cette dévotion n'a-t-elle pas été fouvent contraire à la tranquillité publique, à la religion même? Heureux les peuples, heureux auffi les miniftres de la religion, fi les gouvernements, pénétrés de ces principes n'entreprenoient de pourvoir au bonheur des fujets qu'autant qu'ils font fous leur puiffance, & fe contentoient de ne jamais mettre d'obftacles à la vérité éternelle qui feule a droit d'éclairer les hommes (1).

____

(1) On peut obferver encore que lorfque les opinions des hommes font fondées fur des chofes fenfi-

Ainſi, de quelque côté que nous portions nos regards, nous retrouvons toujours ce grand principe qu'il ne faut jamais mettre d'obſtacles à la perfeĉtibilité de l'eſpece humaine. Je ſuppoſe, en effet, qu'il s'éleve un légiſlateur fortement pénétré de ce deſir ſi louable en lui-même de rendre les hommes heureux ; ne pourroit-il pas faire le raiſonnement ſuivant : » Si je veux approcher le plus près poſſible » de mon but, il faut que je m'empare de tout

---

bles & auxquelles on accorde une croyance de ſentiment, les mœurs publiques s'en reſſentent toujours. Les loix ne puniſſent pas la lâcheté dans les affaires particulieres, non plus que les manquements en matiere de religion : or, perſonne ne veut vivre avec des hommes déshonorés, tandis qu'il n'eſt aucun particulier, quelque dévot qu'il ſoit, qui ne vive avec un mauvais chrétien, avec un hérétique. Je me rappelle à cette occaſion que Thomas Morus, dans ſon *Utopie* (Liv. I.) s'étonne qu'on ne puiſſe contredire les princes & les grands ſur leur adminiſtration, & qu'il ſoit permis de cenſurer leur conduite religieuſe. La ſolution de cette difficulté, c'eſt que les eſpérances ou les craintes en matiere de religion ſont dans un certain lointain qui ne permet de les voir que d'une maniere vague & confuſe. Si vous ne faites pénitence, dites-vous à un roi, vous ſerez brûlé éternellement : un autre vient & dit : ſi vous ne gouvernez pas avec plus de juſtice, vos peuples ſe révolteront, & cet autre eſt mis en priſon.

» ce qui peut agir fur les hommes, & que je
» me rende maître fur-tout de ces deux grands
» moyens de gouvernement, la *crainte* & l'*ef-*
» *pérance*. J'ai pour objet feulement le bonheur
» dont on peut jouir fur la terre, & pour fe-
» cours toutes les chofes fenfibles & maté-
» rielles dont je puis ufer à mon gré. Je ne per-
» mettrai donc pas qu'on vienne infpirer aux
» hommes un intérêt différent de celui que je
» regarde comme mon premier mobile; je ne
» fouffrirai pas qu'en même temps que je pu-
» blierai des loix pour encourager les talents
» & l'induftrie, il foit permis à quelques per-
» fonnes de déclamer publiquement contre les
» jouiffances que je m'efforcerai de procurer,
» & de les faire envifager comme criminelles.
» Lorfqu'obligé d'infliger des peines, j'aurai
» cru imprimer la plus grande terreur à mes
» peuples en ôtant la vie à un citoyen, j'empê-
» cherai fans doute qu'on ne promette un bon-
» heur éternel à celui que j'aurai deftiné pour
» victime au bien général. Le premier des lé-
» gislateurs, celui qui eut à conduire le peu-
» ple le plus inconftant & le plus rebelle ne
» propofa des peines & des récompenfes que
» pour cette vie : je fuivrai fon exemple, &
» puifque je n'agis que pour le bien des hom-
» mes, j'ai droit d'agir feul, de ne fouffrir au-
» cune concurrence ni dans la législation ni
» dans

» dans la morale qui fait le complément de la » législation «... Tel feroit le langage d'un enthoufiafte plus vertueux qu'éclairé, & tel eft peut-être celui que plufieurs fouverains ont tenu dans le fecret de leurs penfées. Mais un mot fuffit pour y répondre. Qui vous a rendu maîtres, leur dirai-je, des facultés intellectuelles de vos peuples ? Qui vous a permis de mettre des bornes à leurs idées, de leur prefcrire même la maniere dont ils doivent fe rendre heureux? Souvenez-vous que vous gouvernez des êtres perfectibles. Laiffez-les donc s'avancer dans la carriere de la raifon. N'arrêtez ni ne dirigez leurs progrès ; mais ne ceffez d'avoir l'œil ouvert fur ces progrès, de les fuivre dans leur marche, & de vous y proportionner fans ceffe ; ils vous meneront plus fûrement à la vérité, & c'eft en elle que vous devez trouver le feul fondement de toute législation, le principe de tout gouvernement.... Qui ofera donc maintenant élever fa voix contre la liberté de penfer & d'écrire ? Qui ofera décrier les progrès de la lumiere & de la raifon, lorfque la politique, la morale & la vraie religion doivent les defirer ?

Il exifte fans doute des principes fondamentaux qui appartiennent à tous les peuples & à toutes les légiflations ; tels font ceux que nous venons d'énoncer : mais il femble qu'ils foient plus négatifs que pofitifs ; c'eft-à-dire, qu'ils enfeignent plutôt ce qu'il ne faut pas faire que ce qu'il faut faire. Cependant une grande queftion fe préfente , & follicite toute notre attention. En effet , s'il eft vrai que la perfectibilité de l'homme & le progrès des lumieres doivent nous conduire un jour à la plus grande félicité poffible , n'eft-il pas naturel de demander quel fera le gouvernement qui remplira le mieux cet objet ? La réponfe eft facile ; celui qui maintiendra le mieux la paix intérieure & extérieure. Mais comment fçavoir , avec quelque exactitude , quelles font les conftitutions politiques qui tendent plus directement à cette fin fi defirable ? Les monarchies font ordinairement plus paifibles au dedans & plus actives au dehors ; le contraire arrive dans les républiques : obligés d'opter entre deux tendances oppofées , pour laquelle pencheriez-vous ? Pour la paix extérieure : de la guerre faite au dehors , on ne peut jamais attendre de meilleure iffue que la ceffation des maux qu'elle a fait naître : de la guerre intérieure fortent fouvent des chofes vraiment utiles ; les efprits ont fermenté , le pour & le contre a été foutenu & difcuté , & lorfque les hommes ont confumé ce qu'ils avoient d'entêtement, de préjugés, de perfonnalité , la vérité vient enfin s'affeoir fur les ruines de la controverfe. Mais tranchons d'un mot la difficulté, ou plutôt effayons de nous en délivrer, en difant que rien n'eft plus frivole que tous ces efforts pour trouver la meilleure forme de gouvernement dont les hommes foient fufceptibles. Il ne fuffiroit pas de l'avoir trouvée ; il faudroit, pour la mettre en exécution, difpofer de toutes les circonftances ; il faudroit être maître du monde entier pour former un état à fon gré. Que dis-je ! il faudroit plus encore ; il faudroit étendre fon empire fur les temps paffés, effacer les fouvenirs & les habitudes ; enfin, tout détruire & tout créer. J'ai vu préconifer l'ancienne conftitution de la Suede ; encore quelques loix de la façon de nos politiques fpéculateurs, & c'étoit un gouvernement parfait : ils n'avoient oublié qu'une chofe, c'eft que la Suede étoit voifine de la Ruffie. Tous les regards s'étoient tournés vers les Polonois ; ceux-là, du moins, étoient reftés attachés à leur ancienne conftitution. Tout le monde fçait ce qui eft arrivé. Quelle ariftocratie barbare que celle de Venife ! elle eft profcrite dans tous les livres, dans toutes les converfations ; mais depuis 1200 ans elle fubfifte, & le peuple eft heureux fous fon gouvernement. Non ; il n'eft pas donné aux hommes de concevoir, de réalifer une idée auffi belle que celle d'un gouvernement parfait. Le

fuccès juftifie fouvent celui qu'on avoit le plus
cenfuré, & condamne celui qu'on avoit le
plus préconifé. Dans ce fyftême fi compliqué
que forment les différents états de l'Europe,
leurs forces, leurs fituations, leurs intérêts
relatifs, de quoi devons-nous nous occuper ?
D'améliorer, plutôt que de renverfer pour réé-
difier. Nous ofons le dire ; le bonheur des
hommes n'eft pas fi dépendant qu'on le croit
de telle ou telle conftitution. Il eft des bafes
effentielles de la félicité publique qui font
communes à toutes ; & de même que toutes
les religions s'accordent fur la morale, & qu'il
n'y en a aucune qui permette le vol & l'af-
faffinat, de même tous les gouvernements s'accordent à maintenir la propriété des biens &
des perfonnes. C'eft-là la fin, l'objet de toute
législation ; c'eft-là le terme où l'on doit tendre de toutes parts, & pourvu qu'on y foit arrivé, il n'importe guere quel chemin on a pris.

Cependant on peut infifter & demander comment avec une intention fi louable de la part
de tous les gouvernements, il s'en trouve encore de tyranniques & d'oppreffifs. On n'al-
-léguera pas les états defpotiques, parce que le
defpotifme n'eft pas un gouvernement ; mais
on me citera des monarchies, des républiques même, qui, par fyftême, tiennent dans
l'abaiffement & l'oppreffion les peuples qu'elles

ont foumis. Pourquoi, me dira-t-on, les Irlandois n'ont-ils pas les mêmes privileges que
les Anglois, les habitants du Brabant Hollandois, que ceux des Provinces-Unies? Pourquoi
voit-on en Allemagne, en France, l'obligation
du fervice militaire, le travail pénible des
corvées, l'abjection, l'avilissement de différentes claffes de citoyens altérer cette propriété fi néceffaire des biens & des perfonnes?..... Eh! ne voyez-vous pas que tout
gouvernement vient de la force? que tous les
peuples du monde ayant été en proie à des
guerres extérieures ou à des guerres civiles,
la force a feule terminé ces débats? Lorfque
les efforts ont été balancés, il en eft réfulté
de véritables traités de paix, c'eft-à-dire, des
arrangements faits à l'avantage de toutes les
parties contractantes, qu'elles ont toutes intérêt de maintenir; telles font les bonnes &
fages conftitutions : mais quand la force, ne
trouvant pas d'obftacles, ou les ayant tous
furmontés, a voulu s'affurer fes propres fuccès, il s'eft fait des efpeces de pacifications,
que je n'appellerai pas des traités, & qui reffemblent plutôt à des capitulations, parce
qu'elles ont été dictées par le vainqueur: c'eft
ainfi que les Anglois après avoir conquis l'Irlande, & après y avoir appaifé plufieurs révoltes, n'ont eu pour objet que d'y dicter des

loix conformes à leurs intérêts, & propres à
perpétuer l'avantage qu'ils avoient fur elle au
moment de la pacification. Il en eft arrivé de
même à l'égard du Brabant Hollandois, du
pays de Vaux , &c. Un long intervalle de
calme & de tranquillité, une foumiffion éprou-
vée ont changé l'état des chofes, fans changer les loix & les conftitutions , & tel eft le
grand obftacle à la félicité publique, *que tout
ce qui eft participe de ce qui a été.*

C'eft une vérité dont les auteurs tant mo-
raliftes que politiques , n'ont pas été affez convaincus. Que de lumieres elle eut répandu
fur leurs ouvrages ! Sans doute ils auroient
abfous la raifon humaine de bien des erreurs
qui lui ont été imputées ; ils auroient réfolu
bien des problêmes qui leur ont paru info-
lubles. J'en citerai quelques exemples , feulement pour avertir le lecteur , & le mettre
fur la voie ; car on ne peut pas tout dire ,
& il arrive affez communément que celui qui
ne devine rien, n'entend rien non plus.

Pourquoi dans les états purement militaires
le peuple eft-il plus opprimé qu'ailleurs ? C'eft
que la force confervatrice ayant toujours été
dirigée vers l'extérieur, la liberté, la propriété
du citoyen ont confifté en un feul point capital, qui étoit de ne pas tomber au pouvoir
d'une nation voifine ; de forte que cet intérêt ha-

bituel a fait taire tous les autres , & qu'il n'y a eu nuls différents , nuls débats intérieurs , d'où pût fortir une conftitution raifonnable,un gouvernement défini & balancé. C'eft ainfi qu'un malade ne craint pas la douleur , tant qu'il craint la mort.

Pourquoi les peuples malheureux qui vivent depuis long-temps fous un gouvernement defpotique , n'ont-ils pu jufqu'à préfent , je ne dis pas obtenir, mais même réclamer la liberté ? C'eft que les nations efclaves font toujours timides & ignorantes ; c'eft que plus les peuples font brutes, moins il faut d'individus pour repréfenter la force qui les régit. Une petite armée, un petit nombre de fatellites fuffifent pour les contenir. Or, les révolutions de ces états s'étant toujours concentrées dans ces fatellites , & la force n'alternant jamais que d'un prince à un autre, ou d'un corps de troupes à un autre , il n'en peut réfulter affez d'équilibre pour donner lieu à un traité de paix , ou, fi l'on veut , à une conftitution.

Pourquoi le pouvoir des rois de France s'eft-il toujours augmenté jufqu'à nos jours ? c'eft que le gouvernement féodal ayant établi une ariftocratie barbare, le peuple opprimé eut recours aux rois pour le délivrer de la tyrannie des grands , & qu'alors la couronne repréfenta cette force néceffaire qui pacifie , qui maintient l'ordre & la police ; c'eft encore parce que les plaignants qui n'étoient que la derniere claffe du peuple, fe contenterent de demander défenfe & protection, & ne ftipulerent rien pour eux.

D'un autre côté, pourquoi le bas peuple en France eft-il plus pauvre, plus malheureux qu'ailleurs ? c'eft que nos payfans ne font que des ferfs affranchis ; c'eft qu'ils ont la plus grande part poffible aux charges publiques & la plus petite dans l'adminiftration ; c'eft qu'il exifte parmi nous des privileges odieux, des diftinctions funeftes entre propriétaire & propriétaire, qui font retomber fur eux feuls l'obligation de la milice, la confection des chemins, & toutes les dépenfes publiques, comme logement de gens de guerre, maréchauffées, haras, &c. On a raifon, fans doute, de fe récrier contre le poids des impôts & l'arbitraire de leur répartition ; cependant tout cela ne fait pas qu'en France un journalier fe contente de gagner 15 fols par jour, tandis qu'il en demande quarante en Angleterre. La véritable raifon eft que le premier fe fait payer comme un homme, & le fecond comme un citoyen. Ainfi les malheurs publics viennent bien moins des erreurs préfentes que des erreurs anciennes, & c'eft injuftement qu'on fe défie de la raifon humaine, dont les progrès auroient un effet plus rapide, s'ils n'avoient à combattre des habitudes &

des préventions, toutes nées, toutes formées dans des temps d'ignorance (1).

Que réfulte-t-il de toutes ces confidérations ? c'est que les hommes pour être heureux ont encore plus befoin d'oublier que d'apprendre ; qu'il faut, pour accélérer leurs progrès, laiffer s'effacer, s'oblitérer, autant qu'il eft poffible, toutes les idées anciennes, & s'empreffer d'élever l'édifice de la raifon fur les ruines de l'opinion. Le feul écueil qui nous refte à éviter, c'eft la fubtilité, l'abus de la métaphyfique en matiere de droit public, & même fur toutes fortes d'objets. De nos jours, les queftions les plus importantes fur la nature du gouvernement, fur les droits des rois & des peuples ont été agitées. Ici on a voulu faire dériver le gouvernement de l'autorité paternelle, comme fi, après la mort du pere de fa-

____

(1) Dans le Ferrarois & dans l'état de Venife, le journalier ne gagne qu'un *paolo* par jour, c'eft-à-dire, à peu près 11 fols. En Hollande, où le gouvernement eft démocratique, il gagne trois fois autant. Voulez-vous une autre preuve de l'influence que l'opinion exerce fur le prix des falaires ? A Naples, où l'état de domeftique eft plus méprifé qu'ailleurs, un valet eft payé beaucoup moins cher qu'un ouvrier. C'eft le contraire à Paris, où les domeftiques font bien traités, & ne font pas même condamnés à refter toute leur vie dans le même état.

mille, il y avoit dans la nature une loi qui
soumît le frere & les enfants des freres à l'un
d'entre eux. Ailleurs, on a imaginé un contrat
social; comme si cet acte supposé pouvoit obliger les femmes qui n'y ont aucune part, & les
enfants pour qui on a stipulé. Que ne disoit-
on plutôt que le gouvernement est la force
qui maintient la paix dans la société ? qu'il est
bon & juste, lorsqu'agissant dans cette vue
unique, il n'est que l'expression de la volonté générale, ou du moins de celle du plus
grand nombre ? En effet, qu'est-ce qu'un contrat s'il n'existe une force pour le faire exécuter,
& quelle sera cette force qui décidera entre
le gouvernement & le peuple ?

Toute constitution ne peut se maintenir
que par l'équilibre des forces dans les différentes parties qui la composent, ou par l'intérêt général qu'on trouve à la conserver.
Au moment présent, tous les jurisconsultes,
tous les politiques les plus habiles se perdent
dans la discussion des droits que réclament les
Américains. On dit, on répete à ceux-ci :
Vous êtes établis en vertu de chartes particu-
lieres émanées de la couronne, & ces établisse-
ments n'ont jamais été regardés que comme une
émigration tolérée, quelquefois même encouragée
pour l'avantage de la métropole ; mais ils répondent : *Nous sommes des Anglois, des citoyens ;*

nous avons porté cette qualité avec nous en passant les mers , & nous n'avons pas perdu nos premiers droits en devenant des citoyens plus utiles. Nul tribunal qui ne fût embarrassé de décider cette question. Mais quoi ! la force est en action ; elle se compense & se partage ; tôt ou tard un traité de paix suivra, & alors les Américains auront une constitution. Dans toute constitution mixte le gouvernement n'est donc que le résultat de l'équilibre des forces. Dans tout autre cas, c'est l'impression d'une force prépondérante, ce qui constitue plutôt un état de guerre qu'un gouvernement, ou bien c'est encore l'effet de l'opinion générale que l'autorité agit pour le bien de tous. Hobbes avoit entrevu ces vérités ; mais quoiqu'il fût penseur & raisonneur profond, son esprit avoit fermenté avec son siecle. Frappé des malheurs publics & fatigué des guerres civiles, il s'étoit égaré dans les conséquences de ses principes. En cherchant toujours l'origine d'une puissance qui ne consiste que dans la force, il crut qu'elle devoit être illimitée, & ne résider que dans les mains d'un seul (1). Harrington qui le combattit, raisonna mieux. Il crut pouvoir placer la force de son gouver-

______

(1) Voyez Leviathan & *Tract.* de Cive.

nement dans la multitude , & pénétré de cette idée , que les loix ne font rien fans les armes , il imagina une république toute guerriere, où les propriétaires étoient des foldats, les membres du parlement des capitaines, des colonels (1). Pour nous , moins fyftématiques & moins fubtils, nous penfons qu'il exifte une véritable puiffance dans la raifon , & que le meilleur gouvernement fera celui où elle aura plus d'influence ; de forte que fi dans la démocratie le peuple eft fujet à agir par faillie & avec autant d'inconféquence que d'enthoufiafme, nous n'héfiterons pas à lui préférer l'ariftocratie ou la monarchie ; & d'un autre côté , s'il eft vrai que l'ariftocratie foit fujette à dégénérer dans une oligarchie tyrannique , & que la monarchie penche toujours vers le defpotifme, nous aurons une nouvelle juftification de nos principes , & nous dirons que les conftitutions mixtes n'ont tant d'avantage fur les autres , quelque complexes qu'elles paroiffent, que par cette feule raifon, que réuniffant plus d'équilibres & de contraftes, elles reffemblent plus à un traité de paix, qui eft le véritable exemplaire du gouvernement.

Combien nos opinions ne font-elles donc

______

(1) Voyez l'Oceana.

pas éloignées de celles qu'ont avancé, avec peu de succés à la vérité, certains demi-politiques modernes, qui séduits, comme le philosophe Anglois, par de vains sophismes sur l'unité & la plénitude de la puissance, ont osé décrier tous les contre-poids & tous les pouvoirs intermédiaires que le sage Montesquieu avoit préconisés ? Nous croyons, au contraire, que l'impression immédiate d'une volonté instantanée, fut-ce celle d'un peuple entier, n'est jamais conforme à la nature essentielle de la législation. Il est inutile sans doute de discuter les idées frivoles sur lesquelles ces systêmes singuliers ont été appuyés. Un despotisme légal dans un individu soumis à toutes les passions, ou dans une multitude plus passionnée encore ! La force de l'évidence, parmi des nations qui ont discuté depuis cent ans les questions les plus importantes, sans qu'il en soit encore résulté une opinion générale ! Croira-t-on jamais que de pareilles illusions aient été débitées avec les formes les plus minutieuses & les plus didactiques ? Qui ne sçait, au contraire, que la législation ne change presque jamais qu'à l'occasion de quelque crise, de quelques situations forcées ; qu'alors les craintes & les espérances sont trop prochaines pour laisser place à la maturité & à la délibération ; de sorte que l'emploi de la raison eſt de venir, au bout d'un long eſpace de temps, réclamer contre des erreurs qui ne ceſſent d'être invincibles que parce qu'elles ceſſent d'être intéreſſantes. Nous ajouterons même que telle eſt l'importance ; la néceſſité des contre-poids dans le gouvernement, que nous aimerions mieux vivre dans une monarchie où ils ſeroient bien ménagés & toujours en activité, que ſous un gouvernement démocratique, où la volonté du plus grand nombre auroit un effet prompt & immédiat. En effet, ſi vous ſuppoſez une démocratie, où les rangs & les fortunes ſoient rigoureuſement pareils, il n'y a pas beſoin de gouvernement, chaque citoyen n'ayant rien à envier ni à prendre à ſon voiſin. Mais comme cet état de choſes eſt impoſſible, ou peut ne pas durer, il arrivera que la propriété ſera bientôt attaquée, que les riches feront à la merci de la multitude, juſqu'à ce qu'ils ſe ſoient attachés des clients, & qu'ils puiſſent partager le pouvoir ; mais alors il y aura déjà un contraſte, un équilibre, ce ſera du moins une eſpece d'oligarchie ou d'optimatie oppoſée à la multitude ; & ſi l'on vient à faire quelque convention, quelque compromis, il y aura dès-lors mêlange d'ariſtocratie & de démocratie, équilibre de pouvoir, ſurveillance mutuelle ; enfin, un gouvernement mixte. Or , comme il eſt bien ſûr qu'aucun homme raiſonnable & éclairé ne préférera jamais le deſpotiſme , quand même il s'intituleroit deſpotiſme légal ou deſpotiſme de l'évidence , il nous paroît ſuffiſamment prouvé que la plénitude du pouvoir , ſoit dans un ſeul homme , ſoit dans l'aſſemblée du peuple , ne peut jamais former une conſtitution politique , & que tout bon gouvernement repréſentera toujours un traité de paix , avec un équilibre de forces néceſſaires pour en maintenir l'exécution. Que s'il arrive quelquefois que les forces de contre-poids ne ſoient pas ſenſibles & apparentes , elles n'en exiſtent pas moins dans le fait. Souvent elles ne conſiſtent que dans les opinions , dans les habitudes , dans les richeſſes , dans les beſoins mutuels. Souvent même elles paroiſſent en plus grand nombre d'un côté que de l'autre ; mais , en moral comme en phyſique , un équilibre rigoureux eſt difficile à trouver , & juſqu'à ce que les balances ſoient parfaitement compenſées , elles doivent toujours oſciller.

Peut-être ai-je trop inſiſté ſur ces réflexions; peut-être paroîtrai-je avoir encore échappé cette fois-ci à ces lecteurs empreſſés de trouver des opinions toutes faites, des opinions bien tranchantes, bien prononcées, qu'on puiſſe rejeter ou adopter d'une façon peremptoire.

Tome II. * Y

Ils se plaindront sans doute de ce que dans un ouvrage intitulé *De la félicité publique*, je n'aie pas indiqué les moyens de rendre les peuples heureux dans toutes les situations, dans tous les cas. Hélas ! j'avoue que je n'ai pas rempli leur attente ; mais j'ai dit ce que je sçais, peut-être même plus que je ne sçais ; car, penser, conjecturer, croire même, ce n'est pas encore là *sçavoir*. Cependant si l'on veut résumer les idées que j'ai plutôt semées que déduites dans ce chapitre, on y trouvera :

1°. Que la nature semble avoir placé le bonheur de tous les êtres dans les principes de leur conservation & de leur multiplication.

2°. Que l'homme par sa perfectibilité naturelle s'est dérobé à cette loi commune, & qu'ayant bientôt trouvé trop de facilité à contenter ses appétits, il a été exposé à l'ennui & aux besoins factices.

3°. Qu'il paroît cependant que le meilleur moyen de le rendre heureux est de restituer à son égard le plan général de la nature, & de rétablir l'équilibre entre l'activité & la jouissance.

4°. Qu'une autre conséquence de la perfectibilité de l'espece humaine a été l'inégalité des progrès, qui a établi une grande différence d'homme à homme, de peuple à peuple, & qui a donné naissance à la guerre & à l'oppression.

5°. Que

5°. Que le remede à cet inconvénient n'est pas de ramener l'homme à un état d'ignorance & de simplicité dont il sortira toujours, mais de hâter ses progrès le plus qu'il est possible; parce que c'est au terme seul que peut se trouver l'égalité.

6°. Que la guerre ayant été le premier effet de l'inégalité des forces, elle a été le principe de tous les établissements politiques, & que c'est à elle qu'il faut rapporter les premiers rudiments des sociétés & des gouvernements.

7°. Que si l'attaque & la défense ont été l'objet des premieres associations, & la pacification intérieure & extérieure, celui des premieres loix, il en résulte que toutes les constitutions politiques doivent être regardées comme des traités de paix.

8°. Que les meilleurs gouvernements sont ceux qui offrant le plus de contre-poids, peuvent être comparés à des traités entre puissances égales, après lesquels il reste des forces & des intérêts suffisants pour les maintenir.

9°. Que le gouvernement des peuples subjugués & opprimés ne représente qu'une espece de capitulation que le plus fort a accordé au plus foible; que ce gouvernement devient vicieux, lorsque les circonstances ont changé, & qu'il est à propos que la législation change avec elles.

10º. Que c'est une vérité importante *que tout ce qui est participe de ce qui a été* : de forte que la plupart de nos régimes modernes rapportant leur origine à des fiecles barbares & à des époques malheureufes, où la violence & l'ufurpation exerçoient leur empire, il eft néceffaire que les idées anciennes s'effacent, & que la raifon prévale enfin fur les préjugés & les habitudes.

11ª. Que les malheurs de l'humanité doivent bien moins être imputés à l'infuffifance ou à l'abus de la raifon, qu'à l'ignorance des fiecles paffés, dans lefquels fe font formés la plupart des habitudes & des principes qui nous gouvernent encore.

12º. Qu'il y a donc tout à efpérer du progrès des lumieres ; qu'elles ont amélioré & qu'elles améliorent journellement le fort des hommes ; enfin, que loin d'avoir à envier les fiecles paffés, nous devons nous regarder comme beaucoup plus heureux que les anciens ; vérité qui a été l'objet de cet ouvrage, dont le véritable titre eft, nous le répétons : *Confidérations fur le fort des hommes dans les différentes époques de l'Hiftoire.*

APPENDICE

S U R

LA DETTE PUBLIQUE.

IL y a déjà près d'un siecle que la France, l'Angleterre & la Hollande s'étant opiniâtrées à des guerres dispendieuses, ceux qui gouvernoient ces nations ont été obligés de recourir à des emprunts considérables. Je dis ceux qui les gouvernoient, parce que si elles avoient discuté elles-mêmes leurs intérêts, elles n'auroient eu aucune raison de contracter des dettes. En effet, comme elles possédoient presque toutes les richesses de l'Europe, elles jouoient en même temps les rôles de prêteurs & d'emprunteurs ; de sorte que tout ce mouvement d'argent n'étoit qu'un mouvement intestin. Il leur eût donc été facile de s'imposer sur elles-mêmes une contribution égale aux sommes qu'elles ne levoient que par emprunt. Mais, d'un côté, Guillaume III auroit eu trop de peine à persuader aux Anglois (& sur-tout aux Torys) de sacrifier la plus grande partie de leur fortune à l'abaissement de Louis XIV, & de l'autre, Louis XIV, tout absolu qu'il étoit, n'auroit jamais pu disposer arbitrairement du bien de ses sujets pour soutenir des guerres que son ambition seule lui avoit attirées. Pour les Hollandois , quoiqu'une vengeance particuliere, un intérêt plus immédiat les animât, il étoit encore difficile d'en obtenir des sub-

X 2

sides considérables. Ces riches commerçants, qui formoient la meilleure partie de la république, voyoient avec trop de regret les fruits d'une longue & pénible industrie dévorés par des Allemands & des Espagnols. Nous lisons même dans les négociations du comte d'Avaux que la province de Hollande fut long-temps opposée à la guerre, & qu'elle inclinoit plutôt pour la France, qu'elle ne craignoit que comme un voisin dangereux, que pour le prince d'Orange, qu'elle redoutoit comme un maître ambitieux. Ces situations embarrassantes obligerent de chercher les moyens les plus doux ; il falloit éviter de faire sentir aux peuples le fardeau qu'on leur imposoit : on appela, pour ainsi dire, la postérité à son secours, & on la chargea de tout le poids qu'on vouloit épargner à la génération présente. Les emprunts furent donc le fruit de la foiblesse du gouvernement, ou d'un certain respect pour les propriétés, qui sera toujours nécessaire, tant que les guerres n'auront pas pour objet ou la défense des foyers, ou la vengeance de ces insultes cruelles qui, élevant un cri général, précipitent les peuples dans la guerre (1).

Qu'il soit ruineux de faire avec de grands frais des

---

(1) Lors de la ligue de Cambrai, la république de Venise ne fut pas obligée de recourir à des emprunts, quoiqu'elle eut à se défendre contre tant de puissances réunies. On se soumit à une espece de taxe d'aisés, & chacun contribua selon ses moyens. C'est que le danger étoit réel & pressant : c'est que les Vénitiens aimoient leur gouvernement, & que chaque citoyen auroit tout sacrifié pour le conserver. De même, en 1672, la Hollande n'eut pas recours à des emprunts pour mettre des armées sur pied. Ils n'eurent lieu que lorsque d'autres intérêts furent compromis, & que la guerre devint opiniâtre & inutile.

guerres inutiles, c'eſt ce que perſonne ne révoquera
en doute. Toute nation qui emprunte pour faire la
guerre travaille donc à ſa propre ruine. Mais de quelle
façon cette ruine s'opere-t-elle ? Les emprunts ſont-ils
onéreux, ſeulement en ce qu'ils repréſentent une dépenſe exceſſive, ou ſont-ils pernicieux par eux-mêmes en ce qu'ils perpétuent les charges de l'état ?
C'eſt ce que nous ne pouvons approfondir qu'en re-
montant à un principe général, que nous avons énon-
cé au commencement de cet ouvrage.

Toutes les richeſſes, celles des états comme celles
des particuliers, ne ſont fondées que ſur un bienfait
de la nature, qui a permis à l'homme d'obtenir, par
un travail modique, une quantité de productions fort
au deſſus de ſes beſoins perſonnels. Un ſeul homme,
en labourant un champ, peut ſe procurer aſſez de bled
pour nourrir dix de ſes ſemblables ; un ſeul homme,
en cultivant une vigne, peut en tirer dix muids de
vin, & ainſi du reſte : de ſorte que ſi la terre avoit
été abandonnée à l'induſtrie humaine, il ſeroit arrivé
que chaque individu, après s'être aſſuré ſa propre ſubſiſtance, auroit encore cherché dans l'agriculture des
commodités & des jouiſſances ; ſoit qu'il eut ajouté à
la culture des bleds celle du chanvre, des légumes,
des arbres fruitiers, &c. ; ſoit que, ne conſultant que la
nature du ſol & la facilité des échanges, il ſe fût efforcé d'obtenir la plus grande production poſſible d'une
ſeule denrée, dans l'eſpérance de s'en procurer d'autres par le débit de ſon ſuperflu. Dans ce cas, les
jouiſſances des hommes n'auroient trouvé de limites
que dans l'accroiſſement de la population. Mais l'é-
tendue du droit de propriété a bientôt interverti cet
ordre naturel : celui qui a pu réunir de vaſtes poſſeſſions s'eſt trouvé, il eſt vrai, dans l'obligation d'alié

menter les ouvriers qu'il emploioit à y faire naître différentes productions ; mais tout ce que ce travail a produit d'excédent est resté à sa disposition ; de façon que ces efforts réunis ont servi à la subsistance de tous & à la jouissance d'un seul. Cependant cette jouissance ne peut encore s'obtenir qu'à la faveur du travail. Si le plus riche propriétaire veut avoir des meubles , des pendules , des tableaux , il faut qu'il paie des tapissiers , des horlogers , des peintres ; & c'est à quoi il emploiera l'excédent des subsistances que ses cultivateurs auront fait naître ; car il importe peu que ces ouvriers ou artistes reçoivent le prix de leurs ouvrages à mesure qu'ils les fournissent , ou qu'ils soient payés annuellement par celui qui les fait travailler. Supposons donc qu'un riche propriétaire ait confié à cent cultivateurs le soin de préparer la subsistance de 900 personnes qu'il destine à lui procurer toute sorte de jouissances de pur agrément. Si ce propriétaire , si cet homme riche vient à avoir une querelle avec un de ses voisins ; s'il est obligé de lui déclarer la guerre , que pensez-vous qu'il fasse ? Rien de plus simple, me répondrez-vous : il laissera les cultivateurs à leurs ouvrages habituels , & il choisira parmi les autres personnes qu'il tient à ses gages un certain nombre d'hommes qu'il emploiera , soit à défendre ses possessions , soit à attaquer celles de son ennemi. Tant que cette guerre durera , il se privera de quelque plaisir , de quelque jouissance ; mais elle ne fera pas plutôt terminée , qu'il se trouvera dans le même état où il étoit auparavant ; c'est-à-dire , tout aussi riche , tout aussi à portée de se procurer des jouissances par le travail d'autrui.

Supposons maintenant que notre riche possesseur se soit conduit tout autrement , & que tenant , par erreur

ou par foibleſſe, à tous ſes amuſements qu'il aura pris
pour du bonheur, ou à ſon faſte qu'il aura pris pour
de la jouiſſance, il ait préféré d'envoyer à la guerre
ces hommes mêmes dont le travail ſervoit à le nourrir : ſuppoſons qu'il ait choiſi 50 laboureurs pour en
former ſa garde, qu'il ait employé les attelages de ſes
charrues à traîner ſon artillerie, qu'il ait fait de ſes fermes des châteaux forts, &c. Voici, ſelon toute apparence, ce qui ſera arrivé : la premiere année il aura
conſervé ſes chevaux de chaſſe, ſes officiers de bou-
che, ſes artiſtes, parce que les 50 cultivateurs qui ſeront reſtés à leurs travaux, auront fait tous leurs efforts pour ſuffire à leur tâche & à celle de leurs ca-
marades qu'on leur a enlevés ; la ſeconde année, ces
efforts ne pouvant plus ſe répéter, & ayant même
épuiſé leurs forces, bien loin de pouvoir ſuffire à ce
travail exceſſif, chaque homme ne ſera même plus en
état de faire ce qu'il faiſoit autrefois : la culture ſera
négligée, les terres mal labourées, mal ſoignées ; de
ſorte que la troiſieme année les ſubſiſtances ne ſe trouvant plus les mêmes, le propriétaire n'aura plus de
quoi entretenir les miniſtres de ſon luxe ou de ſes
plaiſirs, leſquels ne tarderont pas à être mécontents &
à s'éloigner : enfin, pour peu que la guerre dure encore, il ne lui reſtera plus ni richeſſes, ni jouiſſances,
& les maux qu'elle aura entraînés, ſeront irréparables.

Après avoir ainſi placé les choſes ſous le point de
vue le plus clair & le plus ſenſible, que nous reſte-
t-il à faire déſormais, ſinon à étendre nos idées, en
appliquant cette hypotheſe à deux nations, de forces
à peu près égales, qui ſe trouveroient engagées dans
une guerre indiſpenſable ? Voici, n'en doutons pas, le
raiſonnement que la plus éclairée des deux pourroit

faire : *Les chofes font arrangées de telle façon, qu'un pe-*
tit nombre d'entre nous, un dixieme à peu près, fuffit pour
nourrir tout le refte. Les neuf autres dixiemes n'ont guere
de moyens d'obtenir leur part de ces fubfiftances, qu'en
offrant des objets d'échange, qu'en provoquant les defirs
du cultivateur & du propriétaire. Ce font donc les dépen-
fes de cette claffe qui nourriffent l'autre, il n'importe lef-
quelles : ce qui eft très-vrai & très-important, c'eft que
dans l'état où font les chofes, il faut pour que tout le
monde fubfifte, qu'il y ait toujours la même quantité de
dépenfes. Or, c'eft ce qui arrivera pendant la guerre : car
fi nous allons difpofer d'une partie des fubfiftances, c'eft
auffi pour les répandre, & au lieu que vous aviez cou-
tume de les donner à des hommes qui vous brodoient des
habits, qui lambriffoient vos appartements, qui vous amu-
foient par leurs talents, nous les diftribuerons parmi des
hommes qui garderont nos frontieres, qui fortifieront nos
places, qui fabriqueront nos armes, &c. Soyez donc
bien tranquilles : la même quantité de dépenfes exif-
tera toujours, les mêmes fources de travail feront ouver-
tes ; ainfi tous ceux qui n'auront plus d'ouvrage dans
leur profeffion, trouveront un nouvel emploi dans les dif-
férentes reffources qu'on vient d'offrir à la force & à l'in-
duftrie.

J'avoue que d'après un pareil expofé il feroit difficile de penfer que la guerre fut ruineufe pour le peuple. Elle feroit pourtant un mal : car les habits, les
meubles, les lambris font plaifir à ceux qui les paient,
& la guerre eft une dépenfe qui ne fait plaifir à perfonne. Mais enfin elle ne priveroit perfonne des moyens
de fubfiftance, & fi elle étoit momentanée, la circulation du travail reprendroit bientôt fes premieres routes, & la nation auroit pu dépenfer fans s'obérer.
Mais il en arrive autrement. Cette poffeffion d'un

bien fonds, cette faculté d'employer indifféremment le travail de ceux qu'on fait subsister, à toutes les choses qui nous sont agréables, a reçu depuis long-temps le nom de propriété. Nous n'examinerons pas ici comment l'idée de propriété s'est formée ; nous dirons seulement qu'en général, & sur-tout dans l'état présent de la société, elle a été très-utile au genre-humain. Nous sommes donc bien loin de la décréditer ; mais nous observerons que le luxe n'étant que l'usage de la propriété, est devenu propriété lui-même, ou, pour mieux dire, une sorte de droit ; de façon que lorsqu'il a fallu subvenir aux besoins de la guerre, on n'a pas osé déplacer les richesses en changeant les objets de travail. Il est arrivé de là qu'en même temps qu'on étoit obligé d'employer un grand nombre d'hommes à de nouvelles professions, les riches ont conservé le privilege d'acheter le travail du peuple concurremment avec l'état. Le luxe, la magnificence, le plaisir ont également conservé la plus grande partie de leurs agents, & le gouvernement ayant été obligé d'acheter le travail des petits, aux dépens des petits, ce travail a été reporté en surcharge sur les cultivateurs & sur tous les artisans qui concourent avec eux à la production ou à la préparation de la subsistance. Ainsi les nations ont été écrasées, parce que le poids qui devoit être partagé entre tous, n'a été supporté que par les classes de citoyens les plus utiles à l'état. Ainsi la guerre a augmenté le travail général, ce qui est déjà un mal ; & elle l'a augmenté d'une maniere inégale & oppressive, ce qui est un plus grand mal encore. Peut-être cet inconvénient auroit-il toujours été difficile à prévenir ; car il faut observer que dans toutes les sociétés industrieuses ou commerçantes, chaque homme n'a guere qu'une maniere de subsister ; c'est ce qu'on appelle son art, sa profession. Chaque métier fait une classe à part, une société particuliere dans la société générale, un état dans l'état. Or, les hommes ne peuvent pas aisément changer de profession ; ce sont des chenilles attachées à une feuille ; si l'arbre seche, elles meurent avec lui. Voilà ce qui fait que dans les guerres malheureuses on voit souvent vingt mille manufacturiers mourir de faim , tandis que vingt mille soldats manquent au complet des armées, que les arsenaux sont déserts, & que les armements languissent faute de bras. Ajoutez à cela que le droit de propriété & l'inégalité des fortunes ayant établi une grande concurrence entre ceux qui demandent des subsistances pour prix de leur industrie , concurrence d'autant plus grande de leur part, que le besoin de subsister est plus pressant que celui de jouir & de s'amuser ; il est arrivé que le travail a toujours approché de trop près le niveau des forces de l'ouvrier ; de maniere que cette classe laborieuse n'a presque point de travail *disponible* , & que l'état ne peut lui en demander sans l'écraser. Considérez encore la disproportion des résistances , la patience du pauvre , le crédit du riche , la disposition de tout administrateur à préférer les moyens faciles aux moyens utiles , & vous vous expliquerez bientôt comment les guerres ruinent aisément les états qu'elles ne devroient seulement pas affoiblir.

Voyons maintenant comment les emprunts diminuent un peu cet inconvénient : je suppose qu'un état ait besoin d'une quantité de travail représentée par la somme de 300 millions : je dis une quantité de travail , parce qu'il ne faut pas perdre de vue que toute dépense représente un travail imposé sur une nation , puisqu'il est égal de lever une somme considérable ou d'exiger des recrues, des remontes, des vivres, des armes & des ouvriers de toute efpece pour le fervice d'une armée ; or, nous venons d'obferver qu'une pareille fomme ne peut pas être levée uniquement fur les gens riches, ni le travail qu'elle repréfente, impofé uniquement fur les agents du luxe, fans attaquer la propriété & fans caufer les plus grandes convulfions par des changements fubits dans les moyens de fubfifter : on cherche donc à adoucir toutes ces crifes, en impofant pour le moment une fomme medique, qui ne repréfente que l'intérêt d'une fomme plus confidérable qu'on emprunte. Mais tout emprunt repréfente une dépenfe ; fi l'état a emprunté 300 millions, il a dépenfé trois cent millions en travaux, & s'il a affez bien payé fes agents pour que les autres claffes aient reflué fur celle-là, le défordre n'a pas été très-grand. La même quantité de travail a diftribué la même quantité de fubfiftances, tout le monde a vécu. Le mal eft donc bien moins confidérable que fi tout le travail néceffaire au foutien de la guerre, avoit été exigé avec rigueur, & réparti avec inégalité : ajoutez à ces confidérations que l'emprunt dans le cas des grandes dépenfes, a cet avantage fur l'impofition, qu'il n'attire à lui que les fommes dont chacun peut difpofer, fans retrancher de fes dépenfes habituelles ; au lieu que l'impofition s'empare fouvent du néceffaire. Que dans un cas urgent on exige un quart du revenu net, ou fi l'on veut, cinq vingtiemes, que je fuppofe monter à 200 millions, il eft fûr que chaque propriétaire fera obligé de diminuer fa dépenfe d'un quart, & c'eft autant de moyen de fubfiftance enlevé au peuple. Cette diminution excéderoit même la proportion avec les fommes exigées ; car des impôts fi exorbitants ne manquent pas de jeter la confternation dans tous les efprits, & de refferrer l'argent dans toutes les bourfes. Il n'en eft pas de même de l'emprunt, qui ne prenant rien, ou du moins, tres-peu de chofe fur les dépenfes habituelles, met encore en mouvement l'argent que les capitaliftes tenoient en réferve.

Maintenant, fuppofons que la guerre s'étant prolongée, le gouvernement fe foit vu obligé de multiplier fes reffources, & qu'enfin la paix n'ait été conclue qu'après qu'il aura emprunté un milliart. Il s'agit d'apprécier quel eft déformais l'état de la nation : car alors elle eft chargée d'un arrérage de cinquante millions, & il faut en conféquence que la contribution annuelle foit augmentée d'une pareille fomme. Mais fi toute impofition doit repréfenter un travail fourni par les particuliers à l'état, je demande à préfent fi la quantité de ce travail eft augmentée ? fi dans le fait cette contribution n'eft pas idéale ? & enfin, fi lorfque le gouvernement reçoit d'une main pour rendre de l'autre, la furcharge eft plus réelle qu'elle ne l'eft à Amfterdam, lorfque la banque fait une navette perpétuelle de paiement & de recette ? Mais, me direz-vous, fi dans l'obligation de payer l'arrérage de la dette, l'état prend le dixieme du revenu des propriétaires, ce dixieme ne repréfente-t-il pas le travail qu'ils auroient pu payer avec une certaine quantité de fubfiftances, dont leurs mercenaires fe trouvent fruftrés à leur tour ? Je répondrai que dans cette hypothefe il n'y a point de diminution réelle, mais feulement un déplacement de revenu net ; que s'il arrive que mille propriétaires aient cent millions de revenu net, moins dix ; mille autres propriétaires qui poffedent encore des contrats, ont cent millions de revenu, plus dix ; que ceux-ci commandent plus de travaux qu'ils ne feroient s'ils n'avoient point d'effets en papier, de même que les autres en commandent moins qu'ils ne feroient s'ils n'étoient pas obligés de payer le dixieme ; enfin, que fuivant ce calcul, la quantité de travail refte toujours la même, puifque les befoins de l'état n'en réclament pas plus que par le paffé ; & voilà la véritable raifon pour laquelle les nations bien gouvernées reftent encore dans l'état le plus floriffant en fortant d'une guerre longue & difpendieufe. Voilà pourquoi les Anglois font encore riches & puiffants, & continuent de dépenfer ou de confommer autant qu'avant la guerre (1).

Avant que d'étendre plus loin l'application de ces principes, il ne faut pas fe diffimuler qu'il eft des circonftances qui les rendent fufceptibles de quelque reftriction. Nous avons fuppofé jufqu'ici que l'état n'a emprunté que des fujets ; mais quoique la plus grande partie des richeffes fe trouve chez les nations qui ont coutume de recourir à ces expédients, on ne peut difconvenir qu'au moment où elles ouvrent des emprunts, il ne leur vienne des fommes confidérables de la part de l'étranger. C'eft encore pis fi ces nations riches & puiffantes ne font pas toutes en guerre dans le même moment. Car, celle qui aura confervé la neutralité, aura certainement beaucoup de richeffes, & manquera de débouchés pour en faire ufage. Elle verfera donc de grandes fommes dans les fonds des nations belligérantes (2). Or, comme nous avons

---

(1) Il faut avouer que dans le cas où le reverfement des arrérages compenferoit la fomme levée par l'impofition fur tous les propriétaires d'un état, il en réfulteroit encore qu'ils auroient de moins les capitaux qu'ils avoient placé dans les fonds publics. Mais qu'eft-ce que cela prouveroit, finon qu'ils auroient fourni aux dépenfes de l'état, ce qui eft jufte & naturel ?

(2) C'eft ce qui eft arrivé aux Hollandois, qui poffedent à

déjà établi que tout argent monnoyé eſt une créance ſur le travail d'autrui, & que toute dépenſe repréſente un travail, il n'eſt pas douteux que l'argent exporté tous les ans chez l'étranger pour le paiement de ces arrérages, repréſente un travail annuel dans la nation qui emprunte, travail ſtérile & tributaire de ſa part.

Eclairciſſons encore cette matiere par un exemple. Hambourg fait la guerre à Dantzig ; Hambourg a ſoixante mille habitants, dont les uns vivent dans l'aiſance, & dont les autres cherchent leur ſubſiſtance dans le travail. Le conſeil de cette république pourroit annoncer que la claſſe de citoyens qui travaille aux choſes de néceſſité abſolue, ſeroit la ſeule qui continueroit ſes ouvrages ; que tous les autres ouvriers, artiſans, &c. &c. qui ne ſont que les agents du plaiſir ou du luxe, ſeroient employés au ſervice de l'armée ; mais que pour les faire ſubſiſter on s'empareroit de tout le ſuperflu des riches, c'eſt-à-dire, de tout ce qu'ils dépenſeroient pour des objets de luxe & d'amuſement ; ce qui ſeroit encore plus ſimplifié ſous la dénomination d'une taxe générale ſur l'aiſance. Mais que d'obſtacles s'oppoſent à une pareille réſolution ? L'union ne regne guere dans les républiques que lorſque les périls ſont preſſants. La forme du gouvernement, les magiſtrats actuels ont toujours des ennemis. A quels dangers ne s'expoſera-t-on pas, ſi l'on renverſe ainſi toutes les fortunes, ſi l'on attaque toutes les propriétés ? Et puis ce luxe, cette aiſance, encourageoient certaines claſſes d'artiſans néceſſaires à la proſpérité de ce petit état. Suſpendre tout-à-coup leurs occupa-

---

préſent une grande partie de nos meilleurs fonds, & ſur-tout de nos rentes viageres.

tions, les priver de leurs profits habituels, c'eſt rompre les liens qui les attachent à la patrie. D'un autre côté, ſi l'on partage le poids entre tous les ſujets, une impoſition générale cauſera, à la vérité, moins de murmures, & d'ailleurs les plaintes des foibles ne ſeront pas inquiétantes ; mais ces dernieres claſſes que vous impoſez n'ont ni travail, ni ſubſiſtance diſponibles ; & lorſque vous leur demandez de l'argent, vous exigez qu'elles faſſent une épargne ſur leur travail ou ſur leur ſubſiſtance. Cependant l'ennemi approche, le moment preſſe ! On imagine un expédient. On s'eſt convaincu qu'on ne pouvoit guere épargner qu'un ſixieme ſur le travail général, ce qui peut repréſenter la ſolde de dix mille hommes de troupes : mais il en faut le triple au moins… Eh bien ! la ſomme néceſſaire à l'entretien de cet excédent, on l'empruntera de la ville de Brême, & ſoit qu'elle prête de l'argent, qui repréſente des ſubſiſtances, ou des ſubſiſtances qui repréſentent un travail, les ſubſides n'ayant pas changé de nature, les magiſtrats de Hambourg raiſonneront ainſi : *Si nous pouvons faire la paix après la campagne, nous conſerverons encore trois ans l'état de gêne où nous nous ſommes mis cette année-ci : nous continuerons d'épargner le ſixieme du travail public, ou la ſolde de dix mille hommes, pour nous acquitter envers nos voiſins. Cette charge ſera plus longue, mais moins peſante, elle ſera portée ſans murmure : nous aurons ſauvé l'état, le gouvernement & nous-mêmes, ce qui eſt encore plus intéreſſant* (1).

Je ne parle pas de l'avantage qu'on fait au prêteur ;

---

(1) Une propoſition à peu près pareille fut faite aux Athéniens par Xénophon. Voyez *Diſcours ſur l'amélioration des revenus de la république.*

avantage qui augmente ou prolonge encore un peu l'embarras du débiteur , mais qui est compensé par ceux que ce dernier a été à portée d'obtenir à la guerre ; le lecteur a dû me prévenir sur cette circonstance : mais si les riches particuliers de la ville voyant que leur fortune a été épargnée , & que l'état accorde un avantage considérable à ceux dont il emprunte les secours, se décident , par intérêt, à ce qu'ils auroient dû faire par esprit de patriotisme ; s'ils économisent sur leurs jouissances actuelles , c'est-à-dire, sur le travail qu'ils soudoyent , pour prêter eux-mêmes ce travail au gouvernement ; si les sommes qui le représentent sont égales à la moitié de celles que nous avons supposées avoir été fournies par la ville de Brême, Hambourg n'est plus redevable à l'étranger que du travail de dix mille hommes. Enfin , si les citoyens de cette ville ont fourni les quatre cinquiemes de la somme empruntée , l'état ne reste plus débiteur que du travail de quatre mille hommes. Quant à l'intérêt & aux remboursements qu'il doit à ses propres sujets , on voit bien que cette charge n'est qu'idéale ; car il faut bien qu'il s'en procure la valeur d'une façon ou de l'autre. Or , il se trouve qu'il la reprend à peu prés sur ceux-mêmes qui la reçoivent ; je dis à peu près , parce que tous les gens aisés n'ont pas prêté des fonds ; mais cette petite inégalité est bien moins importante pour le public que le bonheur du peuple , lequel ne perdra rien toutes les fois qu'on n'augmentera pas son travail , & qu'on ne diminuera point ses subsistances. Que seroit-ce si les plus riches Hambourgeois avoient dans leurs coffres une certaine quantité d'argent comptant, c'est-à-dire, des créances sur le travail des étrangers (1) ? Alors

____

(1) Je répéterai ici qu'on ne doit pas être surpris si j'emploie

ces

ées citoyens , en portant leur argent au gouvernement,
lui donneroient les moyens de soutenir la guerre , sans
rien prendre sur le travail du peuple ; soit qu'on em-
ployât cette somme à louer des soldats, soit qu'on s'en
servît pour acheter des armes , des subsistances , &c.
Il est vrai que l'état auroit toujours fait des dépenses,
mais il auroit fait un bon marché ; & si toutes les fois
que la république se seroit cotisée pour payer une
indemnité aux riches , c'est-à-dire , l'intérêt de leur
argent ; ceux-ci , en le recevant par petites sommes
& successivement , devenoient plus enclins à le dé-
penser ; l'état auroit fait la guerre , sans que dans le fait
il lui en eût rien coûté. Il est vrai qu'il auroit aussi une
ressource de moins ; mais que ne peut pas reproduire
une longue paix , un commerce florissant & une bonne
administration ?

J'insiste sur ces réflexions , parce qu'il me paroît
que cette matiere n'a jamais été bien débrouillée , &
qu'on a toujours confondu les effets de la dette avec
ceux de la dépense. M. Hume (1) , ce philosophe si
inaccessible à tous les préjugés , cet auteur à qui j'offre avec tant de plaisir l'hommage de l'estime & de
l'amitié , me paroît avoir condamné avec trop de sé-

---

l'expression de *travail* , de préférence à celle de denrée ou d'argent. C'est le travail qui met seul le prix aux denrées. L'eau du
ciel & des fleuves ne se vend pas , parce qu'elle ne représente
aucun travail. Ainsi , toute chose vénale représente un travail ,
& n'a de valeur que celle du travail qu'elle a exigé. Il n'est
pas besoin d'avertir que toutes les fois qu'il sera question du
travail de mille hommes , du travail de dix mille hommes , c'est
le travail annuel de mille hommes ou de dix mille hommes qu'il
faut entendre.

(1) Voyez *Essays on credit public on taxes* , &c.

vérité les arguments par lesquels on s'efforça de raffurer l'Angleterre, lorsque les Davenant & les Pul-
teney attaquerent le gouvernement des Whigts. Peut-
être un penchant naturel pour les Torys, cette espece
d'attrait qui trahit quelquefois le philosophe sceptique
en décelant son opinion secrette, a-t-il altéré pour un
moment l'exactitude de sa balance. Il se contente de
réduire les choses à l'absurde, en supposant qu'il n'y
a point de terme aux emprunts, & que l'état doit
tout le revenu des particuliers ; mais j'observerai d'a-
bord qu'en Angleterre, le revenu des terres étant de
plus de 400 millions, & cette puissance ne devant à présent que 120 millions d'arrérages, il faudroit pour
que pareille chose arrivât, qu'elle eût trois fois autant de guerres à soutenir qu'elle en a éprouvé
depuis 1688. Je demanderai ensuite contre quelles nations ces guerres auront lieu ? Si c'est contre des états qui n'ont point de dettes, & qui ne sont
pas obligés d'emprunter, je conviens que le cas sera
très-embarrassant. Mais si c'étoit contre la France &
contre la Hollande, il me semble que les choses seroient pour le moins au pair, & je comparerois volontiers ces puissances à des joueurs de paume qui
auroient une jambe attachée ; la partie seroit moins
vive, mais toujours égale. Si l'on m'objectoit l'embarras réel où se trouvent les puissances obérées ; sans
répéter encore que cet embarras est dû en grande
partie à la situation critique où ceux qui gouvernent
se font trouvés relativement à ceux qui sont gouvernés ; je répondrois seulement que toute nation qui fait
la guerre avec de grandes armées, de grandes flottes, &, pour tout dire en un mot, avec de grandes
dépenses, sera bientôt ruinée, si elle n'en est dédom-
magée par le pillage. Or, le pillage n'a plus lieu de-

puis que tous les pays qu'on subjugue se soumettent par capitulation , depuis qu'on n'enleve plus les bes- iaux , & qu'on ne réduit plus les peuples en captivité.

Loin donc d'attribuer la situation critique de plu- sieurs puissances aux dettes qu'elles ont contractées, je regarderai comme un problème l'état florissant où elles se trouvent encore après les guerres opiniâ- tres ou ridicules qu'elles soutiennent depuis long- temps. Et pourquoi s'en prendre à la dette de ce qu'on peut mettre sur le compte de la dépense ? Ce jeune homme n'est point ruiné pour avoir emprunté cent mille écus , c'est pour les avoir dissipés. L'Angleterre, en 80 ans , a dépensé trois milliarts au delà de ses re- venus ; ces trois milliarts représentent un travail qui auroit pu être employé plus utilement au défriche- ment d'une grande quantité de landes , ou à l'encou- ragement de l'agriculture en Ecosse & en Irlande. J'avoue que je trouverois difficilement d'autres ob- jets que la guerre ait fait négliger ; car cette heureuse contrée offre par-tout l'image de la prospérité : popu- lation , agriculture , manufactures , grands chemins, établissements magnifiques , rien ne paroît y manquer , & c'est un argument terrible entre les mains des scep- tiques en politique. Mais il faut observer : 1°. Que la situation de ce pays est très-favorable en tout point ; 2°. Que l'excellence de son gouvernement & la sa- gesse de son administration ont dû triompher de beau- coup d'obstacles : car telles sont nos erreurs en poli- tique , telles sont les suites d'une mauvaise morale & d'une mauvaise législation , que toutes les nations du monde , si l'on excepte les Chinois , sont infiniment au dessous du degré de prospérité auquel elles peu- vent atteindre : 3°. Que cette prospérité de nos voi- sins ne doit pas être regardée comme le partage de tout l'empire Britannique, mais de la feule Angleterre, l'Écoffe étant encore, en grande partie, inculte ou déferte, & les Irlandois n'ayant guere été jufqu'ici que les Ilotes des Anglois. Je fçais que cette politique eft mauvaife, de fonder fes richeffes fur l'exclufion, & de prétendre foutenir un peuple aux dépens de l'autre ; mais elle peut offrir quelques avantages illufoires & momentanés. Enfin, puifqu'il faut trouver chez les Anglois les traces de leurs erreurs, & les fuites de leurs dépenfes exceffives, je penfe que c'eft en Ecoffe & en Irlande qu'il faut les chercher. Si les taxes euffent été moins fortes, on n'eût pas été obligé de gêner l'importation des denrées irlandoifes pour foutenir les fermages en Angleterre ; & fi le commerce eût été moins chargé par les douanes & les droits de confommations, on n'auroit eu aucune raifon de redouter la concurrence de cette isle voifine. On eût auffi donné plus d'attention à l'Ecoffe, & les richeffes également répandues dans les trois royaumes auroient multiplié le commerce à Cork comme à Londres, à Edimbourg comme à Cork.... Mais, fi pendant la derniere guerre l'Irlande a profpéré ; fi fon agriculture, fon commerce, fa population ont augmenté ?... Alors il faudra répondre que les expéditions maritimes ont enrichi ce pays, qui fournit aux armements des vaiffeaux & au commerce de l'Amérique. Mais, fi l'Angleterre n'a pas fouffert de cette préférence locale, fi.... Hâtons-nous de revenir à nos principes, car nous nous fommes embarqués dans une difcuffion un peu ingrate, & répétons qu'une bonne adminiftration répare bien des malheurs & couvre bien des inconvénients.

Les faits font toujours bien gênants, bien incommodes pour les gens à fyftème, pour les politiques

métaphyſiciens : en voici qui peuvent former une nouvelle objection contre leurs principes. Un grand prince,
un héros couronné, en commençant ſon regne glorieux a trouvé une économie toute établie, & une
épargne conſidérable, qu'il a encore augmentée depuis ;
ſes nombreuſes victoires n'ont jamais été achetées par
des impoſitions exorbitantes ; il n'a point emprunté ;
on aſſure même qu'il n'a pas diſſipé dans la derniere
guerre tout l'argent qu'il avoit en réſerve ; la paix
étant rétablie, il a rétabli auſſi l'économie dans ſes
dépenſes ; il s'eſt occupé à remplacer les ſommes qu'il
avoit tirées de ſon épargne ; il a completté ſon tréſor,
& cependant ſes ſujets ſont tombés dans la miſere ;
l'argent a diſparu, le commerce a langui, la circulation s'eſt arrêtée, & la paix a été plus déſaſtreuſe que
la guerre. Sans doute que le génie puiſſant, qui pré-
ſide à cet état, n'a beſoin que de ſes propres reſſources pour remédier à ces inconvénients paſſagers ;
mais ne pouvons-nous pas profiter de cette occaſion
pour nous excuſer de n'être point de l'avis de M.
Hume, qui paroît pencher pour l'établiſſement d'un
tréſor public ? Nous croyons qu'il n'eſt point de ſommes diſponibles pour l'état qui n'en augmentaſſent les
richeſſes, ſi elles étoient dépenſées utilement. Un ca-
nal, un port de mer, un grand chemin, un défrichement, valent cent fois mieux que 10 millions dans un
coffre. Et puis, l'expérience nous apprend que les tréſors amaſſés par une adminiſtration économe, ſont
bientôt diſſipés par une adminiſtration prodigue. Charles V avoit un tréſor conſidérable : il devint la proie
du duc d'Anjou. Henri IV avoit amaſſé plus de 20 millions, qui en feroient plus de 50 de nos jours : ils ne ſer-
virent qu'à enrichir des Italiens & quelques ſeigneurs
avares & factieux.

Or, si les tréfors ne font pas avantageux pour les nations, il faut donc qu'il arrive de deux chofes l'une; ou qu'elles faffent la guerre fur une légere augmentation de leurs impofitions, ou que les befoins devenant trop preffants, elles foient obligées d'emprunter. Mais dans le premier cas, la guerre n'eft pas fort ruineufe; & dans le fecond, ce font les befoins réels & l'importance de la guerre elle-même qu'il faut confulter. Ainfi il réfulte de toutes ces réflexions que les guerres qui fe font avec des dépenfes modérées, font beaucoup moins fâcheufes pour les peuples que celles dont les frais excedent leurs moyens, ce qui fe réduit encore à dire que la guerre eft plus ruineufe quand on eft battu, ou qu'on fait une partie inégale; toutes chofes qui n'ont rien de commun avec la queftion de la dette & des emprunts.

Maintenant que nous avons développé la nature de la dette & fon influence fur la félicité des peuples, il eft temps d'avertir le lecteur que nous avons placé les chofes dans leur jour le plus favorable. Nous croyons, il eft vrai, avoir prouvé que les inconvéniens de l'emprunt font les mêmes que ceux de la dépenfe; mais nous ne devons pas diffimuler que la néceffité de fuivre, fans interruption, la chaine de nos idées nous a fait omettre quelques particularités affez importantes. Par exemple, nous avons fuppofé que le gouvernement, devant rendre annuellement à différents particuliers ce qu'il a levé pour payer les arrérages de la dette, la fomme des revenus n'avoit pas changé, & que par la même raifon, la fomme des dépenfes, ainfi que celle du travail, étoient toujours reftées les mêmes. Nous ne défavouons pas cette affertion; mais nous devons confidérer que ce déplacement de revenus & de dépenfes eft fujet à plufieurs inconvénients. 1°. Il fuppofe des recouvrements &

des paiements qui demandent toujours quelques frais ,
foit qu'il s'agiffe de lever des contributions , foit qu'il
faille remplir des caiffes , les garder & les ouvrir. Or ,
tous ces frais font une dépenfe qui repréfente un travail
& un travail ftérile , puifqu'il ne produit ni fubfiftance
ni jouiffance. 2°. En admettant même que ces dépenfes , étant impofées fur un revenu territorial !& en
particulier fur le revenu net des propriétaires , n'exigent que peu de frais de perception , & ne portent
aucun dommage à l'agriculture & au commerce ; il
reftera toujours un grand inconvénient : c'eft la féparation du revenu & de la propriété fonciere.

Je fuppofe que tous les prêteurs ayant été propriétaires , les fonds publics , les contrats foient également partagés entre ces derniers ; en forte que quiconque paieroit annuellement mille livres de plus
pour l'arrérage de la dette , feroit poffeffeur d'un
contrat portant mille livres de rente. Il en réfulteroit
toujours un mal , parce que toute diminution fur le
produit d'une propriété tend à diminuer, à fon tour ,
l'affection du propriétaire, & à éloigner les entreprifes
difpendieufes , mais utiles , comme les bâtiments , les
défrichements , &c. D'un autre côté , il arrive qu'on
s'attache naturellement à la fource de fes revenus ,
qu'on abandonne les campagnes pour la capitale , &
qu'on fe livre plus volontiers à une vie oifeufe &
inutile. L'inégalité dans le partage des effets publics
redouble tous ces inconvénients : car tandis qu'un
propriétaire de 20 mille livres de rente en fonds de
terre , poffede encore jufqu'à cinquante mille livres de
revenus en contrats , tel qui n'a que dix mille livres de
rentes également en biens-fonds , paie le cinquieme de
fon revenu , & ne poffede point de papiers. Je ne dirai pas que la facilité de placer fon capital dans les

fonds publics détourne l'argent du commerce, & l'éloigne de tous les emplois utiles : car ceux qui ont tant répété ce lieu commun, n'ont pas fait attention que lorsqu'un homme achete un contrat, il y en a un autre qui vend un contrat, & que si l'acheteur ne place pas son argent dans le commerce, le vendeur n'a peut-être aliéné son effet que pour en faire cet usage. Si l'état ouvre un nouvel emprunt, le cas sera différent ; mais alors cet inconvénient est une suite de la dépense actuelle du gouvernement, & non pas une conséquence de la dette anciennement contractée. Ce que j'oserai assurer, c'est que le peuple, ou plutôt les propriétaires, qui dans les sociétés modernes doivent seuls représenter la nation, ne peuvent manquer de s'affoiblir considérablement toutes les fois qu'ils troqueront des propriétés foncieres contre ces possessions incertaines toujours dans la main du gouvernement. Soit que ce gouvernement porte le nom de *monarchie* ou d'*aristocratie*, ils doivent tomber tôt ou tard dans la dépendance. Ce que je dirai encore, c'est que si malheureusement les effets publics sont tellement multipliés, que connoître leur valeur, suivre leurs changements, gouverner soi-même ces variations, soit devenu un art obscur & difficile, il s'établira une espece de commerce stérile, appelé *agiotage* ; commerce qui ne réussit jamais qu'aux dépens des propriétaires, toujours dupes des gens à argent ; mais j'observerai aussi que tous ces nouveaux inconvénients doivent être plutôt imputés aux fautes du gouvernement qu'à la dette en elle-même, & je répéterai encore que si on veut remonter à leur source, on les attribuera encore moins à l'ignorance qu'à la foiblesse des ministres ; de façon qu'en derniere analyse on trouvera, au lieu des vices inhérents aux emprunts, ceux qui naiſſent des guerres entrepriſes contre le vœu des peuples , ou qui ſont la ſuite néceſſaire de toute prévarication dans l'exercice de l'autorité publique.

Entraînés dans ces longues diſcuſſions , peut-être trop ſeches & trop ennuyeuſes pour la plupart de nos lecteurs , nous ne devons pas oublier que notre objet principal eſt d'examiner quelle eſt l'influence d'une dette publique ſur le bonheur des peuples. Nous avons eſſayé de diminuer l'opinion effrayante qu'on en conçoit aſſez généralement : voici une nouvelle façon de l'apprécier. Si la dette eſt eſſentiellement un mal comme dette , & non pas ſeulement comme repréſentant une dépenſe , le premier ſoin de tout gouvernement doit être de la rembourſer le plutôt qu'il pourra. Tâchons donc de nous aſſurer ſi une pareille opération eſt toujours la plus avantageuſe ; & , pour y parvenir plutôt , imaginons un état qui ait emprunté précédemment une ſomme égale au travail de cent mille hommes , pour l'arrérage de laquelle il rend annuellement celui de cinq mille hommes : ſuppoſons encore qu'une ſage économie , ſoit dans l'entretien des troupes , ſoit dans les dépenſes de la cour , lui permette d'épargner annuellement une ſomme repréſentant le travail de dix mille individus : quel uſage fera-t-il de cette épargne ? S'en ſervira-t-il pour diminuer le fardeau général du peuple , en remettant annuellement ſur les impoſitions une ſomme correſpondante à cette épargne , ou bien l'emploiera-t-il au rembourſement progreſſif de la dette publique ? D'un côté , la dette , en diminuant peu à peu , finira par s'éteindre entiérement , & le peuple ſe trouvera à la fin libéré de toute la contribution qui fourniſſoit aux arrérages de cette dette. De l'autre , il peut ſe faire que les taxes étant exceſſives ou mal réparties , la nation ait un beſoin plus preſſant d'un prompt ſoulagement : il peut ſe faire encore que les frais de certaines impoſitions étant beaucoup trop conſidérables , l'anéantiſſement de ces impoſitions ſoit l'opération la plus néceſſaire ; ce qui réduit le problême à ces deux queſtions : *Le peuple a-t-il beſoin d'une allégement immédiat ? Le rembourſement ne ſera-t-il pas plus onéreux que la dette ?*

Premiere queſtion. *Le peuple a-t-il beſoin d'un allégement immédiat ?* c'eſt ce qu'il eſt important de conſidérer : car en ſuppoſant qu'un état chargé d'une dette de deux cent millions, pour laquelle il paie cinq pour cent d'arrérages, veuille rembourſer annuellement le dixieme de cette ſomme ; il eſt clair que dans la premiere année il n'allégeroit le fardeau public que d'un million ; diminution bien légere, & qui ſeroit à peine apperçue. Mais ſi la contribution eſt trop forte pour le peuple, ſi elle excede ſes moyens ; ſi elle le détourne des travaux d'amélioration ; ſi elle le prive du repos qui lui eſt néceſſaire , &c. &c.; ne vaut-il pas mieux lui remettre annuellement la ſomme entiere de vingt millions, que de ſe contenter d'en remettre ſeulement l'arrérage, qui n'en fait que la vingtieme partie ? Vous me direz que les ſommes rembourſées ceſſant de repréſenter un travail ſtérile, comme celui qui ſert à l'entretien des armées ou au faſte des cours, elles paſſent bientôt des propriétaires des fonds à la claſſe laborieuſe qui pourra augmenter le prix de ſon travail, ou diminuer quelques heures de ſes journées : mais ces retours ſont-ils aſſez rapides & aſſez immédiats, ſur-tout lorſqu'ils doivent avoir pour véhicules l'argent monnoyé ou les papiers, monnoies qui prètent à tant de ſpéculations & de manœuvres différentes ? D'ailleurs, ſi en allégeant le fardeau du peuple, en facilitant le commerce, en perfectionnant l'agriculture vous parvenez à donner aux denrées la plus grande valeur possible, vous diminuerez véritablement le capital de votre dette, car alors l'argent n'aura plus le même prix qu'il avoit auparavant : cent millions que vous devrez encore dans un temps de prospérité, ne représenteront plus la même somme que vous aurez empruntée dans un temps de détresse. Nouvelle maniere d'enseigner cet objet dont il résulte également que si le peuple est surchargé, il faut mieux remettre des impositions que rembourser la dette.

Seconde question. *Le remboursement ne sera-t-il pas plus onéreux que la dette ?* Cet examen est très-intéressant ; car si pour rembourser annuellement une somme de dix millions vous êtes obligé d'en lever une de douze sur le peuple, vous ferez certainement un très-mauvais marché. Prenons un exemple à portée de nous. On leve en France un impôt sur les boissons qui porte le nom d'*aides*. Cet impôt coûte 30 pour cent de perception, & rapporte au roi autour de 30 millions Or, je demande si lorsqu'en 1764 on forma un fonds d'amortissement de 20 millions, il n'auroit pas mieux valu diminuer les droits d'aides, ou, pour mieux dire, les changer en un simple impôt territorial, qui produisant encore un certain revenu, auroit facilité la conversion de la gabelle dans une taxe répartie au marc la livre de la taille ou du vingtieme ? Je sçais qu'on peut difficilement raisonner d'après ce remboursement illusoire qui exigeoit d'autres ressources ; mais ces ressources ne les auroit-on pas trouvées plus aisément en améliorant le sort des campagnes, qu'en se bornant à un simple virement de parties plus digne d'un agioteur que d'un ministre ? Enfin, j'ajouterai à ces différentes considérations, que dans la supposition même que les impositions sont réparties avec sagesse & perçues avec économie, il faudroit encore, avant de fonger à rembourfer , s'informer bien exactement , s'il n'exifte pas d'emploi d'argent plus preffé. Quand la France auroit aboli les droits d'aides & de gabelle , je regarderois encore les canaux de communication entre la Somme & l'Efcaut, entre la Mofelle , la Meufe & la Marne , entre la Saône & la Seine , comme des opérations plus utiles qu'un rembourfement de 60 millions. J'en dirois autant de la perfection des grands chemins , de la conftruction des ponts , du deffèchement des marais , du défrichement des landes , &c. Il ne faut pas oublier non plus que le rembourfement des dettes difpofe tous les gouvernements à la guerre ; tandis que les dépenfes utiles rendent la paix avantageufe , fans en abréger la durée.

Après avoir envifagé l'objet par tant de faces différentes , tout lecteur impartial doit convenir avec nous qu'à quelques inconvénients près , que nous avons énoncés , la dette publique n'eft pas une plaie fi grande qu'on fe l'imagine ; qu'elle n'eft un mal réel qu'autant qu'elle repréfente des dépenfes exceffives ; enfin , que fon rembourfement n'eft pas d'une néceffité abfolue , ni même l'objet le plus important d'une bonne adminiftration. Peut-être n'aura-t-il pas regret à l'application qu'il aura été obligé de nous donner , s'il peut fe convaincre que les malheurs de fes concitoyens , je dis plus , ceux de fes femblables , (car l'humanité ne connoît pas les limites des empires) ne font pas proportionnels à ces dettes énormes dont la maffe paroît fi accablante au premier coup-d'œil. L'emploi de panégyrifte des rois a été juftement avili ; mais celui de confolateur des peuples doit être chéri & eftimé , furtout fi en leur montrant leurs efpérances , on ne leur diffimule pas leurs dangers ; fi l'on ne cherche point à leur infpirer une fauffe fécurité , & fi toutes les fois

qu'on veut diminuer l'opinion qu'ils ont de leurs maux,
on a foin de leur prouver en même temps qu'ils peuvent être beaucoup mieux. Une telle perfuafion, une
pareille difpofition des efprits me paroît la plus favorable à toutes fortes de progrès. Elle eft également
éloignée du mécontentement chagrin qui défefpere de
tout, & de la vaine confiance qui ne doute de rien.
Laiffons à ceux qui font appelés aux foins pénibles du
gouvernement à calculer toutes les circonftances morales qui doivent modifier les principes généraux ;
mais puifque dans notre loifir nous avons cru pouvoir développer ces principes, effayons du moins de
fournir toute notre carriere en montrant leurs conféquences, & foit qu'on veuille nous réfuter ou nous
applaudir, épargnons à nos cenfeurs & à nos approbateurs la peine de chercher le réfultat de nos opinions.

Ce n'eft pas inutilement que nous avons apprécié
en travail public toutes les contributions des peuples,
toutes les dépenfes du gouvernement. Il en réfulte,
que dans la forme actuelle des fociétés , tout travail
repréfente des fubfiftances pour une partie des citoyens,
& des jouiffances pour l'autre ; que toute difpofition
qui trouble ce commerce , attaque directement le bonheur des nations ; que toute dépenfe publique eft abfolument dans ce cas-là , & que, par conféquent , elle
doit toujours être regardée comme un *minimum* , c'eft-àdire, qu'elle doit toujours être la plus petite qu'il eft
poffible. Nous avons dit plus haut que la sûreté &
la confervation fervoient de limites naturelles à cette
économie : c'eft donc à ceux qui gouvernent à bien
connoître ces limites , & à prendre toutes leurs précautions pour n'être jamais en decà ni au delà. Le
nombre des foldats & des fortereffes eft de toutes les

dépenfes celle qui frappe le plus les habitants des capitales. Cependant s'ils penfoient que les puiffances ne peuvent guere défarmer que de concert, & s'ils fe rappeloient les conféquences terribles qui ont fuivi quelquefois la perte d'une bataille ou la prife d'une ville, ils feroient plus modérés dans leur cenfure, & ils ne voudroient pas qu'un pere de famille, obligé de faire quelques retranchements dans fa maifon, commençât par renvoyer fon portier. Ces erreurs, fi communes parmi nous, ne peuvent venir que de l'habitude que nous avons prife de diftinguer le fouverain d'avec l'état. C'eft le fouverain qui paie les troupes : on en conclut que cette dépenfe vient de lui, & c'eft celle-là qu'on veut attaquer la premiere. Mais je demande fi 30 mille moines font moins à charge ou plus utiles à l'état que 30 mille foldats (1). Arrangez-vous comme vous voudrez ; il faut pour entretenir les uns & les autres, ou qu'il y ait une augmentation de travail dans la claffe cultivatrice & induftrieufe, ou une diminution de jouiffances dans celle qui fournit les fubfiftances. Sans entrer dans aucune difcuffion théologique, on peut affurer qu'il eft des peuples chez lefquels le clergé fe trouve réduit aux évêques, aux curés & aux vicaires. Il en eft même qui n'ont d'autres eccléfiaftiques que des pafteurs. Ces peuples peuvent errer fur le dogme ; mais il n'en eft pas moins vrai qu'il y a parmi eux autant de foi & plus de mœurs que chez quelques nations inondées de prêtres & de moines. Si dans quelqu'une de ces nations le nombre de ces hom-

---

(1) On a vu plus haut que le nombre des moines ne monte pas à préfent à 30000 ; mais les religieufes qui ne font ni hofpitalieres ni chargées de l'éducation font un fardeau public comme les moines.

mes inutiles montoit encore à 30 mille perfonnes, je dis que la réforme de 30 mille moines, ou celle de 30 mille foldats foulageroit également le peuple relativement aux contributions, c'eft-à-dire, aux épargnes à faire fur les jouiffances & fur les fubfiftances. Je laiffe maintenant à décider quelle eft la plus utile : mais je crois pouvoir, à tout hafard, raffurer les militaires.

Je ne répéterai pas ici ce qui a été dit fi fouvent fur le célibat des eccléfiaftiques, & fur-tout fur celui des moines. J'écris pour des lecteurs inftruits & plus inftruits que moi. J'offre mes idées à la plupart d'entr'eux, comme je le ferois en converfant avec des gens d'efprit ; & je ne me fers de la voie de l'impreffion que pour étendre un commerce qui a toujours fait le bonheur de ma vie : dans ce commerce, chacun ne doit offrir que celles de fes idées qui doivent être neuves pour les autres. En voici une qui me paroît être de ce genre. Je crois que de tous les religieux, les moins onéreux à l'état, ce font ceux contre lefquels on a le plus crié, c'eft-à-dire, les plus riches d'entr'eux. Les Bénédictins, les Prémontrés, les Bernardins font en bien plus petit nombre que les Francifcains & tous les mendiants. On peut les regarder comme une fociété de propriétaires qui, ufant modérément de leur revenu net, en reverfent une partie en avances & en améliorations. Un auteur célebre a déja fait l'éloge de la culture des moines ; mais nous différons beaucoup dans nos réfultats ; parce qu'il a regardé comme une juftification de tous les moines ce qui n'étoit que l'excufe de quelques-uns. M. Hume a penfé auffi qu'on avoit peut-être trop exagéré le *deficit* que ces religieux avoient caufé dans la population. A la place des groffes abbayes, il fuppofe des châteaux habités par des feigneurs riches & faftueux, & il voit ces propriétaires

prodigues dépenfer leurs revenus en chiens, en chevaux, en valets inutiles. Mais qui pourra comparer le
fafte des châteaux à celui des abbayes ? D'ailleurs,
c'eft bien plus par leur nombre que par leurs richeffes
que les moines nuifent à la fociété. On connoît & l'on
méprife affez ces mendiants qui n'ont pour reffources
que leur impudence, & pour capital que la fuperftition; mais on ne fe fait pas une idée de la contribution immenfe qu'ils levent dans les campagnes.
Qu'un fouverain embarraffé de payer fes troupes envoie trente mille hommes dans le plat pays, en or-
donnant aux chefs de cette milice de la faire entretenir par le peuple, de la maniere la plus douce qui
foit poffible : quel cri ne s'élevera pas contre cet arrangement, très-vicieux en effet, mais beaucoup moins
encore que la permiffion qu'on laiffe aux moines d'a-
bufer de la crédulité publique ? Tolérance pernicieufe
qui ne leur donne, à la vérité, aucune force coactive,
mais qui leur laiffant une arme terrible contre le fimple
& l'ignorant, équivaut à un ordre d'opprimer le
foible, & de refpecter le fort.

Maintenant revenons fur nos pas, & voyons fi
tout le mérite des riches abbayes ne fe borne pas à
être moins pernicieufes à l'état que cette fourmil-
liere de mendiants dont il eft infecté. On a dit que
les moines étoient meilleurs propriétaires que les
gentilshommes : mais pourquoi les gentilshommes font-
ils pauvres ? C'eft que le clergé & les moines fe font
emparés de toutes les richeffes. Il vaudroit autant
dire que les financiers font plus utiles à l'état que
les petits tenanciers ; car leurs terres font certainement mieux cultivées. On fait beaucoup de bruit de
cette portion de revenus que les religieux emploient
à l'amélioration de leurs fonds : mais a-t-on bien cal-
culé

culé fi toutes ces améliorations ont été le fruit de leurs épargnes ? A-t-on tenu compte de toutes ces oblations, de tous ces legs en argent comptant qui dépouilloient la fucceffion des particuliers, & dégradoient ainfi leurs propriétés, pour fournir aux abbayes de quoi faire des murs, des foffés & des plantations ? Je fuis perfuadé que fi mes peres avoient diftribué des pardons & reçu des offrandes, les terres de ma famille feroient auffi bien cultivées que celles d'aucune abbaye.

Voici une objection qui n'a pas de replique. Voulez-vous oppofer les abus aux abus ? Mettez en parallele avec les dépenfes de quelques particuliers diffipateurs, les capitaux immenfes que les abbayes ont employés en bâtiments, & qu'elles dépenfent encore journellement dans l'entretien de ces édifices. Que de fermes n'auroit-on pas bâties autrefois avec les fommes qu'ont coûté & qu'exigent encore les bâtiments de Cîteaux, de Clairvaux, de Prémontré, de St. Bertin, de St. Eloy, de St. Denys, &c; vous êtes étonnés de la pauvreté que vos ancêtres vous ont tranfmife ? Efclaves plus abjects que les Egyptiens, vous avez employé votre labeur à conftruire des pyramides, tandis que le Nil ne fertilifoit pas vos terres : vous vous êtes fabriqué de pauvres cabanes, vous avez dormi fous le chaume, tandis que vous éleviez jufqu'aux nues les afyles d'un dieu qui voulut naître dans une étable, & que vous logiez fous des voûtes dorées les fucceffeurs d'un pécheur & d'un changeur ; ou plutôt ceux de quelques folitaires qui vivoient dans des antres fauvages, & habitoient le creux des rochers....

On allegue en faveur des moines la volonté du

fondateur, la longue poffeffion , la prefcription : mais qui d'entre nous ne peut pas fe regarder comme un héritier fpolié par les eccléfiaftiques ? Vous parlez de prefcription ? Il y en a , fans doute, de particulier à particulier ; mais peut-il y en avoir d'une claffe de citoyens à une autre ? Peut-il en exifter contre le bien public ?

Dans le développement de nos principes abftraits , nous avons vu que nulle épargne ne peut être vraiment avantageufe à l'état, que celle qui diminue le nombre des hommes inutiles entretenus aux dépens des hommes productifs & induftrieux. Si nous faifons l'application de ces principes à quelques nations modernes , à la France , par exemple, nous trouverons que fa fituation actuelle & fes befoins preffants obligent journellement d'attaquer la propriété. Or , laquelle fera la plus facrée de celle qui eft alléguée par l'homme oifif & inutile qui a renoncé au monde, qui ne donne point d'enfants à l'état, qui n'entre dans aucune cathégorie de l'ordre civil , & qui difparoît, enfin, de deffus la terre, fans y laiffer de veftige ; ou de celle que réclame ce citoyen cultivateur & induftrieux qui fervit le prince & l'état, & qui, comptant fur la foi publique, prit une femme & éleva des enfants fur cette confiance qui ne doit jamais être déçuë ? Je fuppofe que la diminution des revenus eccléfiaftiques puiffe être regardée comme une banqueroute ; mais toute impofition qui confomme une trop grande partie des revenus, qui avilit, qui fait tomber les fonds, n'eft-elle pas une banqueroute faite au citoyen ? Et ces papiers, ces contrats garantis par les enrégiftrements, ne font-ils pas auffi des propriétés ? Voilà ce qu'il faut refpecter. Vous craignez d'attaquer les moines? Et qui dépouilleriez-vous? Des hommes qui n'ont jamais ufé des richeffes qu'ils s'efforcent de conferver; des hommes qui préferent la; liberté à ces vaines propriétés dont ils ne peuvent difpofer, & qu'ils voient tous les jours convertir en un fafte inutile.

N'en doutons point, nos opinions ont changé. Ne luttons plus contre un courant qui nous entraine, mais qui nous conduit au port. Ce ne fera pas l'irréligion, mais la faine politique qui ouvrira les cloîtres. Ce ne fera pas la cupidité qui profitera de leurs dépouilles, mais le pauvre peuple, les cultivateurs, les artifans ; & loin que les mœurs perdent à la ruine des préjugés, le clergé, les évêques, les curés, les vrais miniftres de la morale & de la vertu reprendront le rang & la confidération qui leur font dûs. Tous les fanatiques, qui foutiennent d'anciennes fuperftitions, tous les hypocrites, qui cherchent la confidération en défendant de vieilles maximes, fe dévouent donc inutilement à l'exécration des gens de bien, en s'efforçant de retarder une révolution qui arrivera malgré leurs efforts.

F I N.

TABLE

DES CHAPITRES

Contenus dans ce Volume.

TROSIEME SECTION.

Où l'on traite du sort de l'humanité parmi les nations modernes.

Fin de la Table des Chapitres.

TABLE
DES MATIERES
CONTENUES DANS CE VOLUME.

D.

E.

H.

I.

N.

O.

P.

Tome II.

R.

A a

V.

Fin de la Table des Matieres du second Volume.